天空の世界神話

天空の世界神話

篠田知和基［編］

［執筆者］
松村一男
諏訪春雄
小島瓔禮
中根千絵
門田眞知子
目﨑茂和
丸山顯德

山本　節
依田千百子
荻原眞子
近藤久美子
沖田瑞穂
中堀正洋
木村武史
篠田知和基

八坂書房

はじめに

編者は一九九〇年から一九九一年にかけて、パリの民俗学博物館ともいうべき『フランス民間伝承文化博物館』の研究部にかよって、神話・伝説研究に本格的にふみだした。そのとき籍をおいていた高等社会学研究院ではレヴィ゠ストロースの神話研究を昔話研究に応用するニコル・ベルモンについて、日仏の異類婚姻譚の比較研究をおこない、かたわら蛇女神メリュジーヌ伝承や狼男伝承、魔女事件の歴史などをしらべた。その成果は帰国後『人狼変身譚』や『竜蛇神と機織姫』などにまとめたが、その間に知りあったグルノーブルのフィリップ・ワルテル、ソルボンヌのクロード・ルクトゥなどとともに日本とインド・ヨーロッパの神話の比較研究を目的として、吉田敦彦氏や松村一男氏とともに比較神話学研究組織ＧＲＭＣと称する研究組織をつくって、日本とヨーロッパの「神話」の比較の作業をはじめた。最初は『ユーラシアの道』と題して、当時の文部省の科学研究費を申請して神話の伝播の道をたどった。それが三年つづいて、そのあとは内陸のシルクロードに対する海上の道をさぐるべく、『海洋神話の比較』を同じく科研を申請して、これは四年間おこなった。ここまではヴェルヌの『海底三万マイル』のような文学作品もとりあげて、海をめぐる神話的想像力を概観したのだが、そこではたとえば、竜宮神話がヨーロッパにもあることなどを知って驚くとともに、日本の竜宮伝承では星がその門をまもっているとも言うように、天空と竜宮、あるいは蓬莱が相互互換的にかかわっていることも確認され、海と天が共同研究のメンバーである丸山顯德の用語で「循環的世界」を構成していることがわかった。そこで、そのつぎのプロジェクトとして「天空の神話」をとりあげ、より神話学的、宇宙論的規模で『世界神話のコスモロジー』として四年間検討した。その間、毎年、フランス、カナダ、スイス、台湾などから研究者をまねいて国際比較神話学シンポジウムをひらき、国内の研究組織でも朝鮮神話の依田千百子、中国神話の小南一郎、シベリア神話の荻原眞子、オセアニア神話の後藤明など、おおくの専門家を招いて共同研究をおこなってきた。その成果は科研の報告書として『天空の神話―風と鳥と星』（楽瑯書院、二〇〇九）にまとめたが、より世界的な視野から天空の神話を比較するべく、スラヴ、オリエント、インド、アメリカ、日本の神話をそれぞれの新進・中堅の研究者に委嘱して問題をほりさげてもらったのが本書である。これまでの共同研究やシンポジウムでは世界の研究者にも多数参加してもらい、それぞれの外国語による論文もよせられたが、今回はおおくの読者のアプローチを容易にするべく、とりあえず、日本語の論文にかぎって収録した。それらとともに、編者や吉田敦彦氏のフランス語の論文も次の機会に発表することにした。

篠田知和基

★『天空の世界神話』

目次

天空の世界神話

世界神話における日月神話
――ユーリ・ベレツィンの研究を中心に

松村一男

世界神話学

現生人類が誕生したとき、彼らは神話をもっていたのだろうか。それはどのようなものだったのだろうか、そしてその後、人類はさまざまなタイプの神話をいつごろからもつようになったのだろうか、そして私たちが知っている世界各地の神話の個性はいつごろから形成され、それは他の地域の神話とどのような関係にあるのだろうか。そうした問いは、神話に関心をもつ者ならば、一度ならず考えたことがあるに違いない。しかし、そうした問いに対して科学的・実証的な答えを期待することは無理だと思われてきた。しかし現在、それは可能かも知れないと考えられるようになりつつある。それが世界神話学（World Mythology）という考え方である。この考え方に沿って研究を進めている代表的な研究者の一人であるベレツィンの業績を紹介しつつ、その研究から日月神話の分野についてどのような可能性が広がるかを考えてみたい。

まず「世界神話学」の手法の前提となる遺伝子学、化石記録、気候学などに基づく人類史の再建図をオッペンハイマーの著作『人類の足跡』に依拠しながら紹介する（オッペンハイマー二〇〇七。以下、ページ数のみを記す）。同書では遺伝子学や気候学、絶滅した各種の類人猿から現生人類までについての古生物学・形質人類学など幅広い領域の成果が論じられているが、ここではそのうち、新しい比較神話研究が生まれてきた理由を理解するための背景として必要と思われる情報に限定して紹介する。

ＤＮＡ（デオキシリボ核酸）には組み換えが起こらない部分が二つある。そのうちのミトコンドリアＤＮＡ（mtDNA）は母親からのみ伝えられ、もう一つのＹ染色体（ＮＲＹ）は男性からのみ伝えられる。この二種類の遺伝子は混ざり合うことなく、変化することなく次世代に受け継がれるため、これらを用いて先祖をさかのぼり、母方と父方の系統樹を作ることができる（一六、五七～五八頁）。

ミトコンドリアＤＮＡをさかのぼると、「イヴの遺伝子」と呼ばれる一九万年前のアフリカのたった一つの系統にたどりつく（五九頁）。さらに千世代につき一つの割合でミトコンドリアＤＮＡに「点突然変異」が起こるので、これによってイヴの遺伝子以降の母系遺伝子系統樹が作られる。約八・三万年以降に、アフリカ人には見られない突然変異が非アフリカ人の遺伝子に認められる（五九～六一頁）。つまり現生人類はアフリカで進化し、そのうちのある一部が八万年前以降にアフリカを出たと考えられる。

こうした研究の結果、アフリカ以外に住む現生人類はすべてアフリカから移動してきた者たちの子孫であることが明らかになった。現生人類の大きな出アフリカはただ一度だけであり、男系、女系の系統ともただ一つの共通の遺伝子上の祖先をもち、それぞれが非アフリカ世界のすべての父と母となったというのである（「出アフリカ説」Out of Africa Hypothesis）（一八頁）。これは、旧石器時代の洞窟においてヨーロッパ人の祖先が最初に絵を描き、宗教を発見し、人類文化を作り上げたというヨーロッパ人・白人優位の旧来のシナリオを突き崩すものである（一九頁）。

特定の時期にしかも一度だけ出アフリカが起こった理由は、気候学によって説明される。過去二〇〇万年のほとんどは更新世の氷期であった。最大間氷期と呼ばれる特別に温暖な時期が一二・五万年前にあり、サハラ砂漠が草原となって、南からの人々が獲物を追って北上できた。そしてこの時期に一度、アフリカからシナイ半島を経由する北ルートでの出アフリカが行なわれたことがわかっている。しかし、九万年前に激しい氷結と乾燥化があり、レバンド地方まで進出した現生人類は絶滅してしまった（七三～七六頁）。北ルートの他に、ユーラシアに移住するもう一つの南ルートがある。これは紅海の南端の幅二五キロ、深さ一三七メートルの現在はバーブ・エル・マンデブ（悲しみの門）と呼ばれている海峡である。こちらは間氷期に開く北ルートと対照的に氷河期に海面が凍結することで開かれるルートである。氷河期には砂漠化が進行するので、食料としての貝や海洋生物の比重が増大する。そしてより湿潤なモンスーン気候地域への移動が海岸採集民にとってより好ましくなったはずである。この結果八・三万年前、現生人類は「悲しみの門」を通ってアラビア半島南部、現在のイエメンに到り、さらに海岸線に沿ってインド南部から東南アジア、パプア・ニューギニア、オーストラリア、中国、日本へとモンスーン地帯の海岸地域を移動していった（乾燥と海面低下のため、ペルシア湾やマラッカ海峡はない。インドネシアは東南アジアと陸続き。パプア・ニューギニアとオーストラリアも一体。日本も韓半島やカラフトで大陸とつながっていた）。なお、北アフリカから中東、ユーラシア内部の地域は氷河期にはすべて砂漠となっていたので、南ルートから出アフリカをした現生人類が北上することはなかった（九〇～一〇四頁）。マレー半島への到着は七・四万年前、オーストラリア到着は七万年前と考えられる（一九八頁）。五万年前に亜間氷期があり、南アジアとトルコの間の砂漠に草原が開けた。現生人類はこの時期に現在のインド・パキスタン南部からザグロス山脈の南を通ってレバント、トルコ、ヨーロッパへと進出した（一〇八〜一一一頁）。

出アフリカをした女系一族の祖先L3（「出アフリカ・イヴ」）からは二人の娘NとMが生まれ、彼女たちが非アフリカ世界の現生人類すべての母となったのだが、Mの子孫のM1とNの子孫U6についてはアフリカに戻ったことが分かっている。U6は三万年前にレバントから北アフリカに戻った。北アフリカのベルベル人の系統はヨーロッパとレバントの遺伝子系統が後代に南下してきたものである。M1は最終最大氷期（LGM, Last Glacial Maximum）と呼ばれる最後の氷河期のころ（二万年から一万年前の間）に紅海を越えてエチオピアに戻っている（八五、一〇六頁）。

気候学、遺伝子学は現生人類の移動について上記のような図式を提示する。アフリカで誕生した現生人類の祖先が基本的に今の私たちと変わらない以上、彼らが出アフリカ以前から神話を持っていた可能性や、現生人類が出アフリカ以降も共通の神話を保持しつづけたという可能性は高い。それがどのようなものだったのか再建しようとするのが「世界神話学」（World Mythology）である。もちろん、その後の環境の変化や生産様式の変化によって旧来の神話が変化し、新しい神話モチーフが生まれた（たとえば農耕起源の神話）ことは当然考えられるから、そうした側面について考慮する必要はある。またどのようにして世界神話を再建していくのかという方法論的な問題もある。文字の発明と神話のテキスト化はもっとも古くても今から五〇〇〇年前だし、多くの無文字社会の神話がテキスト化されたのは百数十年ほど前からのことだからだ。

これの問題点の解決についてはいくつかの可能性が考えられ、それらを組み合わせることでさらに可能性が高まると考えられる。一つは神話タイプの分析である。世界中の神話にかなり多く見られる神話モチーフは現生人類出現時までさかのぼる可能性がある。もちろん、これをできるだけ客観的・科学的にするためにはモチーフの蓄積とそれに基づくモチーフ別の詳細な分布図の作成が必要である。第二にはパプア・ニューギニアやオーストラリアに人類が到達したのはレバントやヨーロッパよりもかなり古いということの持つ意味を考慮すべきである。オーストラリアとアフリカに共通して見られる神話モチーフはかなり古いと考えてよいだろう。第三は神話連続である。神話モチーフはそれぞれ孤立して伝承されてきたと考えるべきだろうか。むしろ一連の意味あるまとまり、神話連続として伝承されてきた可能性が高いだろう。個別神話モチーフではなく神話モチーフ連続として比較する方がより系統的な関係が確実になると思われる。

ユーリ・ベレツィン

ユーリ・ベレツィン（Yuri E. Berezkin）はロシア、サンクト・ペテルスブルグの人類学・民族学博物館研究部門の教授で、アメリカ部門の主任を務めている。彼は民話と神話のモチーフカタログを作り、それに基づいて神話の分布、伝播を考える。このカタログは五〇〇〇以上の書籍と学術雑誌論文から作成され、一四〇〇ほど以上の神話モチーフが分類され、地域ごとの分布地図としても示されている（Berezkin 2008: p.1）。当初は専門であるアメリカ大陸での分布を中心としていたが、次第に比較の範囲を広げ、世界中の神話モチーフの分布をまとめつつある。彼は世界神話をインド・パシフィック（Indo-Pacific, IP）とユーラシア大陸（Continental Eurasian, CE）という二つの大きな群に分類する。彼によれば、一四〇〇ほどの神話モチーフのすべてではなく、宇宙論や起源譚に関する六〇〇ほどに限定するとその対比が明瞭になるという。ユーラシア大陸群には北米が含まれ、星図や月の斑点のかたちとの結びつきが特徴的である。これに対して、インド・パシフィック群にはアマゾンやメラネシアが含まれ、人体の生理学的、解剖学的な考え方に共通性が認められるという。ところがサハラ以南アフリカの神話には星の神話も「解剖学・生理学」モチーフも乏しい。つまり現生人類が出アフリカをした時期には神話はまだ充分に発達しておらず、その後の氷河期に二つの大きな集団が枝分かれした後に個別の発展を遂げた可能性が考えられるという（Berezkin 2006）。ベレツィンの神話分布図とそこから推定される特徴的なグループやそうしたグループ形成の過程の推測は、同じような視点から世界神話学を構想しているハーヴァード大学のサンスクリット学・インド学教授のマイケル・ヴィツェルのものと似通っていて興味深い。最大の違いは、ヴィツェルが世界神話をより古いゴンドワナ神話群とより新しいローラシア神話群の二つに分類し、アフリカをゴンドワナ神話群に含めるのに対して、ベレツィンの場合にはアフリカは二大神話群とは別個に位置づけられている点である（Witzel 2005）。

ベレツィンの見方にしたがうなら、そして世界神話学の理論全体の基礎をなしている現生人類の出アフリカの移動経路を考慮するなら（上記オッペンハイマー説参照）、出アフリカ以前にさかのぼる現生人類最古の神話層を明らかにするためには、サハラ以南アフリカの神話で、他の地域とくに出アフリカ語の最初期にユーラシア大陸の海岸沿いに移動した人々の神話と一致するモチーフがとくに重要となる。そして人々の移動経路全体（南アジア、東南アジア、メラネシア、オーストラリア、北・中央・南アメリカ）にその神話モチーフがあれば、独立発生説の可能性も低くなる。

こうした古層共通モチーフとしてベレツィンは以下のようなものをあげている。I死の起源、II太陽が捕らえられ、後に解放される、III太陽が自分の子たちを呑み込む、IV空が杵で突き上げられる、V食べられる空、VI取り戻された銛《もり》、VII失敗した塗装。

VIの「取り戻された銛」では、男が別の男から狩猟具か釣具（あるいは魚自体）を借りるが失くしてしまう。所有者は別の品での賠償を断り、失われた品自体の返還を要求する。失くした男は異世界からその品を持ち帰り、たいていは元の所有者に復讐する。ベレツィンはこの神話が西アフリカ、バンツー諸語圏アフリカ、東インドネシア、カピンガマランギ島（ミクロネシア・カロリン群島の東南端、住民はポリネシア系）、パプア・ニューギニア（ただし一例のみ）、日本（海幸・山幸）に見られるとしている。インドネシアと日本の場合には、失われた釣り針が異世界である海の住民の病気の原因となるが、それは英雄が釣り針を取り出すことによってのみ治癒されるという、他の地域にはない新しい要素が共通に認められる点にもベレツィンは注意を喚起している。そしてこの新しい要素は、「取り戻された銛」モチーフが見当たらない北太平洋のシベリアと北アメリカにおいて特徴的なものであることも併せて指摘している（Berezkin 2006）。

ベレツィンの手法はアールネやトンプソンらに代表される、民間説話研究でのフィンランド学派に伝統的な手法を踏襲しているもので格別目新しいものではない。しかし、コンピューターによって膨大なデータ処理が可能となり、これまで見てきたような他分野での現生人類の動きの再建と重ね合わせることで、個別神話モチーフの古さや分布の示す意味について、実証的・科学的な裏づけを持った解釈が下せるようになってきている。

日本神話の海幸・山幸における「失われた釣り針」モチーフの場合も、従来の日本神話研究におけるインドネシアやオセアニアの類似例の比較を越えて、世界神話の中に位置づけられるようになってきている。さらにまた、一つの神話の内部でもアフリカ神話にさかのぼる古い部分と、アフリカ神話には見られず、インドネシア、シベリア、北アメリカと共通するより新しい、後代に加わった部分とが区別できるという指摘からは、日本神話全体の形成過程についてもこれまでとは異なる見方が出現する可能性も感じられる。

以下では天空神話についてベレツィンがまとめたモチーフとその分布についてのデータの一部を紹介し、具体的にどのようにして彼が世界中の神話モチーフの分布をまとめているかを示したい。実物では分布の地域のあとにより詳しい部族と神話の概要と書誌が付されている。その構成の全体像を理解してもらうために、ここではAとCの七件（A1～A5、C18～C19）についてのみだが地域分布を紹介し、またA1については、さらに詳しく、実物と同じように複数ある出典と概要も翻訳してみた。すべての分布地域のそれぞれについても同じように複数の出典と概要が記されているのだから、それによってベレツィンのこのデータがいかに膨大なものかが伺い知れるだろう。

なお、こうした形式でベレツィンの研究の一端を紹介することについては、本人からの承諾を得ている。ベースとした「アメリカ先住民神話の旧世界における対応例：モチーフの分類と地域分布。注解つきカタログ」（Amerindian Mythology with parallels in the Old World. Classification and Areal Distribution of Motifs. The Analytical Catalogue）ははじめロシア語で作成され、その後、英語版とされたものだが、その過程で、一部モチーフの分類の変更が行なわれている。これについてはベレツィンからメールで二〇〇八年七月段階での「世界神話と民話―モチーフのテーマ別分類ならびに地域分布。注解つきカタログ」（World mythology and folklore: thematic classification and areal distribution of motifs. Analytical catalogue）という、見出し項目のみのリストが送られてきた。そこでモチーフの分け方が変更になっている場合もあるが、今回それは取り入れていない。また、同じメールでC18、C19についても「太陽と月」のモチーフに含めてほしいという連絡があったので、こちらは含めた。また新しいリストでは表記の仕方が古いものと異なっている場合もあるが、そのスタイルに従うと個別の説明文が入れにくくなるので、これも古い形式のまま訳した。今後、見出しだけでなく詳しいデータも含まれたものが公表されることが待たれる（なお、ここで紹介している英語による新旧両大陸神話モチーフ・分類分布データは現在、http://www.ruthenia.ru/folklore/berezkin/eng/ で見ることができる。前述の「注解つきカタログ」も併せて掲載されている）。

A 太陽と月

1 古い太陽

1 古い太陽――現在の太陽の前にはもう一つ別の太陽があった。古い太陽は現在のものよりもより意地悪そして／あるいはより力があった。

分布

北米沿岸・高原地域――Shuswap (Boas 1895, no.2: 5)〔古い太陽が地上を焼いてしまう。多くの鳥が新しい太陽になろうとする。コヨーテが選ばれるが、その尾は長すぎ、また見るものすべてを語る（ので失格する）。（そして）赤い尾と翼をした鳥が太陽になる。〕、(Teit 1909a, no.53: 738)〔みなは太陽に不満で、新しい太陽にコヨーテを任命する。彼は女たちが密通や姦淫をしているとみなに知らせる。また地面に近づきすぎる。そこでハシボソキツツキが代わりに選ばれる。後にこの鳥は卵を生み、それが現在の太陽になった。〕、Thompson (Teit 1898, no.9: 54-55)〔太陽の娘が人間の男と結婚する。娘は夫の元にすぐ行くようにという父の命令を聞かない。夫は妻が暑すぎるので彼女を捨てて去る。娘は父の元に戻るが、父は彼女を家に入れず、彼女を現在の太陽にした。彼女は毎日、父を探して天を移動している。彼女の二人の息子は太陽犬である。〕、Comox(Catoltq) (Boas 1895, no.2:

64-65)〔ピッチは夜に釣りをしていた。明け方に妻が呼び戻していた。あるときそれが遅れ、ピッチは太陽のために溶けてしまった。彼の二人の息子は矢で梯子を作って天に上り、太陽に矢を打ち込んで殺した。そして二人のうちの弟が月に、兄が太陽になった。〕、Klallam (see motif J4b. Gunther 1925: 131-134)〔二人の少女がピッチから一人の少年を作る。彼は生命を持つようになり、一方の少女と結婚するが、日の光を浴びると溶けてしまう。彼の二人の息子は太陽に復讐するために天上に上る。太陽の娘たちと結婚する。二人は太陽にベリーを与え、太陽はそれを食べると爆発してしまう。最初、弟は太陽に、兄は月になりたがった。彼らは顔に月経の血を塗った。すると弟は弱くなったが、兄は平気だった。そこで月経の時期や妊娠と関連する月には兄の方が相応しいということになり、弟の方が太陽になった。〕

北米中西部―― Sandy Lake Cree (Ray, Stevens 1971: 26-27)〔年老いた太陽男が息子と娘に近々彼らが太陽の火を世話しなければならなくなると告げる。二人の子はどちらが太陽を燃やすかで争う。このため世界は暗くなる。Wee-sa-kaj-jacは雷鳥に変身して天に飛び、男が太陽に、女が月になるようにと告げる。彼らは普段は互いに会うとせず、一年に数日だけ天上に一緒に現れる。〕、Canadian Metis (Erdoes, Ortiz 1984: 166)〔太陽が近すぎて、大地は焼ける。「最初の本当の少年」は穴で太陽を捕らえる。そのため世界は暗黒となる。彼は月も捕まえる。しかし彼自身も罠にかかって、永遠に木に吊るされることになり、太陽の代わりとなる。〕

北米北東部―― Naskapi (Escoumains) (Speck 1935a: 59-61)〔太陽は暑すぎるので、老人には捕まえることができない。息子のTseka'bec「終わった男」が太陽を捕まえる。世界は暗くなる。ノウサギ、鳥、ネズミ、モグラは罠を切ることができない。ノウサギは焦げてしまう。息子の母は息子の目の一つを釣り糸で切って、彼を罰するが、父親は息子とその妻にフクロウの目を与える。彼の息子は月の代わりに彼を捕らえ、彼を新しい太陽に変え

る。〕

北米平原地域――Tonkawa (Gatschet MS in Newcomb, Campbell 2001: 960)〔少年が尊大な太陽に矢を打ち込み、二つに裂く。その半分が現在の太陽で、残りの半分が月。〕

北米南東部――Cherokee (Mooney 1900: 436)〔太陽女が死ぬ。その娘が新しい太陽になる。〕

北米大平原地域――太陽は地面に近すぎ、暑すぎた（あるいはその逆）。ウサギが太陽を殺し、その内臓から新しい太陽を作る。Northern Paiute (Owens Valley) (Steward 1936, no.32: 411-415)〔動物人たちは太陽とその人々と競争する。動物たちが勝利し、コヨーテは太陽を焼く。世界は暗くなる。しかしカモが歌うと光が戻ってくる。〕、Northern Paiute or Paviotso (Powell 1971: 227-229)〔日は短すぎる。Ta-vu「小ウサギ」は太陽を殺すため東に向かう。しかし矢は当たる前に燃えてしまう。最後の矢は涙で濡らしたため、燃えずに当たる。小ウサギが太陽を切り裂き、胆嚢を空に投げ上げると、それが新しい太陽になる。より高いところにあるので、より日は長くなる。太陽が彼を追跡する。棘草の茂みに隠れて難を逃れる。帰路ではアリ、シラミ、ハゲワシ、北米シマリスなどさまざまな人々が彼を殺そうとする。彼は毛皮を脱いで、それを身代わりにしてから、敵を皆殺しにする。太陽がずっと天上にあるべきとする人々に対して、小ウサギは妻と寝たり夢を見たりする必要があると言って反対する。〕、Panamint (Zigmond 1980, no.72: 233-236)〔太陽がワタオウサギを殺そうとする。ワタオウサギは穴を掘って隠れ、火鑽杵を太陽に投げつける。太陽は木から水に落ちる。地面が暑くなり、ワタオウサギは穴に逃げ込む。暑くなってから出てきて、太陽の心臓と月の腎臓から新しい太陽を作って、空に投げ上げる。帰路にはさまざまな動物や人間を殺す。〕、Western Shoshoni (Steward 1943: 269-270)〔太陽は地面に近い。コヨーテ族と太陽族は競争する。コヨーテ族が勝ち、太陽を殺して胆嚢を取り出し、空高く投げ上げる。それが新しい太陽になる。〕、

(278-281)〔空は低く、太陽は暑すぎる。ワタオウサギとその兄弟のスナウサギは太陽を殺す。しかしスナウサギも焼け死んでしまう。ワタオウサギは太陽の胆嚢から月を作る。そして太陽の膀胱から新しい太陽を作る。また天を高く押し上げる。〕、(Smith 1993: 97-99)；(167-172)；(Steward 1966, no.47: 436)；Northern Shoshoni (Lowie 1909b, no.8a: 252-253)〔太陽が暑すぎる。ノウサギが矢を放つが、燃えてしまう。そこで火鑽杵を投げて太陽を殺す。人々は太陽の胸を切り裂き、胆嚢を取り出して、それで新しい太陽を作る。ツノヒキガエルが角を使って太陽を空に上げる。〕、(8b)〔始まりは8aと同じ。人々は太陽と月を作り、天に上げる。〕、Paviotso (Lowie 1924, no.10: 225-227)〔胆嚢・膀胱から新しい太陽を作る。〕

北米大南西部 —— Tewa (San Juan) (Parsons 1926, no.30: 99-102)〔黄色のトウモロコシ少女が求婚者を拒絶する。太陽が光線で彼女を妊娠させる。彼女は男の子を出産する。子供の祖母は誰が父親か教える。子供は太陽に会う。太陽は祖母に子供を毛布で覆い、棒で打つように薦める。すると少年は二つに割れる。太陽は彼らに泉で水浴びをさせ、コンゴウインコの羽根と水晶とトルコ石のビーズで飾ってやる。長男は夏の太陽となり、ゆっくり歩く。次男は冬の太陽となり、早く歩く。〕

メソアメリカ —— Aztec (Krickeberg 1928: 6-8)〔四つの太陽＝現在以前の四つの時代〕、Tzotzil (Guiteras-Holmes 1961: 186)；Tzeltal (Nash 1970: 198-200)；Kekchi, Mopan (Tompson 1930: 119)；Lacandon (Boremanse 1986: 44-45; 1989: 69; Bruce 1976: 77 in Milbrath 1999: 24)〔古い神によって作られた太陽は高くありすぎ、しばしば食状態になった。私たちの祖先はよりよい太陽を作り出した。〕、Lacandon (after Christian Rötsch and K'ayum Ma'ax 1984: 44-46)〔世界はそれぞれ丸い形の七つの層から成っている。上から下へ、1.「さまよえる神々」(天体)、2.Kak'och(「二つのサル」)の住まい。Hachäkyum はここに太陽を置いたが、ここにはすでにKak'ochが

作った太陽があったので、二つの太陽では暑すぎた。このため、現在、この世界を照らす太陽は別の層にある。3. 第三の層で上の層から吊り下げられている。T'uup（「小さい者」）というスパイダー・モンキーの世界で、彼は太陽の支配者とされている。4. ハゲワシの世界、5. 第四の層から吊り下げられている。6. 大地（この世界）、7. Sukunkyum の地下界。大地とつながった石柱から吊り下げられている。〕、Yucatec（Izamal）(Milbrath 1999: 20)〔年老いた太陽は疲れ、王冠は重く、厚くなりすぎていた。イグアナ男とイグアナ女は海岸で二つの卵を見つけ、それらを埋めて、砂の熱で孵そうとする。太陽が食べ物を与えたので卵は生き延び、少年と少女が生まれる。少年は木で眠り、少女は井戸（cenote）で眠る。イグアナ男とイグアナ女は山、谷、木などを作る。イグアナ男は少年に新しい太陽にならないかと尋ねる。少年は承知し、太陽になり、少女も月になる。二人は大地を乾かす。しかし一緒では熱が強すぎるので、太陽が昼に、そして月は夜に照ることにする。月の姿が見えないとき、月はセノーテで眠っている〕、Mam（Mocho）(Villar 1989: 82)〔(二つの版) 兄弟たちがトウモロコシ畑（milpa）で働いているとき、年上の二人が末っ子を殴り、殺してしまう。家に戻ると彼が暖炉の傍に座っている。翌日は彼を切り刻み、火で燃やす。しかしまた家に彼はいる。次の日には深い谷に投げ込む。老人（250注釈—年老いた太陽。深い谷は冥界か）が穴の中の彼を見つける。目を閉じるように命じる。目を開けると別の場所にいる。母親に別れを告げる。母親はトルティーヤをもってくるが、それは炭に変わる。彼は輝き、熱くなる。兄たちが戻ってくると彼らも燃え上がり、死ぬ。少年は太陽になる。〕

北アンデス —— Kogi (Reichel-Dolmatoff 1985 (1): 226, 1985 (2), no.4: 32)〔太陽たちは兄弟。そのうちの一つは我々の世界には暑すぎたので、文化英雄がそれを宇宙の最上段に持っていった。〕、Chimila (Reichel-Domatoff 1945, no.2: 5)〔太陽たちは姉妹である。末娘が輝きはじめたのは、上の二人が死んだ後だった。〕、Guajiro (WS

1986, no.3,7: 27-28, 32-33)〔月は太陽の帽子を盗み、太陽に変身する。以前の太陽が今は月となっている。〕

エクアドル ―― Colorado (Calazacon, Orazona 1982: 14-24)〔老いた太陽は空のジャガーによって食われてしまう。独り者の女の息子が新しい太陽になる。〕

北西アマゾニア ―― Barasana (S. Hugh-Jones 1979, no.6A: 287)〔老いた太陽は現在の太陽と月の父親で、天空の夫。細部不明。〕、Ocaina (Wavrin 1932: 144; 1937: 639)〔老いた太陽は弱く、その父親が殺す。その母親が死体を埋葬する。その骨は斧やライフルになる。彼の弟は父を殺して、兄の復讐をし、新しい太陽になる。彼は怒っているので、彼の顔は輝いている。〕、Witoto (Girard 1958: 76-77)〔年老いた太陽は自分の姉妹である月を殺して、木になる。彼の弟が新しい太陽になる。〕

中央アマゾニア ―― Mundurucu (Kruse 1951-1952, no.13: 1002-1004; Murphy 1958, no.15: 85)〔敵がWakurumpöとKaruetaouiböを殺し、その首を柱にさして晒す。首は天に上る。ワクルンポは妊娠している妻に付き添われゆっくりと歩く。そして少年の矢によって目を傷つけられる。ワクルンポは雨の季節の太陽で、その妻は月である。カルエタウイボの首は乾季の太陽である。両者はともに太陽の息子で、太陽の妻の子宮から魔術的な再生を果たす。〕

東アマゾニア ―― Shipaya (Nimuendaju 1919-1920: 1010)〔太陽は黒い肌をしている。日の出になると日を生み出すアララ鳥の羽根の冠を着ける。太陽は人々を殺して食べる。男が木に登り、太陽に果物を投げる。そして重い房で太陽を殺す。世界は暗くなる。太陽の四人の息子は肌が白い。五人目は肌が黒い。彼だけが父の冠の放つ熱に耐えられたので、現在の太陽になった。〕、Juruna (VB 1973: 94-97)〔太陽は人々を傷つける。猟師が木に隠れ、ナッツの重い房を投げて太陽を殺す。太陽の棍棒は大蛇に変わる。その血はクモ、アリ、カタツムリ、ムカデなどになる。それらが地面を覆ったので、男は木から木へと飛び移って安全な場所に逃げる。太陽の妻は三人の息子たちに父の羽根の冠を着けてみるよう勧める。末っ子だけが暑さを耐えられる。最初は早く歩きすぎる。母は真昼と日没前に休息するように教える。〕

モンターニャ（ペルー、アマゾン域）―― Amuesha (Santos-Granero 1991, no.3: 54, 59)〔老いた太陽は天から石を投げて人々を殺す。ときどき大地を照らさなくなる。〕、Machiguenga (Pereira 1988a: 23)〔年老いた太陽は弱々しい。その名は「素早くしばしば動く者」という意味である。〕

南アマゾニア ―― Nambikwara (HP 1974a: 49-50)〔アルマジロが下から大地を掘る。太陽と月は空の一部とともに穴から落ちてしまう。老人と老女が新しい太陽と月になる。〕、Iránxe (HP 1985, no.4: 45-55)〔若者が結婚相手を探しに出かける。川の上の木に登る。Mãe-do-sol (Euchroma gigantea) は水に映った彼の姿を自分と勘違いし、なぜ自分が美しいのか考える。若者は彼女が醜いという。彼女は彼に排泄物の飲み物を飲ませる。彼は立ち去る。若者は Mãe-da-agua（魚の尾をもち、長い髪で二本の角をもつ水の精霊）を呼んで、向こう岸に渡してもらう。水の精霊は彼を溺れさせて料理しようと企む。若者は水の精霊の子供たちにマニオックを与えると、父の背中から飛び降りて川を泳ぐように教えられる。水の精霊は子供たちをjatiに変えてしまう。若者は太陽の村に着く。太陽は年老いて弱く、光も肉もほとんど与えない。若者は太陽の二人の妻と交わる。彼女たちは彼をヤシの木の葉の下の隠れ家に案内する。彼はすりこ木で老太陽を殺す。そのため暗くなる。若者は老太陽の妻たちと結婚し、彼女たちは彼を新しい太陽にする。はじめ彼は暑すぎた。彼はみなに肉を与えた。妻たちの兄弟たちは喜んだ。〕、Parasi (HP 1987, no.109: 594-595)〔宵の明星はかつて太陽だった。Enoaré は森に行った。太陽が雲に覆われた。エノアレの二人の妻は彼の後を追ったが、食の間に彼は変身していた。彼は figueira silvestre になった。妹は藪の

女精霊になった。母は wolf Disicyon thous になった。姉は木の樹液からあらゆるハチを作った。〕

パタゴニア（チリ） ―― Southern Tehuelche（WS 1984b, no.27: 46）〔危険な義理の父（先代の太陽）が死ぬと、英雄はその職能すべてを自分のものとする。〕

フエゴ島 ―― 〔現在の太陽の父は暑すぎた。〕Selknam（Wilbert 1975A, no.14: 45-46）、Yamana（Wilbert 1977, no.1: 17-18）

2　複数の太陽または月

A　複数の太陽が同時に出現し（あるいは、したら）、世界は焼け滅びた（あるいは焼け滅びるだろう）。

分布 ― インド、マレーシア・インドネシア、カリフォルニア、中米低地、西アマゾニア、中央アンデス、ボリビア・グアポレ川流域

B　異なる太陽が異なる世界を照らす、あるいは将来、次々と出現するだろう。

分布 ― メソアメリカ、中米低地、北アンデス、エクアドル、モンターニャ（ペルー、アマゾン域）

C　英雄が余分な太陽と／あるいは月を殺す。

分布 ― インド、インドネシア、中国、日本、北米沿岸・高原地域、カリフォルニア、西アマゾニア、ボリビア・グアポレ川流域

D　余分な太陽は中心的太陽の子供たち。

分布 ― バルカン、インド、インドネシア、フィリピン

E　モチーフのヴァリエーション。

分布 ― リャノス、ギアナ

3 男性の太陽と女性の月――月は女性または両性具有、太陽は男性あるいはおそらく男性。

A 太陽は男性、月は女性。

分布― インド、マレーシア、日本、北東アジア、北極圏、準北極圏、北米中西部、北米北東部、北米平原地域、北米南東部、カリフォルニア、北米大盆地、北米大南西部、北西メキシコ、メソアメリカ、中米低地、アンティル諸島、北アンデス、リャノス、南ベネズエラ、オリノコ川デルタ域、ギアナ、西アマゾニア、北西アマゾニア、中央アマゾニア、中央アンデス、モンターニャ、ボリビア・グアポレ川流域、東アマゾニア、南アマゾニア、ブラジル・アラグアイア川流域、ブラジル南大西洋域、チャコ、南ブラジル、チリ、パタゴニア、フエゴ島

B 太陽は男性、月はもと男性だったが、女性に変えられた。

分布―メソアメリカ、中央アメリカ低地

C 太陽は男性、月の性別は満ち欠けによって異なる。

分布―西アマゾニア、南大西洋ブラジル、チャコ

D 月が満ちるのは妊娠しているから。欠けるのは出産するから。

分布―南大西洋ブラジル、フエゴ島

4 女性の太陽――太陽は女性。

A 太陽は女性、月は男性。

分布― オーストラリア、インド、マレーシア、日本、北極圏、準北極圏、北米北西沿岸、北米沿岸・高原地域、北米平原地域、北米南東部、カリフォルニア、北米大南西部、メソアメリカ、北アンデス、ギアナ、ボ

リビア・グアポレ川流域、チャコ

A/a
太陽は女性とされるが、月の性別については言及なし。

分布―北米沿岸・高原地域、北米平原地域、北米南東部、メソアメリカ、北西アマゾン、モンターニャ

B
太陽は女性、月は女性か両性具有。

分布―日本、北米沿岸・高原地域、ボリビア・グアポレ川流域、チャコ

5　太陽と月がともに男性――月は男性、太陽は男性かあるいはおそらく男性。

A
太陽と月は男性（まれな例では同一存在が昼と夜で両方の役目をする）。

分布―オーストラリア、インド、北東アジア、北極圏、準北極圏、北米北西海岸地域、北米沿岸・高原地域、北米北東部、北米平原地域、北米南東部、カリフォルニア、北米大盆地、北米大南西部、北西メキシコ、メソアメリカ、中央アメリカ低地、北アンデス、南ベネズエラ、オリノコ川デルタ、ギアナ、エクアドル、西アマゾニア、北西アマゾニア、東アマゾニア、モンターニャ（ペルー、アマゾン域）、ボリビア・グアポレ川流域、南アマゾニア、東ブラジル、ブラジル南大西洋地域、チャコ、南ブラジル、パタゴニア、チリ

B
月は男性。太陽の性別について明確な言及はないが、女性である可能性は極めて低い。

分布―北米北西海岸地域、北米沿岸・高原地域、カリフォルニア、メソアメリカ、ギアナ、北西アマゾニア、東アマゾニア、モンターニャ（ペルー、アマゾン域）、ボリビア・グアポレ川流域、南アマゾニア

C
月は男性。太陽は性別をもたない。

分布―北米沿岸・高原地域、南ベネズエラ、チャコ

D
太陽は赤ん坊である月のオシメから出来ている。

分布――北米沿岸・高原地域

6 両性具有の月または太陽――太陽または月はどちらの性別にもなる。

A テキストによって、月は男性とも女性ともされる。月の性別は月相によって変わる。月は結婚している。月ははじめ男性だったが、女性になった。

B 月の性別は月相によって変化する。

C 太陽は時に男性、時に女性とされる。

7 太陽が月を追いかける――太陽と月は夫婦または恋人。男性が女性を追いかける。太陽と月の明るさの違いおよび／あるいは月の斑点の起源が説明される。

8 天体は両親と子供――太陽は月の親、あるいはその逆。

A 月は母、太陽は息子。

B 月は父、太陽は息子。

C 太陽は父、月は息子。

D 太陽は父、月は娘。

E 月は父、太陽は娘。

9 月は人間の保護者――女性の月は息子（夫）である太陽が人間を滅ぼそうとするのを許さない。

10 太陽の目は借り物――太陽はその輝く目をいずれかの動物から借りた。

A 太陽と月は怪物的なヘビまたはワシを殺してその輝く目を自分たちのものにする。

B 目が弱かった太陽はキツネから輝く目をもらう。

11 太陽と月の目 ―― 目に見える太陽と／あるいは月とは彼らの目なので光が変化する。

A 太陽と／あるいは月は片方あるいは両方の目を失った。そうでなければ過度の光や夜の不在のために人間は滅んでしまった。

B 太陽と月は異なった目をもつ生き物を殺す。はじめ月がより輝く目を、太陽がより弱い目をつけたが、後には目を交換した（なぜ太陽の方が月より眩しいか）。

C この世界の終末時には月が目を開く。そして太陽より明るくなる。

D 月は目を開けたり閉じたりする（月相の起源）。

E 目（単複いずれも）の喪失が雲の起源とされる。

F 少年が太陽と月の目を射る。

G 太陽あるいは月は片方しか目がない。A参照。

H 太陽は天に上る前に片方の目を失う。これによって太陽の熱が減じたという明らかな言及はない。A23参照。

12 天の怪物の攻撃としての食 ―― 人あるいは生き物が太陽と／あるいは月を呑み込んだり、攻撃したり、覆ったりする（あるいは将来そうする）、そのため太陽や月の消失が定期的に（月の満ち欠け、昼夜の交代）、不定期に（日食や月食）、または終末に起こる。

A クマ、ネコ、イヌが太陽あるいは月を攻撃する。

B カエルまたはヒキガエルが太陽または月を攻撃する。

C ヘビまたはトカゲが太陽または月を攻撃する。

D 鳥が太陽または月を攻撃するか、覆う。

13 **アリが太陽を覆う**——食のときまたは最初の夜が出現したとき、アリが太陽または月を覆う。

A 食のとき。

B 最初の晩に。

14 **食における太陽と月の関係**——太陽と月が一緒に出現すると食が起きる。あるいは両者が対立していると起きる。

A 太陽が月の行く手を遮る、あるいはその逆。

15 **女性の攻撃としての日食や月食**——男性の太陽または月が食になるのは女性が攻撃するから。

16 **太陽の危険な旅**——毎夜、太陽は滅ぼそうと狙っている生き物の傍を通らねばならない。

17 **太陽は正午に休息する**——太陽は昼間、大空を横断するとき、天頂で休息する。あるいは地下世界を移動しているとき、天底で休息する。

18 **天空の船**——太陽と／あるいは月は船を作って天空と／または地下世界の旅に用いる（太陽は馬に乗ることもある）。乗組員や客がいることもある。

19 **太陽の運び手**——太陽（と／または月）が空（と地下世界）を旅するとき、人間または動物が担ぐ。

A 船を漕ぐのを手伝う。

B 太陽を肩に担ぐか車を引く。

20 **太陽と月の幼年時代**——太陽と月は同じ家族や氏族。天に上る前は子供とか若者として描かれる。

A 彼らは旅をして冒険する。

B 旅はするが込み入った冒険はしない。

21 天空に投げ上げられた物が天体となる――太陽と／または月は空に投げ上げられたか据えつけられた物体。

22 焚き火によって天空へ――一人の男（男と女、二人の女）が焚き火によって、あるいは（ある特定の）存在が燃やされて、天上で太陽、月、あるいはマゼラン雲になる。

A 二人の人物が焼かれる。一人は太陽になり、もう一人はより価値のない天体となる。

B 太陽の片割れはより暑くない炎で焼かれたので、月（星）は冷たい。

23 太陽の選出――祖先たちは太陽となるのに相応しい候補者を選ぶ。そして／あるいは太陽を天に送る。またはどのようにして太陽がはじめて天に上るか見る。

A ハチドリだけが太陽を天上に上げることができた。

24 最初の日の出――太陽がはじめて天空に出現したとき、原初存在あるいはその一部は滅ぶか、あるいは動物または精霊に姿を変えた。

25 徐々に光に慣れる――人々は最初に日の光を見たとき、すぐに見るのを禁止された。このタブーを破った者は滅ぼされた。

26 赤ん坊になって貴重品を入手する――ある者が小さな品、生き物、赤ん坊に変身する。女性はその子を養子にするか、あるいは品や生き物と接触して妊娠し、赤ん坊を産む。

A ある人物は赤ん坊に変身し、価値ある品の所有者の養子となる。

B ある人物は水を漂うあるいは泳ぐ小さな品か生き物に変身し、価値ある品の所有者はそれによって妊娠する。

C ある人物は針葉樹の針葉か葉に変身し、少女がそれを飲み込んで妊娠する。

D ある人物が赤ん坊に変身し、養子となり、宝物をカヌーに積み込ませて逃走する。↓ロシア語版参照。

27 **太陽と月の王冠**――太陽と／または月の光と／または熱は、彼らの羽根製または毛皮製の王冠または衣服と／または動物の歯で作られたネックレスにその源泉がある。

A 王冠または衣服。

B ネックレス（にも）。

28 **賢い太陽と愚かな月**――賢い太陽が愚かな月を騙す。月は自分ではトリックを考えつかず、太陽の真似をするだけ。そのため月はしばしば馬鹿にされ、傷つき、あるいは殺される（たいてい、太陽によって生き返る）。

29 **太陽と悪魔によって月を引き裂かれる**――魔的存在が月男を追いかける。太陽女と悪魔は月を両側から引っ張り、月は二つに引き裂かれてしまう。太陽は定期的に月を治療する（月の満ち欠けの起源）。しかし完全に生き返らせることはできない。

30 **月は死体を食べる**――男性の月は死者の死肉あるいは骨を食べる。

31 **近親相姦する月**――何らかの性的行為と／あるいは恋愛によって月は現在の位置と外見を持つようになった（天空への上昇、怠け者など）。

32 **月の中の生物**――人間、動物、植物、物の姿あるいは痕跡が月に見られる。

A ウサギ。

B カエルまたはガマガエル。

C イヌ／ネコ科動物。

D 人間的姿の存在。

E 何かを持った人物。

F　月の中の水運び。

G　草叢あるいは木の枝をつかんだ人物がそれと一緒に月に運ばれていった。

H　樹。

I　その他の生き物あるいは品。

33　空のウサギ——野ウサギあるいはウサギが天空に住むあるいは天空で見られる。

A　月の神の動物なので、月で見られる。

B　ウサギは天空のどこかに住んでいる。

34　月とキツネあるいはコヨーテ——キツネあるいはコヨーテは月とつながりがある。

35　汚れた月

A　月は恋愛沙汰を起こしたことが原因で顔を汚される。

B　人が月に昇っていって、手形を残してくる（月の斑点の起源）。

C　月（男性あるいは女性）は人間から灰、塗料、ゴミ、熱湯を投げつけられて傷や火傷を負う、あるいは動きが鈍くなる（恋愛沙汰とは無関係）。

36　不死な月——月は人間と異なり、毎月、再生したり、若返ったりする。月は人間が永遠に死ぬか、あるいは定期的に再生するかを決める。

37　太陽が攻撃される——1.太陽は天空を歩いているか、一時的に地上に降りてくる。人間（単複いずれもあり）が彼を殺す。2.沢山の太陽が同時にあるいは連続して輝く。いくつかが殺される。

38　太陽が罠にかかる——太陽が罠にかかるが、後に解放される。

A 罠は陰毛で作られている。
39 **十二ヶ月**——一年のそれぞれの月が別個のものや存在として語られる。
40 **太陽または月がカエルまたはガマと結婚する**——太陽あるいは月の妻（単複いずれもあり）はヒキガエルあるいはカエルである。
41 **太陽が自分の子供たちを飲み込む**——二人の人間が子供あるいは若い親族と住んでいる。一方が他方に一緒に自分たちの子供や親族を食べるあるいは料理することを提案する。誘われた方はその通りにするが、提案した方はそうしなかった。二人の一方あるいは／そして生き残った子が太陽である（詳しい分布はロシア語版）。
42 **パエトン**（偽の太陽が役目を務めるのに失敗する）——人間が太陽のもとに来て、その役割を果たそうとするが失敗に終わる。
43 **片足だけモカシンを履いた月**——あまりに急いだため、男は小屋を出ると空に飛んでいってしまう。片方の足にモカシンを履くのを忘れたか、彼を捕らえようとした人が片方の靴だけを捕まえたため、両足が異なっている（片足しか履いていない、あるいは両足で色が違っている）。月の男は片足しかないか、片足で立っているか、片方の足だけモカシンを履いている。
44 **月は守護を願われる**——夫に虐待される妻あるいは孤児の少女（少年はまれ）が月に天上に連れて行ってくれるよう願う。願いは叶えられる。
45 **トカゲが太陽の卵を発見する**——トカゲあるいはイグアナは、太陽（あるいは太陽と月）が生まれる卵を発見する。
46 **原初巨人の目からの太陽と月の誕生**——（詳しくはロシア語版）

47 **食人鬼としての太陽と月**――太陽と／あるいは月は邪悪で人間を食べる。

A 月（太陽）は英雄を食人鬼である太陽（月）から救う。

B 食人鬼である太陽は英雄を追いかける。この話では月は登場しないが、やはり食人鬼である。

C 太陽は食人鬼だが、月は善良である（細部なし）。

C 大災害（Cataclysms）

18 **隠れた太陽を呼び戻すために踊る**――ある人間が貴重品の持ち主（あるいは盗み手）で、それを他の人間には隠して与えない（貴重品を体現する存在が姿を隠してしまう）。貴重品を獲得するために歌、踊り、音楽、目立つ立ち振る舞い、異性と／あるいは酒の提供などが行なわれ、持ち主（あるいは体現者）の興味を引くか逸らそうとする。

A 人間は光、太陽（そして／あるいは月）を獲得しようとする。

分布――北東アジア、北米北西海岸地域、北米南東部、北西メキシコ、メソアメリカ、北アンデス、オリノコ川デルタ、東ブラジル、パタゴニア、チリ

B 人間は豊かな土壌あるいは穀物あるいは薬を獲得しようとする。

分布――日本、北米大南西部、メソアメリカ、中央アメリカ低地、北アンデス、オリノコ川デルタ、中央アンデス

C　人間は火を獲得しようとする。D4A参照。

分布—カリフォルニア、北米大盆地、北米大南西部、メソアメリカ、北アンデス、リャノ、南ベネズエラ、北西アマゾニア、中央アマゾニア

D　異伝。

分布—日本、北米北西海岸地域、北米沿岸・高原地域、北西アマゾニア

19　太陽の獲得——祖先が苦労の末に隠れた太陽あるいは盗まれた太陽を獲得する。

A　モチーフC18Aを見よ。

分布—北東アジア、北米北西海岸地域、北米南東部、メソアメリカ、北アンデス、オリノコ川デルタ、パタゴニア、チリ

B　太陽が罠に捕らえられたため、日の出が訪れない。太陽が解放されると光が再び戻る。モチーフA37、A38（人間が意図的に太陽を罠で捕らえる）を見よ。

分布—準北極圏、北米中西部、北米北東部、北米平原地域、カリフォルニア

C　巨木によって太陽の光が遮られる。人間は木を切り倒す。モチーフC23を見よ。

分布—バルト・スカンディナヴィア、北西アマゾニア、モンターニャ

D　異伝。

分布—アムール・サハリン、日本、北東アジア、北極圏、準北極圏、北米北西海岸地域、北米沿岸・高原地域、北米北東部、北米平原地域、カリフォルニア、北米大盆地、メソアメリカ、オリノコ川デルタ、ギアナ、モンターニャ、ボリビア・グアポレ川流域、南アマゾニア、ブラジル・アラグアイア川流域、パタゴニア、

チリ、フエゴ島

E 人の子（あるいはワタリガラスの子）が天体を遊び道具にねだり、手に入れる。

分布―北東アジア、北極圏、準北極圏、北米北西海岸地域、北米沿岸・高原地域

分布の意味

ここに簡略化して訳出した部分はベレッツィンが公開しているもので、その後の研究の進展によって現在では大幅に資料が増加し、分布図の範囲も拡大しているに違いない。しかし、上記の簡略化したモチーフの分布の紹介だけによっても、世界神話学の展望の大きさとその困難さ、そしてそれが秘めている革新的力が看取できるだろう。

太陽と月の神話についてある個別神話の枠内で考える際にも、世界神話の大きな枠を確認することが必要となるだろう。それによって太陽と月の関係で同じものが、まったく相互に関係がないと思われる地域や時代について見つかることがあるだろう。以前ならばそれは偶然の一致あるいは人間心性の共通性から説明され、したがって個別神話の解釈自体には影響を及ぼさなかったが、しかし世界神話学の考え方を導入すると、そうした従来は無関係に思われていた一致についても、それが歴史以前の現生人類の移動の結果として残存したものが伝承されてきた証拠であるという可能性が生まれ、新たな資料的価値を帯びることとなる。日本神話における太陽と月の問題についても、従来の範囲を大幅に拡大した比較の中で再検討されることで新たな視点が生まれることが期待される。

略号

Australia　オーストラリア
Balcan　バルカン
India　インド
Malaysia　マレーシア
Indonesia　インドネシア
Philippines　フィリピン
China　中国
Japan　日本
NE Asia　北東アジア
Arctic　北極圏
Subarctic　準北極圏
NW Coast　北米北西沿岸地域
Coast-Plateau　北米沿岸・高原地域
California　カリフォルニア
Midwest　北米中西部
The Northeast　北米北東部
Plains　北米平原地域

The Southeast　北米南東部
Great Basin　北米大盆地
Great Southwest　北米大南西部
NW Mexico　北西メキシコ
Bolivia-Guapore　ボリビア・グアポレ川流域
Mesoamerica　メソアメリカ
Lower Central America　中央アメリカ低地
Antilles　アンティル諸島
Northern Andes　北アンデス
Central Andes　中央アンデス
Llanos　リャノ（南米アマゾン川以北の大草原）
Southern Venezuela　南ベネズエラ
Orinoco Delta　オリノコ川デルタ
Guiana　ギアナ
Ecuador　エクアドル
NW Amazonia　北西アマゾニア
Western Amazonia　西アマゾニア
Central Amazonia　中央アマゾニア

Eastern Amazonia　東アマゾニア
Montaña　モンターニャ（ペルー、アマゾン域）
Southern Amazonia　南アマゾニア
Araguaia　ブラジル・アラグアイア川流域
South Atlantic Brazil　ブラジル南大西洋地域
Chaco　チャコ
Southern Brazil　南ブラジル
Patagonia, Chile　パタゴニア、チリ
Fuegians　フエゴ島

参考文献

Berezkin, Yuri 2007:"Out-of-Africa and further along the Coast (African-South Asian- Australian mythological parallels)", rough draft prepared for the Conference on The Deep History of Stories, Edinburgh, Scotland, 28-30 August, 2007.

Berezkin, Yuri 2008: "The emergence of the first people from the underworld: another cosmogonic myth of a possible African origin", rough draft prepared for the 2nd Annual Conference of the International Association for Comparative Mythology, Ravenstein, the Netherlands, 19-21 August, 2008.

松村一男二〇〇九予定　「世界神話学――比較神話学の現状と展望」、市川裕・松村一男・渡辺和子編『宗教史とは何か』下巻、リトン

オッペンハイマー、スティーヴン（仲村明子訳）二〇〇七　『人類の足跡――十万年全史』草思社

Witzel, Michael 2005: "Creation Myths", in Osada, Toshiki et al. eds., *Proceedings of the Pre-symposium of RIHN and 7th ESCA Harvard-Kyoto Roundtable*, Kyoto, Research Institute for Humanity and Nature (RIHN), pp.284-318.

※本稿の記述には、世界神話学研究の現状を概観した拙稿（松村二〇〇九予定）のうちの出アフリカ説の紹介およびベレツィンの経歴に関する記述と重複する個所があることをお断りしておく。そうした情報なしには他の部分のもつ意味も十全には理解できないだろうという判断の下に行なったことであり、ご理解を賜りたい。

日本人の空間認識――南北軸と東西軸

諏訪春雄

右回りと左回り

日本人には日本人の空間認識の仕方がある。その認識方法は民俗や信仰にふかく根をおろし、さらに美術の空間表現の方法にまで影響をおよぼしている。日本人の空間認識の問題を究明し、一般的には日本独自とかんがえられている民俗や信仰にも海外の影響がはたらいていることをあきらかにしたい。

建築史学者の内藤昌氏は近世の江戸という都市の空間構成を「の」の字型つまり時計回りというようにとらえている。氏は次のようにいう。

江戸城を核にして、ちょうど「の」の字を書くように右渦巻き状に堀を発展させるのです……この都市計画は、きわめて特異なものです。日本はもとより、諸外国でもあまり例をみません。これによって幕府は、諸大名の妻子を江戸に住まわせ、一年おきに参勤交代する制度を安心して実施することができるからです。(1)

徳川家康によっておしすすめられた江戸という都市の空間構成についてのするどい指摘である。内藤氏はこの認識を慶長七年（一六〇二）ごろから拡大してゆく江戸の都市の建設状況を逐次しめして作成された「慶長十三年江戸図」「武州豊島郡江戸図」「正保年間江戸絵図」などの各種地図を分析することで証明しているが、氏の直接のヒントは寛永（一六二四〜四四）ごろに完成した江戸の都市景観を一目でしめす国立歴史民俗博物館所蔵六曲一双『江戸図屏風』である。氏の指摘はこの屏風の空間構成をみごとにとらえている。

ここではっきりさせておきたいことが二つある。

一つは、『江戸図屏風』の空間構成は、あきらかにはなっていないこの屏風の作者が恣意的、独創的におこなった空間のとらえ方ではなく、事実として江戸が「の」の字型の空間構成になっていたということである。

二つめは、「の」の字型とは中核としての城の右側から城の周辺を右回りにめぐることである。内藤氏が右渦巻き状といっているように、中心である江戸城のまわりを時計回りに堀や街路がめぐって放射状にひろがっている。

中心のまわりを右にまわる例をさらにさぐってみる。

天保七年（一八三六）に刊行をおわった斎藤幸雄・幸孝・幸成親子編集、長谷川雪旦画の江戸の地誌『江戸名所図会』の構成を同書掲載の目録によってしめす。

一之巻　日本橋本町通　神田小川町　飯田町　両国　霊巌島　八町堀　築地　鉄砲洲　芝口　愛宕下　西久保　赤羽根　三田　魚藍　白銀　芝浦

二之巻　品川駅　大井　鈴ケ森　池上　矢口　大森　蒲田　八幡　六郷　川崎　鶴見　生麦　神奈川　本牧　程ヶ谷　杉田　金沢

三之巻　外桜田　霞関　永田　馬場　平川　溜池　麻布　広尾　青山　目黒　碑文谷　北沢　世田ケ谷　渋
谷　四谷　千駄ヶ谷　代々木　高井戸　武蔵野府中　玉川　向ノ岡
四之巻　市谷　牛込　小石川　大窪　柏木　成子　堀之内　中野　小金井　築土　高田　大塚　雑司が谷
巣鴨　板橋　練馬　大宮　野火止
五之巻　湯島　上野　日暮里　根津　谷中　三崎　駒込　王子　川口　豊島川
六之巻　浅草　下谷　根岸　山谷　橋場　千住　西新井
七之巻　深川　本所　亀戸　押上　柳島　隅田川　木下川　松戸　行徳　国府台　八幡　船橋

一之巻の冒頭は江戸城の記述からはじまるこの地名の配置が、『江戸図屏風』と同様に、みごとな右回りの渦になっていることは、江戸や現代の東京についての地理の知識があれば容易に納得がゆく。

江戸を大観としてとらえた『江戸図屏風』の右回りの構成は、作者の構想とは関係のない事実の反映であった。しかし、おなじ江戸をえがいていても、大観としてとらえていない『江戸名所図会』は、作者の構想によってどのような配置も可能であったのに、やはり江戸城を核とした右回りに景観をとらえていたことは、江戸の空間把握の仕方に右回りという型が確立していたことをしめしている。

切絵図《きりえず》は現代の区分図にあたる。寛文十年（一六七〇）に刊行された「新版江戸大絵図」がすでに五枚に分割されていて通称「寛文五枚図」とよばれていたが、本格的な切絵図は宝暦五年（一七五五）の吉文字屋《きちもじや》からはじまる。江戸の全図を三十七枚にまとめた幕末の近吾堂版切絵図の空間配置を寛文五枚図と比較してとらえてみると、やはり右回りの渦になっている。

右回りの空間認識

江戸という都市の実際の地形が右回りだから、それをえがいた地図が右回りになるのは当然であるという論理が成立しそうある。では「の」の字の市街構成とまったく関係のない京都はどうであろうか。

平安京の空間構成の原理は中国の風水思想にもとづく四神相応《しじんそうおう》であった。左方（東）は青竜にふさわし流水、右方（西）は白虎の大道、前方（南）は朱雀の湿地、後方（北）は玄武の丘陵をもつ平安京はさらにそのなかを碁盤の目のように街路をとおした。事実としての空間構成は「の」の字や右回りとは無関係であった。しかし、その空間を記述するとき、記述者は右回りに京都の空間をとらえていた。

明暦四年（一六五八）に刊行された『京童《きょうわらんべ》』は、近世における最初の京都の名所案内記である。洛中洛外八十七ヶ所の神社、仏閣、名所、旧跡を説明している。この書の空間認識がきわめて荒っぽいものだが、内裏にはじまって右回りの渦巻きになっている。名所配置の概要は次のようである。

巻第一　内裏　下御霊　誓願寺　四条河原　祇園　円山　八坂
巻第二　清水　豊国　大仏　因幡薬師　傾城町　壬生　神泉苑
巻第三　千本　今宮　上鴨　下鴨　真如堂　百万遍
巻第四　吉田　白河　新黒谷　永観堂　南禅寺　藤森　伏見　大原　鳥羽の恋塚
巻第五　鞍馬　貴布根　大原　比叡山　湖

巻第六　愛宕　高尾　清滝　小倉山　天竜寺　嵐山　大井川　松尾　太秦

巻第一の内裏にはじまり、その右側の洛東から下方の洛南を経て、いったん洛北へゆき、最後は洛西の太秦《うずまさ》でおわっている。南から北へというあたりに渦がみだれているが、全体として右から左へという流れはみてとることができる。

近世中期の安永九年（一七八〇）に刊行された秋里籬島《あきさとりとう》著の『都名所図会』は『江戸名所図会』の手本ともなった京都の地理案内書であった。この書は京都の全体を内裏中心に左右前後の四神に分類していた。その順序はつぎのようになっている。

巻一・巻二　中央平安城　巻三　左青竜（平安城にむかって右）　巻四　右白虎（平安城にむかって左）
巻五　前朱雀　巻六　後玄武

これもまた、右から左、下から上へというおおまかな右回りになっている。

このような例はまだあげることができる。われわれが子どものころになれしたしんだ絵双六は、いまはほとんど眼にすることができなくなった。この絵双六の廻り方は右回りである。文献資料で確認できる最初の絵双六は、仏教の世界観にもとづく「浄土双六」で、室町時代の文明年間（一四六九～八七）には宮中であそばれていた記録がのこっている。(2)

「浄土双六」は現世とされる「南閻浮州《なんえんぶしゅう》」を出発点の「ふりだし」に、上段の仏の世界をめざすもので渦巻きにはなっていない。渦巻き状の絵双六は江戸時代になって出現し、木版多色摺りの技術、出版文化の発展とともに庶民の娯楽として普及していった。この絵双六の廻り方の定型は、右下隅に「ふりだし」が設定され、右回りに渦巻き状にめぐって、終点の「上り」はかならず中心にもうけられている。

いま私は、幕末に大坂で刊行された「新板大坂名所名物廻絵図」という一枚の絵双六をみている。(3) 右下隅の「天王寺」をふりだしに、時計回りとおなじ右回りに、「住吉」、「今宮戎」、「生玉」とまわり、「天神社」、「京橋」とめぐって最後は「浪花錦城《なにわきんじょう》」すなわち大坂城が上りになっている。

これは現実の大坂の名所配置とは別次元の近世人の理念上の空間認識であったというべきであろう。それは価値あるもの、聖なるものを中心においてその周りを右回りに回転し、そのように空間を構成しなければならないという認識である。

もうすこし例をあげる。

歌川安峰《やすみね》の「新板東海道五十三次道中双六」(4) も右下隅のふりだしを日本橋に設定し、東海道を品川、川崎、神奈川と通過し、最後の上りは京都御所である。

各種の社寺参詣曼荼羅《まんだら》にえがかれた参詣する民衆の動きは、社寺の建物の配置や地勢におうじて各様であってそこに一定の法則性はないようにみえる。しかし、そのなかで一つの堂塔の周辺をめぐる場面の民衆の進行方向は、確認できるかぎりでは右回りであった。

八坂法観寺塔参詣曼荼羅　三鈷寺参詣曼荼羅　伊勢参詣曼荼羅(5)

などである。

北斎の名作「富嶽三十六景」。もしこの連作を関東をふりだしに富士を終点とした右回りの上り双六とかんがえたらどうであろうか。そうした想定をゆるすような作品の空間配置になっている。この作品の現存四十六図の刊行順については、小林忠氏によって、図柄の骨格をなす線描が藍で摺られた正編三十六図と、墨で摺られている続編十四図とにわける説が提出されている。(6)

正編三十六枚の配置は以下のようになっている。ふりだしの「常州牛堀」にはじまり、右回りにまず江戸を通過し、富士を右手にみながら東海道を西（左）にむかい、「尾州不二見浦」までいっておりかえして上部をめざし、「信州諏訪湖」までゆく。そこから再度右に転じ、富士の周りを「甲州犬目峠」、「甲州三島越」、「甲州石斑沢」、「甲州三坂水面」とめぐる。これに続編十四枚をくわえると、この渦はいっそうみごとな形をなしてきた。そしてこの絵双六の最終の上りは巡拝者が富士にのぼる「富士登山」である。

もちろん、北斎が右回りの渦を意識していたという証拠はない。むしろ意識してはいなかったというほうがあたっているであろう。しかし、伝統の力、認識の型は個人の意識をこえた集団無意識または遺伝子のうながしである。意識よりもはるかにつよい力で個人をうごかす衝動である。

なぜ日本人の空間認識に右回りがあるのか。それは日本人の行動パターンに右回りがあるからだが、その問題を解明するまえに、もう一つの空間認識である左回りについて検討しておかなければならない。

左回りの空間認識

日本人の行動様式とそこから生まれた空間認識に、これまでみてきた右回りとは逆の左回りがある。時計回りとは逆にまわることである。具体例を検討する。

慶長九年（一六〇四）の八月、豊臣秀吉の七回忌にもよおされた豊国大明神の臨時の祭礼は、数点の屏風絵となってその盛大な様子をうかがうことができる。いわゆる「豊国祭礼図屏風《ほうこくさいれいずびょうぶ》」である。そのなかでもとくに有名な作品が、狩野内膳筆の豊国神社本六曲一双と筆者未詳の徳川黎明会本六曲一双である。両本とも左隻には京都の町衆《まちしゅう》による風流の大踊り（豊国踊り）にくりだした群集の渦が展開しており、その流れから当時の群集の踊りの実態をとらえることができる。

比較的動態の把握しやすい豊国神社本によってみると踊りの構成はつぎのようになっている。

A　中央に神の依代としての大きな風流傘が立てられている。
B　その周辺に三群の人たちがおどっている。
C　中央部の群は服装に統一がなく動きにも規則がない。
D　第二の輪はすべて統一された服装と所作で、二扇の輪は左回り、四扇の輪は右回りである。
E　第三の輪は両扇ともにほぼ統一された服装で、膝をついて待機している。この第三群は棒をもっているところからみても護衛の人たちである。

徳川黎明会本も動きははげしいが、構成はだいたい豊国本と一致する。

A　下京うしとら組の第一の輪は左、第二の輪は右、第三の輪は左を基本としているが、乱れもある。
B　上京一条組・上京下たちうり組の第一の輪は右、第二の輪は左、第三の輪は立ちどまっている。

C　上京新在家組・上京川西川東組の第一の輪は左、第二の輪は右、第三の輪は立ちどまっている。

時計回りの右回りを順、左回りを逆とよぶなら、風流の大踊りは内の輪と外の輪で順と逆を交互にくりかえすものであったことがわかる。こうした風流の大踊りを継承した歌舞伎の大踊りもきまって左回りであった。これも具体例を検討しよう。

歌舞伎・婦女遊楽図		六曲一双	重文	遊女歌舞伎太夫総踊り	
歌舞伎図		六曲一隻		若衆総踊り	
四条河原遊楽図		二曲一隻	重文	遊女歌舞伎太夫総踊り	
四条河原遊楽図		二曲一双	重文	遊女歌舞伎太夫総踊り	静嘉堂
女歌舞伎図		六曲一隻		女歌舞伎太夫総踊り	
歌舞伎図		六曲一双		遊女歌舞伎太夫総踊り	
吉原風俗・歌舞図	菱川師宣	六曲一双		四季大踊り	ボストン美術館
歌舞伎図	菱川師宣	六曲一双		太平楽大踊り	東京国立博物館
上野花見・歌舞図	菱川師宣	六曲一双		風流大踊り	サントリー美術館(7)

このような例はまだある。楽屋が左にあり、橋掛りをとおって舞台に出れば左回りになるという論理は通用しない。左側から登場しても舞台奥を通過して右回りになることも可能だからである。橋掛りのない座敷での遊宴

での遊女の総踊りの類も基本的には左回りであった。

右回り・左回りの民俗

絵画の右回りと左回りの空間構成は民俗の右回り・左回りの習俗に由来している。民俗社会におけるこの二つの習俗を検討してみる。

仏教では右回り〈右遶〉を吉とし、左回り〈左遶〉を不吉とする観念がある。『佛教語大辞典』[8]から引用する。

【右遶】うにょう　また右旋ともいう。右回り。常に中央に右肩を向けるように、時計の針の回り方とおなじ回り方をする。インドの礼法。①古代インドでは貴人に尊敬の意を表すとき、右脇を貴人に向けてその周囲を三度回った。また軍隊が凱旋して帰って来たときには、城壁のまわりを三度右回りして城の中に入っていった。ヴェーダ学生は聖火を右回りする。②このような習俗が佛教にとり入れられたのである。インドでは仏に対して修行僧は右遶三匝（うにょうさんそう）するのが礼法である。シナでは戒壇をめぐるのに左遶の法をとることがあり、日本でも禅宗の巡香のときは左遶するが、その他の行道ではすべて右遶する。

左遶については次のように説明されている。

【左遶】さにょう　常に中央に左肩を向けるように、時計の針と逆の回り方。不吉であるとみなされた。仏を守護する夜叉神である密迹力士は、もしも左遶する者があれば、金剛の武器をとってその者を砕いてしまうという。

これによって佛教との関わりはあきらかになったが、民俗における右回り、左回りの習俗のすべてが説明されたわけではない。なによりも、なぜ佛教で右回りを吉とし、左回りを不吉とするのか、その理由もあきらかにされなければならない。

まず、順不同に右回りの習俗をひろってみる。

① 奈良東大寺二月堂で内陣中央の大観音をまつる須弥壇《しゅみだん》の周りを僧たちがまわるとき右回りにまわる。また転害門などにかざられているしめ縄のかざり方は通常のかざり方とは逆にな綯い始めを右側におく。
② 日本の寺院の法要では、僧侶たちは本尊を中心に本尊に右肩をむけて右回りにまわる。
③ お日待ちの行事で、朝、東にのぼる太陽をおがみ、昼、南の太陽をおがみ、夕方、西にしずむ太陽をおがむ。
④ 長野の善光寺で、戒壇下をめぐる胎内めぐりで左からはいって右に出、本尊のまえを右から左にまわる。
⑤ 大分県では牛に犂《すき》をひかせて水田をすくのは右回りである。
⑥ 奈良県桜井市初瀬長谷寺の修二会のだだおしで出現した赤・青・緑の三匹の鬼は、まず本尊の観音の周囲を三周し、そのあと大松明に追われて回廊をめぐる。その回り方はどちらも右回りである。
⑦ 大分県宇佐市の宇佐神宮の御田植祭では右回りにまわる。

⑧大分県国東半島の修正鬼会で僧侶が祭壇の周りを右回りにまわる。
⑨神社の社殿でお神酒をいただくさいの盃の回り方は右回りである。
⑩各地の湯立て神楽で舞庭の中心にすえられた釜の周囲を舞人は右回りに旋回する。
⑪空也念仏で首からつるした鉦鼓をたたきながら僧たちは護摩壇の周りを右回りにまわる。
⑫沖縄八重山地方の盆や節に演じられるアンガマは仏壇のまえを巻踊りで右回りにまわる。

これらの事例のほとんどは佛教の習俗として説明がつきそうである。しかし、③⑤⑦などは佛教では説明がつかない。しかも日本の民俗には、仏教では不吉とする左回りの習俗が存在することは、そこに佛教以外の原理の存在を予想させせまる。

次に左回りの例をあげる。具体例をあつめている松永和人氏『左手のシンボリズム』(9)から主として引用する。事例が九州に多く集中しているのは、著者のフィールドワークの地域が九州だからである。

①出雲神社のしめ縄は左綯いである。
②大分県日田郡の氏神の祭りでは社殿の周りを左回りにまわりながら神前にそなえる餅を四箇所でついてまわる。
③大分、福岡などの各県の農村では葬式の出棺のさいに、庭あるいは家を出た外の道で、棺を左回りに三回まわす。
④九州地区で土葬用の縄は左綯いである。

⑤大分県日田郡の農村ではかつて土葬であったころ、墓穴に棺をおさめたのち、左回りにまわりながら四箇所で土をかけた。
⑥鹿児島県の徳之島では、眼病の払いにつかうチガヤの綱、舟おろしにつかうチガヤの綱、正月のしめ縄、葬式用の綱、十五夜の綱引きの綱などがすべて左綯いである。
⑦福岡県甘木市の農村の小正月行事ドンド焼きに点火するとき、火をもって左回りにまわる。
⑧宮崎県北部の五ケ瀬川で新造船の進水式で、船大工は川岸に御幣を立て、船を左回りに三回まわしている。
⑨鹿児島県の田の神祭りで神像の周りを左回りにまわる。

以上のようにわが国の習俗に対比して見出すことのできる右回りと左回りはなにを意味しているのか。この問題についてつぎにかんがえてみる。

右回り・左回りについての従前説

これまでに提出されている主要な説を整理してしめす。

1　佛教の右遶・左遶

この説についてはすでに紹介した。佛教行事における右回りの優位についてはこの説で解釈できる。

2　相補的二元構造論

イギリスの社会人類学者ロドニー・ニーダム（Rodney Needham, 1923～）が『祭司の左手―メル族のシンボリズム構造分析ノート』（一九六〇年）そのほかで展開している説である。アフリカ・ケニアのメル族やウガンダのニョロ族などが、左手に呪術・宗教的な意味をあたえて重視している事実に注目し、左を聖、右を俗としてとらえ、この二つを相互に補完しあう二元構造または二項対比として説明した。

3　太陽とともにまわる右回りと太陽にさからう左回り

太陽との関係は一般的にいわれている説であって最初にいいだした個人を特定することはできない。たとえば大野晋氏は、左の語源として、「ヒダリは、太陽の輝く南を前面として、南面して東の方にあたるので、ヒ（日）ダ（出）リ（方向）の意か」（『岩波古語辞典』）と推定している。ここで大野氏のいう左は右回りの右にあたることに注意しておきたいとおもう。

4　神招《お》ぎと神懸り

民俗芸能研究者の後藤淑氏が民間神楽の踊り方に順（右回り）と逆（左回り）があることから提示した説である。[10]東京赤坂の日枝神社の巫女舞の逆回りが神招ぎ、順回りが神懸りとする伝承によって立てた説である。

5　左は魔ばらい

右を順とし、左は逆、逆さとみなし、その意味を魔ばらいとみる説である。はやく柳田國男は「逆さ」に注目し、その意味を魔ばらいあるいは境界ととらえていた。類似の考えは折口信夫にもある。この二人は左について論じているのではないが、左を右の逆さとらえ、その意味を魔ばらいとした。松永和人氏が前掲の著書『左手のシンボリズム』で展開している説でもある。

以上、現在、左右のシンボリズムの解釈として提出された五つの説を紹介した。いずれもわが国の民俗事象の一部は説明することができても、全体を説明しきることはできない。

右回りを吉、左回りを不吉とする1は佛教儀礼や佛教習俗の浸透している社会には適用可能であるが、佛教をはなれたときは適応性があぶなくなる。左手を聖、右手を俗とする2は、本人にむかって相対すれば本人の左手は右回り、右手は左回りとなり、佛教の教説にもつうじて興味ぶかい説ではある。3は普遍性のある説であって、右を順、左を逆とすることもこの原理で説明がつく。しかし、民俗の習俗で左を重視する事例を完全には説明していない。4は右、左のシンボリズムがシャーマニズムにかぎられない拡がりのある民俗であることをかんがえると、一個の学説として成立しうるかどうかあやぶまれる。5の魔ばらい説も民俗の一部には適応するが、全体を説明しきることはできない。

以上、五つの説明法はそれぞれに特色をもっているが、それだけでは完全とはいいかねる点がのこる。

さらに私が説明しようとしていることは、右回り、左回りの空間構成であって、かならずしも右と左ではない。右と左のシンボリズムにくわえて、さらに回ることで空間を構成することの意味も問われなければならない。

あたらしい視点でさらにこの問題をかんがえてみる。

旋回は秩序と生命を更新する

『古事記』や『日本書紀』にしるされているイザナギ・イザナミの聖婚神話は旋回の意味をよくしめしている。『古事記』には次のようにつたえられている。イザナギ・イザナミの両神はオノゴロ島におりられて、天の御柱を見立てられ、その周りをまわって結婚されることになった。イザナミは右から、イザナギは左からまわり、イザナミのほうが先に「なんとすばらしい男性でしょう」ととなえ、イザナギは後からとなえた。そのために結婚が失敗したので、天つ神の指示で占いをして、柱をもう一度まわって、今度はイザナギが先に「なんとすばらしい娘でしょう」ととなえて、無事に結婚をおえることができた。

柱をめぐって結婚することは、中国南方の少数民族、たとえば雲南省や貴州省の苗族に現在もおこなわれている習俗である。さらに神婚伝承にさかのぼればトン、トウチャ、チワン、プイ、コーラオなどの各民族につたえられている。このことについては、前著『日本王権神話と中国南方神話[11]』の「イザナギ・イザナミ神話」の章でくわしくのべた。こうした伝承が日本の古代に稲作の文化とともにつたえられて『記紀神話』になったものとかんがえられる。

ここでまずあきらかにしておかねばならないことは、『古事記』にいう右回り、左回りの意味である。日本の古典文学の左はつぎのように説明されている。

正面を南に向けたときの東側にあたる側。人体を座標軸にしていう。人体では心臓の通常ある側。東西に二分したときの東方。(『日本国語大辞典』)

つまりこれまでこの章で右回りといってきたその右を左といっていることになる。じつはその根拠は中国にあった。「天は左旋し、地は右動す」(『春秋緯・元命包』)、「北斗の神に雌雄有り、…雄は左行し、地は右行す」(『淮南子・天文訓』)、「天は左旋し、地は右周す。猶し君臣陰陽相対向するがごとし」(『芸文類聚・天部』所引の『白虎通』)などは、すべて天を主体にした表現であった。北極星にたいする信仰をもつ中国で、「天子は南面し」、左が朝日ののぼる東となる方位観が、北方原理に由来する方位観として古代からあり、それが日本にもうけつがれたとみてよいとおもう。

『古事記』の記事のイザナギ・イザナミのばあい、回り方に問題があったのではなく、男女の秩序が女男とひっくりかえったことに結婚失敗の理由があったのである。

天子の側からの南にむかっての左回りは、臣下の側が北に面したばあいには右回りとなる。民俗の右回りの習俗は中国古代の左回り習俗の正面を変えたものにすぎず、おなじ中国の北方原理の浸透に由来することがあきらかである。

右回りの民俗の由来は、中国の古典が一致してのべるように天の運行の右回りにもとめることができる。天の運行にしたがって、人間も宇宙軸に見立てられた柱の周りをめぐることによって秩序が更新され、それにともなって人間の生命も更新される。その宇宙軸が佛教では聖なる仏や仏塔となり、日本の民俗社会では湯立ての釜であったり、櫓であったりする。これらは神や仏がそこに降臨する依代であり、宇宙軸としての柱とおなじ意味をもっている。

漢字圏で文字を向って右から書き始め、絵巻を右から開いてゆく習俗の由来もこれで納得がゆく。重要なものは右からあらわれるのである。

このような圧倒的に優勢な右回り重視の観念とはべつに、日本の民俗に左回りが存在するのはなぜであろうか。中国の古代に左（右回り）を天、君主、雄、男、陽とするのにたいし、右（左回り）を地、臣下、雌、女、陰とする観念があることはすでにみた。この二つの観念は、本来は相補的二元構造観つまり先にあげた五つの説のうちの2であるが、あわせて優劣、順逆の関係にも容易に転化する。その段階では、5の左回りを魔ばらいとする観念も生まれてくる。左回りは右回りを補完する機能をもっている。

右回り、左回りの民俗は、中央に聖なる存在があるときは、その周辺をまわることによって聖なるものの力をとりこんで、秩序と生命を更新する目的をはたすことになる。しかし、中央になにも存在しない空間を旋回する例も多く、そのばあいには東西南北の神々を歴訪することによって、それぞれの神々の力と同化することを意味していた。

右回り、左回りの民俗と空間認識は、日本社会に浸透した南北軸重視の中国の天の思想の影響の強さをしめすことになる。しかし、右回り、左回りの民俗はたんに南北軸重視にとどまらず、東西軸重視の太陽の思想があわせて習合されていることにも注意しなければならない。中央に位置して太陽の動きを追えば必然的に右回りとなる。

右回りの観念には、北極星を基準とした南北軸重視と、太陽を基準とした東西軸重視の二つの観念が一つに合わされた強みがあったのである。日本社会における南北軸、東西軸の問題についてさらに検討をすすめる。

東西軸の重視

日本の古代に東西軸重視の観念が存在したことについては、これまでかなりの数の研究者が論及している。
西郷信綱 『古事記の世界』岩波書店、一九六七年
吉村貞司 『日本古代暦の証明』六興出版、一九八一年
吉野裕子 『日本の古代呪術』大和書房、一九七四年
吉野裕子 「日本古代信仰にみる東西軸」『東アジアの古代文化 二四号』大和書房、一九八〇年
大和岩雄 『神々の考古学』大和書房、一九九八年
山折哲雄・上田正昭・中西進『古代の祭式と思想 東アジアの中の日本』角川選書、一九九一年
などである。

日本文化の重要な部分を陰陽五行思想で解読して成果をあげている吉野裕子氏は、太陽を基準とした東西軸が、日本の古代の原始信仰軸であったとして、「東方の神界・常世国と西方の人間界をむすぶ東西の軸を、古代信仰軸とすれば、この東と西の二極に、この二極の統一体としての中央の穴を加えた、東・中央・西の三極が、日本古代信仰をもっとも具体的に表現するものとして考えられよう」とのべ、そこへ北方重視の陰陽五行思想が文字とともに移入された結果、「原始信仰は複雑化し、哲学的に深められ……信仰軸の多極・多様化」をまねいたと説いていた（『日本の古代呪術』）。

東の朝日の地伊勢の伊勢神宮にたいし、西の夕日の地出雲大社という説ははやく西郷信綱氏にみられる（西郷

氏前掲書)。この西郷氏や吉野氏の説をうけて、大和岩雄氏はさらに、出雲大社や伊勢神宮の社殿配置にまでふみこんで東西軸重視の信仰を立証している。

大和王権は中国を見習って、子午線を重視したから、大和王権下の神社の多くは、社殿も神殿も南面の子午線重視である。しかし出雲大社は、社殿は南面しているが、神座は西面している……中国の子午線重視の思想が入ってくる以前の、縄文時代からの東西線重視によって、もっとも大事な神座は、南面させなかったとみるべきであろう。(大和氏前掲書)

大和氏はさらに伊勢神宮や大嘗祭の社殿・神座の配置に言及しているが、ここでは伊勢神宮についての発言を引用しておこう。

こうした東西軸への固執は、前述したように伊勢内宮の正殿内の興玉神《おきたま》と宮比神《みやび》が東西に並んでいることや(両神とも縄文時代の立石と同じように石が神体)、外宮では宮比神は土御祖神と呼ばれ、土宮の祭神になっているが、この宮のみが東面(冬至日の出の方位)していることからも証される。(大和氏前掲書)

このように、日本の伝統的な東西軸重視の信仰が中国からはいった子午線軸(南北軸)重視の信仰と習合して複雑化したことは多くの研究者が一致している。しかも、子午線軸重視の信仰が北極星重視の天の信仰にもとづくことも共通理解になっている。この点についての山折哲雄氏の発言を引用する。

どうも南北を神聖軸とする背後には北極星信仰があるかもしれない。太陽信仰、日月信仰というのが東西を神聖軸とするコスモロジーを生み出したとすると、北極星信仰というのは南北を神聖軸とするコスモロジーを生み出したのではないかと思うのです。どうも日本の神社仏閣の設計プランは、後に中国の天子南面思想の影響を受けて南面するようになるのですけれども、しかしそれによって古くからあった東西軸に基づく空間認識はかならずしも否定されることがなかったということではないでしょうか。(山折氏前掲書)

山折氏の推定がすべてあたっていることはいまさらいうまでもない。問題は日本の伝統的な東西軸重視の信仰の由来についてきちんとした認識が研究者のあいだに成立していないことである。

私はこれまでくりかえし、太陽を信仰する中国の南方原理についてのべてきた。日本の伝統といわれる東西軸重視の信仰はけっして日本固有のものではなく、中国南方の太陽信仰の移入の結果であるという私の主張である。

中国の太陽信仰

ここで中国の太陽信仰についての興味ぶかい説を紹介しておく。いずれも太陽にたいする信仰が古代の中国では重要な位置をしめていなかったと論じる日本の中国研究者や神話学者の説である。

その一つは中国古代史研究家の尾形勇氏の論である(山折哲雄氏ら前掲書)。

朝日が昇って、それを拝むという儀式は確かに中国にありました。そして皇帝というあの権力者が出てきた時代、漢、魏晋南北朝、隋、唐を通しまして、こういう儀式は国家の儀式として確かにあったのです。ところがいろんな意味でこれは大した儀式とは思われていなかったということも言えるのであります。

中国で最も大切なお祭りは何かというと、それは天と地を祀るお祭りでありまして、これは国家的儀式として毎年行われています。とりわけ天の神様を祀るというのは大変重要な儀式でありまして、こういう儀式はどこで行われたかというと、都を南に出外れた南の郊外でこれが行われます。そして、東の郊外に行われる太陽をお祀りするもの、西の郊外で行われる月をお祀りするものとは全然別な場所、つまり南の郊外、南郊の祭りというのが最も際立って重要な祭りであり、東の郊外の祭りというのは大したことはないのであります。

天の神様、地の神様が社長だとすると、月の神様、太陽の神様は部長、課長クラスであるということです。

尾形氏はこの結論を唐の時代の国家祭祀を集成した書『開元礼』を分析することによってみちびきだしている。たいへんな労作である。しかし、古代中国の研究者が直接に依拠する資料は、北方巨大帝国の内部で制作された文献資料である。そのような資料がさししめす中国の祭りは天を重視する北方原理にもとづくものである。太陽祭祀が部課長止まりであるのも当然である。

さらに最近刊行された中国の太陽信仰に言及した書をみる。林巳奈夫『中国古代の神がみ』(12)である。

私は、これまで、いくつかの論考でくりかえし、「中国では新石器時代の昔から太陽信仰はさかんであったし、いまもさかんである。ただし、それは南方の農耕少数民族が主として保持した信仰であり、その実態の把握は文献資料だけでは不可能であって、民俗調査や考古資料によるほかはない」と主張してきた。このように主張する私にとって林氏の書は興味ぶかい内容になっている。林氏は考古資料を駆使して、これまで中国の古代文化について数々の著作を世に問うてきたすぐれた研究者である。その方法論はこの書でも一貫している。

紀元前五千年の河姆渡《かぼと》遺跡から出土した二羽の鳥が炎を発する円盤をいだく図様、それをうけついだ紀元前二千年の良渚《りょうしょ》遺跡から出土した玉器にきざまれた大きな目の怪人の模様をともに太陽神であったと考証した氏は、さらに太陽神の系譜を紀元前二世紀後半の山東省の竜山遺跡の渦巻き状の巨大な目をもった神面にまでたどっている。

中国南方の河姆渡遺跡の出土品に太陽信仰の源流をたどった林氏の論は、とくに氏独自の見解とはいえないが、明晰に、説得的にかたる氏の論証は、私にとってはありがたい援軍である。

ただ、私が納得できないのは、「五　饕餮＝帝」の章で、青銅器によくみられる饕餮紋《とうてつもん》を太陽神の後裔とし、「帝」という文字はその変化したものと説いている点である。饕餮については前漢時代成立の『神異経』に「西南方に人がいる。体に毛が多く、頭上に豕《ぶた》をいただいている。狠悪《こんあく》のように貪婪で、蓄財して使わず、人の穀物を奪うことに秀でる」（袁珂著・鈴木博訳『中国神話伝説大事典』大修館書店）と記述されている怪獣である。中国の怪獣は、竜に代表されるように、各種の動物が合体して生まれてくるばあいが多く、それらの動物は信仰の対象になるものがほとんどである。この怪奇な神の像が太陽神であり、帝の字形の原型だとするなら、中国の北方大帝国において、天帝や皇帝が星辰の神格化であって、太陽神がその下位に位置付けられている事実の説明がきわめて困難になる。

ちなみに、白川静氏（『字統』平凡社）は、「帝」について、

神を祀るときの祭卓の形。示も祭卓の形であるが、帝はそれに締脚（くくった足）を加え、左右より交叉する脚を、中央で結んで安定した大卓をいう。最も尊貴な神を祀るときのもので、その祭祀の対象となるのもその名でよんだ。すなわち帝を祀る祭卓の意である。

と説明している。この説明のほうがはるかに納得がいく。

縄文時代にさかのぼる日本の太陽信仰

日本の太陽信仰は縄文時代にまでさかのぼってその存在を推定することができる。縄文人があきらかに太陽の運行に関心をもっていた事実をしめす遺跡がいくつか存在する。

一九九三年春に栃木県の小山市で発見された縄文時代中期から晩期の遺跡である寺野東遺跡からは、土偶や石棒、石剣などが豊富に発見されている。直径一七五メートルにおよぶ巨大なドーナツ状の盛り土遺構を長期にわたってきづき、そのなかに墳墓ももうけられ、葬送儀礼だけではなく、さまざまな祭りのおこなわれた多目的な祭祀場であったことがあきらかになっている。その場にたつと、南西の方角に筑波山がぽっかりとうかんでみえ、しかも冬至の日には、その筑波山頂上から朝日ののぼることが確認されている（小林達雄氏[13]）。

縄文人が夏至や冬至をはっきりと意識していたことをしめす遺跡はほかからも発見されている。縄文晩期の遺

跡である秋田県鹿角市の大湯の環状列石である。この遺跡からは、墓壙や人間の脂肪酸が検出されたことから墓地であったことは確実であるが、やはり多目的な祭祀場であった。大湯環状列石には、万座と野中堂とよばれる二つがあり、それぞれが石を大量にはこんできて、大きな二重の輪を構成している。外の輪の直径は約四二メートルにおよぶ。

この大小の環のあいだに、通称「日時計」とよばれる石柱の遺構がある。中心にほそながい石をたて、その周りに放射線状に石をならべている。二つの遺構の中心をむすぶ線は東西線からおおよそ三十度前後の方向をしめしており、その線はちょうどこの地方の冬至の日の出（夏至の日の入り）にあたっている。この事実から小林達雄氏は次のようにいう。

> いうまでもなく、夏至の日には太陽は東の空のいちばん北寄りの山並みに沈む。冬至に近づくにつれて、この逆だ。昇る時は東の、没する時は西の山並みのいちばん南寄りに、である。そして、冬至はしだいに日足が短くなって、ムラを出て暗くなるまでに帰って来ようとすれば、夏至の頃と比べて遠出の距離は極端に短くなり、それだけ活動範囲などが制限される。つまり、冬至は日の出・日の入りの位置や方位ばかりでなく冬枯れの景色や肌を刺す寒さなど身体全体で応えるものであった。冬至の翌日から日の出・日の入りの位置はしだいに北に移動し始め、新しい世界の復活を思わせるのである。その日にこそ、重要な祭事を執り行ったのかもしれない。(13)

縄文時代の日本に太陽信仰が存在した可能性をしめすものとして、ほかに「太陽を射る話」がある。この話の原型は中国の射日神話である。

射日神話は中国のいくつかの文献に出てくる。その一つ、中国古代の地理書『山海経』（前漢以降の成立）には

東南の海の外、甘水のほとりに羲和《ぎか》の国がある。女性がいて名は羲和といい、ちょうどいま太陽を甘淵で水浴びさせている。羲和は皇帝俊の妻で十個の太陽を生んだ。（大荒南経）

湯の谷のうえに扶桑（古代中国で日の出る東海のなかにあるとされた神木）がある。ここは十個の太陽が湯浴みするところである。黒歯国の北にある。水のなかに大木があって、九個の太陽は下の枝におり、一個の太陽が（いま出ようとして）上の枝にいる。（海外東経）

とある。『山海経』には古代中国の神話と伝説が集成されている。皇帝俊の妻の羲和が十の太陽を生み、甘淵（湯の谷）で湯浴みさせ、それらの太陽が東海の扶桑の木にとまって、一個ずつ空にのぼるという伝説があったことをつたえている。

この伝説にはつづきがある。

中国の前漢時代の道家を中心とした思想書の『淮南子《えなんじ》』におおよそ次のような内容の話がつたえられている。皇帝尭の時代にこの十個の太陽が一度に空にのぼるという異変がおこった。そのために穀物や草木がみな枯れてしまい、民は食物もなくなってこまりはてた。そこで尭は羿《げい》という弓の名人に命じてそのうちの九

つを射落とさせたところ、その太陽のなかにいるカラスが死んで羽をおとし、空には一つの太陽だけがのこって、民は焼死をまぬかれたという。

射日神話は十の太陽が交替で出る『山海経』のつたえる型が原型であったのであろう。それが本来交替で出てくるべき太陽がなぜか一度に出たという『淮南子』型にかわったものとおもわれる。

この奇妙な伝説のさししめす意味にいてはいくつかの説が提出されている。

その一つは古代における暦法の改革として説明する何新氏の説である。[14] 十個の太陽とは、天上に十個の太陽があったのではなく、十干十二支のうち、十干だけを基準として一年を十ヶ月とする暦法が古代の殷（商）でおこなわれていたと主張している。このような暦法は当然不正確で誤差が累積した。そのために暦で予告した寒季が暑季になってしまった。それが十の太陽の出現だという。その殷が中元に侵入し、そこでおこなわれていた十二支による暦法を採用し、十干による法を廃止した。これが「十日を射る」の意味だと説明していた。

ほかの一つも殷代にこの話の起源をもとめている。殷の王室は『史記』などでは一つの家系として描写されていたが、じつは、相互に婚姻関係をもち、十干の名でよばれる十個の家系の集合体であり、王はそこから交代で選出された。彼らは十個の太陽を尊崇し、十個の親族集団をその末裔であると信じた。それが十個の太陽神話を生んだという。[15]

いずれにしても、殷の時代は紀元前一五世紀から一四世紀であり、日本の縄文時代中期にあたる。かなり古い時代から日本に暦法とそれをささえる太陽信仰がはいっていた可能性は信じられる。

注

（1）『江戸の町　巨大都市の誕生』草思社、一九八二年
（2）増川宏一『すごろく』法政大学出版局、一九九五年
（3）『江戸時代図誌3　大坂』筑摩書房、一九七六年
（4）日本浮世絵協会『原色浮世絵大百科事典　第二巻』大修館書店、一九八二年
（5）下坂守『日本の美術12　参詣曼荼羅』至文堂、一九九三年
（6）小林忠「総説・富嶽三十六景」『浮世絵大系13　富嶽三十六景』集英社、一九七五年
（7）『日本屏風絵集成　第十三巻　風俗画―祭礼歌舞伎』講談社、一九七八年
（8）中村元著、東京書籍、一九七五年
（9）九州大学出版会、一九九五年
（10）「神楽原初考」『続能楽の起源』木耳社、一九八一年
（11）『日本王権神話と中国南方神話』角川選書、二〇〇五年
（12）吉川弘文館、二〇〇二年
（13）小林達雄『縄文人の世界』朝日新聞社、一九九六年
（14）後藤典雄訳『神々の起源』樹花舎、一九九八年
（15）松丸道雄氏「殷人の観念世界」『シンポジウム中国古文字と殷周文化』東方書店、一九八九年

日本の風神雷神信仰——多度大社の一目連の神

小島瓔禮

一　多度山の大地の主の神

伊勢の桑名市多度《たど》町に、多度大社が鎮座する。(1) 美濃にまで続く養老山地の南端に位置する、多度山の麓である。現在の祭神は、本宮の多度神社が天津彦根《あまつひこね》の命、別宮の一目連《いちもくれん》神社が天目一箇《あめのまひとつ》の命とする。元禄十一年（一六九八）序、寛延元年（一七四八）跋の真野時綱父子がまとめた『多度大神本縁略記』(2)や、宝暦二年（一七五二）の山本七太夫の『勢桑見聞略志』(3)の「多度神社」の項にもみえるように、古代より著名な神社であるが、延暦七年（七八八）の『多度神宮寺伽藍縁起《たどじんぐうじがらんえんぎ》 并資財帳《ならびにしざいちょう》』(4)の案文かといわれる文書が伝わっていて、神宮寺ともども、奈良時代以来の歴史が比較的あきらかな神社である。

この『多度神宮寺伽藍縁起并資財帳』に、神宮寺創立のいきさつがみえている。天平宝字七年（七六三）十二月二十日のこととする。神社の東の井戸のそばにある道場に、満願《まんがん》禅師が住んでいた。阿弥陀丈六仏を造ったとき、人を介して神が託宣していう。自分は長い年月を経て重い罪業をなし、神道の報いを受けた。いま願うことは、神の身を離れ、三宝に帰依したいと。満願禅師は神坐《かみくら》山の南辺を切り開いて、小堂と神の御像を造って、多度大菩薩と称したとある。もともと多度の神の神社がある神坐山の南の方に、多度大菩薩をまつる小堂ができたという。神坐山とは、神が鎮座する山という意味にちがいない。神坐山の多度の神は、このような神宮寺の古い歴史以前から、まつられていたことになる。

一目連神社の祭神を天目一箇の神とすることは、イチモクレンと呼ばれるこの神が、一つ目の神であることをはっきりと意識した信仰であろう。一目連は、本来はヒトツメのムラジと読むべきことは、すでに『勢桑見聞略志』にもみえている。『古事記』『日本書紀』やそれに続く古典類には、一目連と称する人名の姓はみえていないが、天目一箇の神を祖神と仰ぐ一族の家名には、似つかわしい名乗りである。おそらくそういう造語が好まれた時代に、一つ目の神にたてまつった姓の呼称であろう。連とは、大和朝廷に仕える、天神の後裔と伝える氏族に与えられた姓で、世襲する職業集団を率いる一つ目の大神を呼ぶにふさわしい語である。それが古来、イチモクレンと音読で用いられていたのは、多度の神がいちはやく仏教に帰依し、神宮寺の奉仕をうけたからにちがいない。

神社では『多度大神本縁略記』以来、本宮・別宮の説を立てているが、地元の人々のあいだでは、多度の神といえば、すなわちイチモクレンの神とするのがあたりまえであったようである。それは少なくとも江戸時代から現代まで、続いているようである。天保四年（一八三三）の安岡親毅の『勢陽五鈴遺響』(5)にも、本祠は天麻《あめのま》比止都禰《ひとつね》の命で、俗称一目連祠を本主の祭神とする説もあることをあげている。『勢桑見聞略志』にも、里民はみな多度の一目連と呼ぶとみえる。弘仁六年（八一五）成立の『新撰姓氏録』の「山城国神別」の段にみえる山背忌寸《やましろのいみき》の条のように、天都比古禰《あまつひこね》の命（天津彦根の命に相当）の子が天麻比止都禰《あめのまひとつね》の命（天目一箇の命に相当）であるとすれば、本宮と別宮は親子の神であり、多度の神を一目連の神とするのも不思議ではない。

一目連が片目を失った龍蛇の形であることは、古くは『勢陽五鈴遺響』にもみえ、現代まで伝説としても語られている。たとえば、多度大社からはやや離れた三重県河芸郡栗真村では、村に龍王権現があったので、雨乞いに多度村の権現さま（一目龍《いちもくりゅう》）の幣はいただくことはなかったというが、その多度村の権現さまの由来を伝えていた。むかし山崩れがあって熊手で掘っていると、埋まっている大蛇に熊手の先があたり、片目をつぶしたので一目龍になった。それをいまの権現の池に入れてまつったという。[6] 多度大社のあたりには該当する池はないというが、多度山の一里ほど奥にある田代池には、多度の龍神が住むという伝えがあった。[7] これらは一目連の神が、一つ目の龍蛇の神であると伝えられていた痕跡であろう。

一目連が多度山の地主の神であることは、『多度大神本縁略記』にも説かれている。『勢桑見聞略志』でも、一目連は地主の神であるとする。神宮寺などで地主の神というと、寺院の守護神のようにあつかわれているようにみえることもあるが、比叡山の延暦寺と日吉《ひえ》大社のごとく、本質は山岳の大地の主の神と神宮寺の関係であることが本来である。多度の神の場合も、多度山の大地の主の神の信仰であろう。現在、多度大社では、多度山を神体山として仰ぐ信仰であるとしている。いいかえれば、多度山の大地の主の神の信仰で、その大地の主の神が一目連の神であったということになる。

二　一つ目の風の神

江戸時代後期から今日に至るまで、多度大社は雨乞いをする神として信仰されてきている。地元の伊勢から尾張・三河地方にまでおよんでいる。(8) しかし江戸時代の文献や地元の伝えをみると、暴風ないしは暴風雨を起こす神、あるいは人々を暴風や暴風雨から守る神として信仰されていた。いわば風の神である。江戸時代、すくなくとも十八世紀には、伊勢湾の北部の東海地方から、京・大阪を含む近畿地方にかけて、龍巻とおもわれる突風を、イチモクレンと呼ぶ風習が広まっていた。(9)

たとえば日本最古の図解入り百科事典として知られる、正徳二年（一七一二）成立の寺島良安の『倭漢三才図会《わかんさんさいずえ》』巻三「天象類」の「颶」の項に、次のように見えている。(10)

勢州・尾州・濃州・騨州、不時に暴風至ることあり。俗にこれを一目連と称して、もつて神風となす。その吹くや樹を抜き、巌を仆《たふ》し、屋を壊《こは》す、破裂せざるといふものなし。ただ一路にして、他処を傷つけず。勢州桑名郡多度山に、一目連の祠あり。（原漢文）

時ならぬときに来る暴風で、樹木を抜き、岩をたおし、建物を壊す激しい破壊力を持ち、それが一筋だけであるというのは、あきらかに龍巻の現象である。それを一目連と呼んで神風とするとは、一目連の神がおこす暴風ということであろう。伊勢の桑名郡にある多度山に、一目連の神の祠があるとする。一目連を多度大社の一目連神社の神の霊威とみているにちがいない。伊勢・尾張・美濃・飛騨といえば、ちょうど一目連神社の地元から、東側にひろがった地域である。著者は大阪の医師であるが、旅に出て実地踏査もしているといわれる。このイチモクレンの分布も、それなりに確認しているにちがいない。

谷川士清《たにかわことすが》（一七〇九～七六年）の国語辞書『和訓栞《わくんのしおり》』の方言や俗言を集めた続編に、「いちもくれん」の項目がある。(11) ここでは用語のつかわれかたよりは、語義の考証につとめている。

勢州桑名郡多度山に社祠あり。常に御簾《みす》のみにて扉なし。時として出でますときは、大風・暴雨、屋を暴《あば》き、樹木を折りて勢ひはなはだ猛なり。一目龍の訛言なりとぞ。社内を出で入りともに、火の玉なり。一山はなはだ明かしといへり。或いは多度、変化の神にて、大田命の伝に述ぶるところのごとしといひ、一説に多度は天津彦根の命、一目れんは天目一つの命なりとぞ。

イチモクレンについて、『倭漢三才図会』の記事をふまえて、多度山での伝えを掘りさげたような記述である。社祠は御簾だけで、扉はない。神が出ると、大暴風雨になり、建物を壊し、樹木を折り、勢いはとても激しいとある。これも龍巻のような風雨を想定している。社を出入りするときは火の玉で、山中とても明るくなるとは、稲妻の発生を思わせる。イチモクレンは一目龍の訛言であるとし、一説に多度の神は天津彦根の命、一目れんは天目一つの命であるというとある。

三　風の神と鍛冶の神と

一目連神社の祭神は天目一箇の命であるとされているが、大同二年（八〇七）成立の斎部広成《いんべのひろなり》の『古語拾遺』には、天目一箇の命は筑紫と伊勢両国の忌部《いんべ》の祖であるという。平安時代初期にいう伊勢国の忌部がどこを拠点としていたかは明確ではないが、多度神社に天目一箇の命がまつられていたとすれば、かつてその地も忌部の村であった可能性はきわめて大きい。

天目一箇の命は、鍛冶職の神である。『日本書紀』神代第九段の一書第二には、天目一箇の神を「作金者《かなだくみ》」にするとある。『古語拾遺』にも、具体的な記述がある。天の岩屋の段には、天目一箇の神に、いろいろな刀《たち》、斧《おの》、鉄の鐸《さなき》をつくらせたとあり、崇神天皇の段にも、斎部《いんべ》氏が石凝姥《いしこりどめ》の神と天目一箇の神の二神の子孫に、鏡と剣とを作らせたとある。筑紫国と伊勢国の忌部は、鍛冶職であったということになる。

金属を加工する技術が大陸から伝来した文化であるとすれば、筑紫国の忌部は、その窓口の国での鍛冶職であり、伊勢国の忌部は、大和朝廷の勢力とかかわりのある地域の鍛冶職であったかもしれない。隻眼であることが鍛冶職の特徴であったために、天目一箇の神を祖神と仰いだという鈴木重胤の古典的な仮説があるが、[12] 一目連は多度大社でも、風神の性格を伝えていた。北伊勢で洪水や暴風の災いがあるときは、この神が出現して防ぐとし、神幸のときに山河が鳴動して雷電するともいう。

日本の風神信仰の歴史を展望すると、風神をまつるといえば、たいていは風の害を防ぐためであった。朝廷の神祇官がまつる風神は、古くは『養老令《ようろうりょう》』第六「神祇令《じんぎりょう》」にみえている。一年間に月日を定めて神祇官がまつる神々をあげたなかに、四月と七月に風神《かざかみ》の祭がある。『養老令』の注釈書である『令集解《りょうのしゅうげ》』（八六八年成立）巻七「神祇令」に、この風神の祭の注釈がみえる。広瀬《ひろせ》と竜田《たつた》の二つの祭のことであるという。「令」の施行細則を集大成した法典『延喜式《えんぎしき》』（九二七年奏上）巻八「祝詞《のりと》」に、それぞれの「広瀬《ひろせ》の大忌《おおいみ》の祭」と「竜田の風の神の祭」の祝詞があって、くわしい祭祀の様子が描かれている。それによると、広瀬の神は若《わか》うかのめの命《みこと》、竜田の神は天《あめ》の御柱《みはしら》の命《みこと》と国《くに》の御柱《みはしら》の命《みこと》で、要はこれらの神をまつれば、前者は国民のつくる稲を、後者は同じくすべての農作物を、「悪しき風・荒き水」にあわせないとある。どちらも暴風や洪水を防ぐ神である。

一つ目の風神がなぜ鍛冶職の祖神になったか。大局的にみれば、風神をいただく氏族が鍛冶職になったからであろうが、その風神の霊威と鍛冶の技術を結びつけたのは、金属を溶かすのに必要な強い火を生み出すための風の力をつくる、フイゴにあったと私は考える。風神信仰には、本質的にみれば、風が備える自然の威力を活用することもあったはずである。海を渡るには、風は難破を起こす元凶であると同時に、船を速く進めるためのエネルギーの源泉でもあった。天目一箇の命を祖神と仰ぐ一族は、風を支配する自然の主である風神を統御する力のある宗教者であったといえよう。その一族の霊威を、フイゴにこめていたことになる。

『古語拾遺』の時代、多くの忌部たちの居住地が、直接間接に具体的に推定できるのにひきかえ、伊勢国の忌部の行く方がはっきりしなかったのは、一目連の神ともども、多度神社の神宮寺の勢力に吸収されていたからかもしれない。忌部は日本在来の神の祭祀にあずかる氏族であるが、天目一箇の命の子孫という一族は、すでに新しい鍛冶の技術を継承する近代的な職務についていた。さらに新しい寺院の文化にも、なじみやすかったはずである。そうなれば、かの『多度神宮寺伽藍縁起并資財帳』にみえる、神宮寺の青銅や鉄の法具の製作にもかかわっていたにちがいない。

すでにみたとおり、多度の神を一目連の神とする伝えが古くからあった。多度の神はその土地を鎮める神で、神格としては一目連の神、すなわち風神であった。その神威が強大で、新しい時代の政治勢力とも結びつきやすかったために、いちはやく神宮寺が成立し、新しい時代の崇敬の相貌を呈するに至ったのであろう。イチモクレンの信仰すなわち、強大な旋風の伝えである。『古事記』神武天皇の段、『日本書紀』神武天皇・垂仁天皇の段、『万葉集』巻一（八一番ほか）など、上代の文学にみえる「神風の伊勢」という称辞の「神風」も、おそらく本来は、多度大社の神の言いであろう。鍛冶の技術といえば、いわば弥生文化以降のことになる。そうしたあたらしい文明の時代に固定したのが、この天目一箇の命の伝えであった。

四　諏訪の風の祝

仙覚（一二〇三〜七二年以後）の『万葉集註釈』には、奈良時代の『伊勢国風土記《いせのくにのふどき》』の国の総説の部分とおもわれる引用がある。応永三十三年（一四二六）成立の道祥本『日本書紀私見聞』にも、共通する本文がみえる。神武天皇の東征に従って来た天日別《あめのひわき》の命が、天皇の命令で伊勢の地に来て、そこに住む伊勢津彦《いせつひこ》の神に、その地を天皇に譲ることを求める。天日別の命が兵を発するのをおそれた伊勢津彦の神は、この地を天皇に譲り、自分は土地を離れると答える。天日別の命が、おまえが去る験しはなにかと尋ねると、伊勢津彦の神は、今夜、大風を起こして海水を吹き、波浪に乗って東に行こうという。天日別の命が兵を整えてうかがっていると、夜中に大風が四方から起こり、波をうちあげ、光り耀くこと日のごとく、陸も海も明らかになり、波に乗って東に行った。古語に「神風の伊勢の国は常世《とこよ》の浪の寄せる国」というのは、このことであろうとある。この情景は、後世の多度大社の一目連の神の出現の描写によく似ている。

大風が吹くのは、神の往来のしるしであるという信仰は、現代の伝えにもある。(13) 屋久島では、神風とは、その神が移動するときに生じる風のことであると伝える。たしかにここも、そうした情景の一つであろう。この『伊勢国風土記』の文章には、これに続いて分注があり、伊勢津彦の神は信濃国に行ったとする。これは信濃国で伊勢津彦の神をまつっているということになるが、それがどこの神社かは明確ではない。伴信友《ばんのぶとも》（一七七三〜一八四六年）は『神名帳考証』で、平安時代末期成立の『倭姫命世記』に「出雲《いづも》の神の子、出雲建子《いづもたけこ》の命、一名伊勢

都彦の神」とある記事を引いて、信濃国水内郡にある伊豆毛《いづも》神社にあてている。(14)
しかし伊勢津彦の神の古伝を、信濃国諏訪郡の名神、諏訪大社の上社の主神タケミナカタ（トミ）の命と関連づける考えも、古くからある。貞治五年（一三六六）以前成立の由阿の『詞林采葉抄』第六「神風」も、いわばその一例である。(15)タケミナカタの命の古伝は、『古事記』の国譲りの段にみえている。高天の原から派遣された建御雷《たけみかづち》の神と天鳥船《あめのとりふね》の神が、大国主《おほくにぬし》の神に国を譲ることを求める。大国主の神は、わが子の事代主《ことしちぬし》の神と建御名《たけみな》方《かた》の神に尋ねなければならないと答える。事代主の神は承諾するが、建御名方の神は建御雷の神に力競べをいどむ。力競べに負けた建御名方の神は、科野《しなの》（信濃）の州羽《すわ》の海（諏訪湖）に追われ、よそには行かないと誓って、国譲りに応じる。

伊勢津彦の神と建御名方の神とが、同一の神であるということは、単純にはいえない。しかし、出雲の神の子の出雲建子の命が伊勢津彦の神であるとすれば、神統譜上は、同一神格である可能性がある。しかも、どちらも国譲りをして、一度は拒否しながら、その土地を離れて信濃に住むという物語の構想も共通している。この二つの古伝は、一つの神話の場面を移して人名や地名を改め、語りかえているのではないかとおもえる。その根底には、一つの原型になる神話の思想があったにちがいない。

そこで注目されるのは、諏訪大社の信仰には、風の祝《ほうり》の伝えがあったことである。多度大社の一目連の神のように、諏訪大社にも風神の信仰があった。平安時代末期の藤原清輔の『袋草子《ふくろぞうし》』にみえている。源俊頼の歌を引いていう。

信濃なる木曽ぢの桜さきにけり　風のはふりにすきまあらすな

信濃国はきわめて風が強いところである。それで諏訪の明神の社では、風の祝というものを置いて、春の始めに深いところにじっと籠らせて、身をつつしんで百日のあいだたいせつにする。そうするとその年はだいたい風が静かで、農業のためによい。すきまがあって日の光を見させると、風が納まらないというとある。

この風の祝の伝えは、諏訪大社の最高の祭主である大祝《おおほうり》のことであるといわれ、具体的には、上社前宮の御室《みむろ》入《い》りの神事をさす。(16) 延文元年（一三五六）奥書の『諏方社縁起絵詞』巻七「諏方社祭絵」冬巻に、十二月二十二日に、御室入りとある。大きな穴を掘り、その中に柱を立て、棟を高くして萱《かや》を葺《ふ》く。軒の垂木《たるき》は土を支えにする。この日に第一の御躰《ぎょたい》を入れたてまつるとあり、大祝以下の神官が参拝するとある。二十九日は大《おお》夜明大巳《み》祭とあり、御躰三所を入れたてまつるといい、その儀式は恐れがあるので、くわしくは述べないとする。よほど重大な秘儀であったのであろう。冬は穴に住んでいた神代の者は、このようであったであろうとも記す。(17) 現在の上社前宮（神殿《ごうどの》跡）の境内社の御室《みむろ》社は、十二月から三月にかけて上社の祭祀の主要な舞台になった御室の跡であるとし、古図には、社殿はなく、竪穴住居跡に似たものが描かれているという。(18) 第一の御体は茅《かや》と藁で作った蛇体、御体三所とは小蛇と榛《はん》の木の枝で作った蛇体らしい。(19) 御室を蛇の家とも呼んだとも伝える。(20) 蛇は諏訪の神の姿として知られている。

諏訪の神の信仰も、本質は、諏訪湖に鎮まる大地の主の信仰であろう。あるいは本来は、やはり周辺の山を神体山としていたかもしれない。現に上社本宮は本殿を持たず、赤石《あかし》山系の守屋山《もりやさん》の北麓にあって、南側の社の後背林は、「神体山」と呼ばれている。(21) しかもその神は、中世以来、蛇身であった。『諏方社縁起絵詞』巻三「諏方社縁起絵」巻下の弘仁二年（八一一）の記事以下には、諏訪の神が竜になって現れる例がみえる。(22) また文和三年（一三五四）・延文三年（一三五八）ごろの成立の『神道集』巻十「諏訪縁起」には、諏訪の神が大蛇で登場する。そこに風の神の性格があったとすれば、多度の神の信仰にきわめて近い。信濃など、諏訪の神の周辺地方には、鎌をかかげて風を防ぐ習俗があった。[23] 風害を除くために刃物を用いる呪法は、日本以外にもある。[24] ここにも、風の神である天目一箇の命が鍛冶の神であるという信仰が、生きていたようにもみえる。

五　賀茂の神殿の様式

多度大社の一目連の神が出現し、暴風を起こしたときに、火の玉や光がみえている。おそらく旋風にともなって、雷が発生しているのであろう。そうした多度大社の雷神的性格をたどるにあたって注目されるのは、多度の神と賀茂の神など一類の雷神信仰とのかかわりである。たとえば、雷神としての多度大社の歴史を考える上で一つ参考になるのは、本宮と一目連の神をまつるという別宮との社殿の配置の関係である。

多度大社では、南面する本宮は、多度山から流れ下る落葉川の左岸に、社殿の西の側面が川の流れに沿うように鎮座し、別宮はその東すぐ前方に、斜めに向き合う位置に社殿が建ち、本宮の東脇の岩間から湧き出す清水の流れが、社殿の前の軒下を流れ、別宮の社殿の東脇からは本宮に向かって橋がかけてある。これは、京都の賀茂《かも》別雷《わけいかづち》神社[25]（上賀茂神社）の本殿と第一の摂社の片山御子《かたやまみこ》神社（片岡社）のまつりかたに、きわめてよく似ている。賀茂別雷神社では、本社の社殿の東を御手洗川、西を御物忌川が流れているが、この御物忌川は、本社の東斜め前にある片山御子神社と本社の楼門の間を西に流れ、本社の西から東南に流れる御手洗川と、楼門の前方西寄りで合流する。片山御子神社と本社とは、御物忌川にかかる片岡橋で結ばれている。

賀茂別雷神社の本社の祭神は、賀茂別雷の神であり、片山御子神社の祭神は玉依比売《たまよりひめ》の命である。正安三年（一三〇一）ごろ成立の卜部兼方の『釈日本紀』に引く『山城国風土記』の逸文「可茂《かも》社」には、これらの神々の由緒を伝える神話がある。日向《ひむか》の曽《そ》の峰《たけ》に天降った賀茂建角身《かもたけつのみ》の命は、やがて石川の瀬見の小川を上って、久我の国の北の山基《やまもと》に定まり、そこを賀茂といった。賀茂建角身の命が、丹波《たには》の国の神野《かみの》の神、伊可古夜日女《いかこやひめ》を娶って生んだ兄妹を、玉依日子《たまよりひこ》・玉依日売《たまよりひめ》という。玉依日売が石川の瀬見《せみ》の小川で川遊びをしていると、丹塗りの矢が川上から流れて来た。それを取って床の辺に挿しておくと、身ごもって男の子を生んだ。成人したとき、外祖父の建角身の命が大きな家を建てて籠り、酒を醸して神々を集めて宴会を催した。男の子に、おまえの父親と思う人にこの酒を飲ませよというと、酒杯をささげて天に向かって祭りをし、家の甍を分けうがち、天に昇った。そこで外祖父の名により、男の子を可茂別雷の命と名づけた。丹塗りの矢は、乙訓《おとくに》郡の社にいる火雷《ほのいかづち》の命である。可茂建角身の命と丹波の神伊可古夜日売と玉依日売の三柱の神は、蓼倉《たでくら》里の三井《みい》社にいるとある（以上）。

現在は、賀茂建角身の命は賀茂御祖神社（下鴨神社）の西殿に、玉依媛の命は東殿の祭神になっている。かの『釈日本紀』には「可茂社」に続いて、「蓼倉里」「三身《みみ》社」の条の逸文がある。三身というのは、賀茂建角身の命と、丹波の伊可古夜日女と、玉依日女と、三柱の神の身があり、それで三身と名づけたが、いまは三井社というようになったとある（以上）。「可茂社」の条には、賀茂御祖神社に相当する神社の記述がみえないので、ここにいう三井社が、平安時代以降の記録にいう賀茂御祖神社ではないかとおもわれる。ここには上賀茂・下鴨といった意識もなく、それでいて、三井社の三柱の神のことに触れている。『延喜式』巻九「神名（上）」山城国愛宕郡には、これらの二社を別個に記すが、蓼倉里は現在の賀茂御祖神社の地であり、三井社と重なる可能性は大きい。この「神名（上）」では、賀茂御祖神社が二座で、三井神社が一座である。それはかつての三井社三社から、賀茂御祖神社二座が独立したかたちである。同じく愛宕郡には、賀茂別雷神社と片山御子神社が、それぞれ一座としてみえている。火雷の命の社は、同書乙訓郡に乙訓坐火雷《おとくににますほのいかづち》神社としてみえる。

多度大社の本宮と別宮の社殿のまつりかたと、賀茂別雷神社と片山御子神社の社殿配置とが共通していたのは、ただの偶合とはおもえない。両社の信仰に、なにか一致した基盤があったとみるのが自然である。一方の模倣であるとしても、真似るだけの理由があるはずである。表面的な模倣でないとすれば、なおさら両社に宗教的な同一性があったことになる。賀茂の神伝にいうように、賀茂の神が雷の神であることを特徴にしていたとすれば、当然、多度のイチモクレンの神も、ただの風の神ではなく、雷の神としての天目一箇の命であったことになる。

六　共通する賀茂と多度

そこで第二に目をひくのは、延喜十年（九一〇）の成立と考えられる最古の年中行事書、『本朝月令《ほんちょうがつりょう》』に「秦《はた》氏本系帳《しほんけいちょう》」から引く賀茂の祭りの由来である。「可茂社」の文章に続くもので、これももともとは『山城国風土記』の逸文である可能性もある。欽明天皇の時代、国中が風吹き雨降り、百姓が困った。そのとき、天皇が卜部《うらべ》の伊吉若日子《いきのわかひこ》に卜わせると、賀茂の神の祟りであるという。そこで、四月の吉い日を選んでまつり、馬に鈴をかけ、人は猪の頭をかぶって走り、禱りまつった。すると五穀は稔り、国中が豊かになった。祭りのときに馬に乗るのは、ここに始まるとある（以上）。これは日取りからいえば、現在の例祭賀茂祭（五月十五日）、すなわち葵祭りである。古来は四月第二の酉の日であった。また馬に乗ることを強調しているのにしたがえば、いまの五月五日の競馬会神事にあたる。競馬会は平安時代後期から始まったというが、もともとは葵祭りからの分化であろう。

このように馬乗りにこだわる「可茂社」の伝えをみると、多度大社とは、まず馬を象徴としているという点でも結びついて来ることになる。現在、多度大社では、自社の信仰を表す標語に「しあわせ運ぶ神の馬〝白馬伝説〟」という文言を用いている。人々の願いを神に届ける使者の役割を果すのが、古くからこの多度大社に棲む白馬であるという。多度山の小高い丘の上には、人々の暮らしを見つめている白馬の姿があったという。馬が姿を変えて神のところへ走って行き、人々の幸せや出会い、喜びを乗せてふたたびこの地に舞い降りてくると語り伝えられているという。境内に入って直ぐ、参道の西側に神馬舎があり、白い馬が飼育されている。もちろん多度の神が、とくに馬と縁故が深いからであるという。また参道の中ほどの東側には白馬舎があり、木製の白い馬がまつられている。この木馬は、日露戦争のときに戦場に行き、兵士たちを危険から救ったと伝え、現在も足に銃弾を受けた穴が残っているという。この木馬は、そのしあわせ運ぶ神の馬の姿である。

かの江戸時代中期の『多度大神本縁略記』の年中行事をみると、多度大社の最大の神事は五月五日のいわゆる流鏑馬《やぶさめ》神事である。江戸時代初期の多度大社再興後の状況を伝える、貴重な資料である。この流鏑馬神事は、現代なお古式に則って盛大に行われている。五月四・五日の多度祭りである。四日には氏子七地区から神馬と騎手を出し、高さ二メートルほどの土壁をかけ上がる上げ馬神事があり、翌五日には神輿の渡御があって、御旅所の馬場で流鏑馬神事がある。これは『多度大神本縁略記』も記しているように、賀茂の祭りとの本質的なかかわりを否定することができない。

さらに不思議な一致がある。『多度大神本縁略記』が多度大社の三つの神異の一つに数えている、瓶尾山の三口の瓶である。瓶尾山は本宮の北にあたり、後は矢壷谷、前は瓶陣場とある。瓶尾の山上には、古くから瓶が三口ある。径は二尺五寸ばかり、なにに用いる瓶か不明であるという。その少し下に瓶陣場というところもあり、西御前社をまつっている。祭神は未詳というが、瓶尾山の条の添紙に、元文三年（一七三八）正月二十三日に瓶陣場で、真言五鈷と白銅鏡大小十八面を掘り出したとある。このあたりには多数の経塚があり、銅鏡などの遺品が多数出土している。銅鏡は平安時代後期のものとみられている。[26] 三つの瓶は多度大社創立当初からあると伝えるが、経塚なども合わせ考えると、それなりに古そうである。そうなるとおもしろいのは、上賀茂の片山御子神社の社の後にあったという、「よるべの水」をたたえた三つの甕との共通性である。この水は霊水として、いつも賽者に施与していたが、天正（一五七三～九二）のころに穢れをおそれて甕を土中に埋め、忌子殿の南、楼門の内側に井戸を掘って、これに代えたという。室町時代後期の『賀茂別雷神社境内絵図』には、片岡社（片山御子神社）の後に三個の甕が描かれているそうである。きわめて特徴的な二社の共通である。

このようなさまざまの祭祀上の類似は、これらの二社の神々の神格の一致が、基本的な理由であると考えてよかろう。賀茂の神は祭りの由来談によれば、異常な風や雨を起こし鎮める信仰を持つ。多度の神も、一目連の神を含めると、風や雨を支配する神である。近代、多度大社は雨乞いの神として広い地域の信仰を集めているが、丹塗り矢の神、乙訓の火雷の神は、『続日本紀』大宝二年（七〇二）七月の条に、雨乞いに験しがあるとみえる。『山城国風土記』逸文「可茂社」には、賀茂建角身の命は、日向の曽の峰に下り、神武天皇の先導をしたとある。それは『古語拾遺』や『新撰姓氏録』などによると、『古事記』『日本書紀』にいう八咫烏《やたがらす》に相当するが、多度の神も使者は烏であると伝える。『多度大神本縁略記』には、神木に使者がたいていいつがいはいるとある。ここでも、伊勢や熊野の使者として金の烏があることをあげているが、それは八咫烏の系統に属する。なぜ多度の神の使いが烏か、いまのところはっきりと論じることはできないが、これだけの類似があると、まずは賀茂の神とのかかわりを思わずにはいられない。

七　雷神としての一つ目の神

和銅六年（七一三）の『風土記』撰進の官命以後、霊亀元年（七一五）以前の成立とみられる『播磨国風土記』託賀《たか》郡賀眉《かみ》里の条に、次のような伝えがみえている。この地にまつる道主日女《みちぬしひめ》の命が父のない児を生んだ。ものごとの判断に用いる酒を醸すために田七町を作ると、七日七夜のあいだに稲が稔った。そこで酒を醸し、いろいろな神を集め、その子を遣わして、酒を捧げて供えさせた。するとその子は、天目一《あめのまひとつ》の命に向かってさしあげた。そこで天目一つの命が子どもの父であると知った。後にその田が荒れたので、荒田の村と号けた。「天目一命」は、『播磨国風土記』が影写本（原本の模写本）だけで広まっていたころの影響で、原文を「天日一命」とする校本もあるが、影写本の原本の西三条家本（現、天理大学図書館蔵）の影印本（写真版複製）では、明確に「日」と「目」を書き分けており、ここは「天目一命」となっている。

この物語は、丹塗り矢の趣向こそ欠くが、『山城国風土記』逸文の「可茂社」にいう、可茂別雷の命の神伝とまったく同じ型である。一目連の神をまつる多度大社と賀茂の神のあいだに多くの共通性があるのにしたがえば、これもまたその一例といえる。天目一の命はあきらかに、一目連の神と同一神格であろう。そうすると、風神でありながら雷神の性格もおびていた一目連の神が、ここでは、はっきりと雷神の神話の型の中にあらわれていたことになる。それが多度大社を離れながら、奈良時代の文献にみえていることは重大である。『日本書紀』や『古語拾遺』で鍛冶職の祖神になっている天目一箇の命が、広く雷神の性格をもって信仰されていたことがうかがえる。この一見断片的な『播磨国風土記』の記事が、きわめて有効な資料になる。

賀茂の神の神伝の類型が、一つの宗教的な観念と結びついた表現であることは、さらに、やはり和銅六年（七一三）の官命から霊亀元年（七一五）以前の成立とおもわれる、『常陸国風土記』那賀《なか》郡茨城《うばらき》里の条の類話からも傍証できる。晡時《くれ》臥《ふし》山の伝えである。これには神の子を生む妹の兄も登場しており、やはり丹塗り矢の趣向はないが、全体はきわめて賀茂の神伝に近い。人が通って来て、妹は身ごもる。生まれた小さな蛇を、器に入れて育てる。一夜で、器の大きさだけ成長する。三度、四度と器を変えるが間に合わない。母が、父のところへ行けというと、子どもは小さい子を一人そえてくれという。伯父しかいないと断ると、子どもは伯父を落雷で殺す。母が瓫《ひらか》を投げつけたので、子どもは天に昇ることができずに片岡村にのこり、社にまつられているという。天上に父がいることを暗示し、落雷を起こすなど、この子どもが雷神の子であることは疑いない。

晡時臥山の物語は、素性のわからない男が通ってくるなど、『古事記』『日本書紀』にいう大和の大神《みわ》神社の三輪山の神伝にもよく似ている。三輪山の神も蛇身であると伝え、この片岡村の神が蛇身であるのとまったく一致する。賀茂の神伝以下、説話の類型でいえば、「蛇聟入」に統合できる。その類型が上代の文献では一貫して、雷神信仰の物語としてあらわれていることが重要である。三輪山の蛇身の神も、雷神として描かれている。(27)『播磨国風土記』の天目一の命も、そこでは具体的な性格は伝えられていないが、やはり、雷神一類の神として登場しているとみてよかろう。

山岳を大地の主が鎮まるところとする、いわゆる神体山の信仰は日本各地にある。賀茂の神も、上賀茂神社の北方にある神山《こうやま》を神体山とするという。まとまった「蛇聟入・苧環型《おだまき》」の物語を伝える三輪山は、まさに神体山の信仰の典型でもあり、蛇身の大地の主の神としてもきわめて明確な伝えをもっている。多度大社も古記録から現代の伝承にいたるまで、一貫して多度山の信仰であり、多度山を神体山としている。一目連の神が、そこの片目の龍であるという古くからの伝えは、からなずしも「蛇聟入」の物語はともなっていないが、賀茂の神伝以下、蛇身の大地の主が雷神として表現される例と、まったく一つの範疇に属する。この点でも、多度の神と賀茂の神との共通性は一貫している。神社も神宮寺も奈良時代から確立していたことが明確な多度大社である。中世以降の信仰が上代からの伝統の引き継ぎである可能性は、けっして小さくない。

八　一つ目の神の発生

風の神である一つ目の神を雷の神と一体とみたのは、この風の神の霊威を表す竜巻のときに、落雷など発光現象が起こるからであろう。激しい竜巻の自然観察の上に、この一つ目の神の信仰は発達しているといえよう。その神が一つ目であると信じたのも、この旋風現象の体験を通して成り立っていたにちがいない。現代は気象学の知識で、われわれは巨大なツムジカゼ台風が、左巻の大きな空気の渦で、その中心には雲のない眼があることを知っている。この大風だけからでも、ツムジカゼに眼があることは観察できたかもしれないが、少なくとも小規模な日常的な旋風の体験から、ツムジカゼの中心に空洞の眼があることは、認識できたはずである。

竜巻の古い記録では、鴨長明の『方丈記』がよく知られている。治承四年（一一八〇）四月二十九日の辻風である。京都の中御門京極《なかみかどきょうごく》のあたりから大きな辻風がおこり、六条あたりまで吹いたとある。そこには竜巻のときの風の動きの描写はないが、辻風が旋風であることは、長明にとっても自明のことであったように読める。この結びの部分に、「辻風ハ、ツネニ吹ク物ナレド、カカル事ヤアル」とある。ひどい竜巻のほかに、ふつうに吹く辻風にふれている。

この時代、辻風という語は渦巻く風で、ツムジカゼを意味した。藤原定家の日記『明月記』の同日の条には、この竜巻を「飈」という字で表している。昌住撰、昌泰年中（八九八～九〇一）成稿の『新撰字鏡』では、「豆牟志加世」と読む。九条兼実の日記『玉葉』同日では、「廻飄」と記す。「飄」は『類聚名義抄』巻十「風」に、やはり「ツムシカセ」ともある。要は旋風である。『玉葉』翌五月の二日の条には、「辻風常のことなりといへども、いまだ今度のことのごときはあらず」（原漢文）とある。(28) 長明と同じく、日常的に起こるツムジカゼと竜巻とを同一視している。

江戸時代の竜巻の見聞記を見ていると、たいていは、その描写に「巻く」という語が登場する。文化十一年（一八一四）の奥書の小川顕道の『塵塚談《ちりづかばなし》』上巻に「墨雲逆巻のぼり」、『一夜話』巻二に「雲の中へ巻上り」、文化八年（一八一一）刊の橘茂世（崑崙）の『北越奇談』巻一「竜巻」に、「墨雲汱来る《ウツマキ》」とある。(29) そもそもタツマキという言葉自体、ツムジカゼを表現している。橘南渓の天明五年（一七八五）ごろの見聞である『東遊記』後編巻三「登竜《のぼりりゅう》」にも「逆巻のぼりて」、平戸藩主の松浦《まつうら》静山が天保十二年（一八四一）に没するまで約二十年間書いた随筆『甲子夜話《かっしやわ》』巻八に「空中にまき揚ぐること」とある。(30) その竜巻のほかに、日常的に小さな旋風が生じていることを、京都の知識階級の人たちも熟知していたことが大切である。

われわれはその日常的に発生する小さなツムジカゼで、旋風の本質を観察していたはずである。その例の一つに、子どもたちの世界にも身近な、世にいうカマイタチがある。私が少年時代を過ごした神奈川県愛甲郡愛川町半原での体験では、校庭などで、砂を巻き上げた旋風が走ると、子どもたちは「カマイタチ」と叫んで、その中に飛びこむ。渦巻く空気の中心部は無風状態で、空気が薄いそうである。その異常な体験がおもしろくて、こんな遊びがあるらしい。半原では、転んだ拍子についた手にできるような裂傷の類もカマイタチというが、それは旋風の中のように空気の薄いところが生じるためにできる、けがであると考えられている。それをカマイタチと呼ぶのは、鎌のように鋭い刃物を持ったイタチほどの小さい獣がいると信じたかららしい。

このカマイタチの体験ほど、率直なツムジカゼの実験はあるまい。我々の親たちは、こうしたふだんの旋風の現象から、竜巻や大風に及ぶ、地球上の旋風現象の本質を、とらえてきたにちがいない。それは見事な体験による、一つの自然科学である。小さな一つ目の神をまつって、大きな一つ目の神の暴威を防ごうとした時代もあったかもしれない。スラヴ諸族には、ツムジカゼで起こされる病気があると伝え、ツムジカゼにつきまとわれた人が、風の中にいる悪魔にナイフを投げつける話がある。[31] これはカマイタチと逆であるが、道具立ては同一である。なにか人類文化に大きな基盤があったのであろう。風除けに鎌を用いるのも、カマイタチ信仰と一体のことにちがいない。ブルガリアでは、風の統御者を、龍か一つ目の魔女（老婆）か、盲目で耳の聞こえない老人と伝える。[32] 龍か一つ目の魔女とは、多度の神の信仰に共通している。旋風が一つ目であるという認識は、近代気象学の発達を待つまでもなかった。刃物と旋風との結びつきとともに、人類史的な課題にみえる。

注

（1）以下、多度大社の現在の状況については、小冊子『多度大社』（多度大社・二〇〇六年収蔵）による。なお本稿の第四章までの風神信仰の分は、拙稿「日本の雷神と風神」『風と鳥の神話学—天がける神霊』（比較神話学研究組織・二〇〇六年）七〜九頁に概要を記した。

（2）西川順士校注『神道大系』神社編・一四「伊賀・伊勢・志摩国」（神道大系編纂会・一九七五年）二四一〜二八〇頁。

（3）山本七太夫『勢桑見聞略志』宝暦二年（一七五二）、謄写印刷、多度町図書館所蔵本。
（4）井後政晏「古代編」『多度町史』資料編1（多度町・二〇〇二年）二八五〜二九四頁。
（5）安岡親毅『勢陽五鈴遺響』（1）三重県郷土資料叢書・二五集（三重県郷土資料刊行会・一九七五年）。
（6）沢田四郎作「雨乞ひと踊」『民族』一巻六号（民族発行所・一九二六年）一三五頁。
（7）堀田吉雄「多度神と其の信仰」『伊勢民俗』二号（伊勢民俗学会・一九五二年）六頁。
（8）遠山佳治「多度大社の信仰と行事」『多度町史』民俗（多度町・二〇〇〇年）二四頁以下。
（9）次にあげる文献のほか、伴蒿蹊『閑田次筆』巻一（一八〇六年刊）、浜松歌国『摂陽奇観』巻四三、享和元年（一八〇一）の条などに、北国、京、大阪などの例がみえる。
（10）和漢三才図会刊行委員会編『和漢三才図会』上（東京美術・一九七〇年〔一四版〕一九八九年）三三五頁。
（11）谷川士清『増補語林　和訓栞』後編（名著刊行会・一九九〇年）七四〜七五頁。
（12）堀田吉雄・注（7）同書・一〇頁。
（13）関敬吾「神不在と留守神の問題」『民族学研究』新三巻一號（彰考書院・一九四六年）五六〜八〇頁、特に八四頁参照。
（14）岩本徳一校注『神道大系』古典注釈編・七「延喜式神名帳註釈」（神道大系編纂会・一九八六年）三四三頁。
（15）山田肇『諏訪大明神』信濃郷土叢書・第一編（信濃郷土文化普及会・一九二九年）六六〜六七頁参照。
（16）宮地直一『諏訪史』第二巻後編（信濃教育会諏訪部会・一九三七年）四二四〜五三五頁、六四九〜六七九頁参照。
（17）近藤喜博・宮地崇邦編『中世神仏説話』続々・古典文庫・二九三冊（古典文庫・一九七一年）「諏方社縁起絵詞」一二一〜一二三頁。
（18）矢崎孟伯「諏訪大社」『日本の神々』第九巻（白水社・一九八七年）一三九頁。
（19）宮坂光昭「強大なる神の国」『御柱祭と諏訪大社』（筑摩書房・一九八七年）一九頁。宮地直一・注（16）同書・六五六〜六六五頁参照。
（20）宮地直一・注（16）同書・六六五頁。

（21）矢崎孟伯・注（18）同書・一二九頁。
（22）近藤・宮地・注（17）同書・三二～四〇頁。
（23）小林純子「木に鎌を打つ信仰」『諏訪系神社の御柱祭』（岩田書院・二〇〇七年）七七～一〇九頁。
（24）Mansikka, Viljo Johannes "Demons and Spirits (Slavic)" *Encyclopaedia of Religion and Ethics.* Edinburgh, 1981, vol.IV, p.630a. 井本英一「風神考―ユーラシアの神話から」『境界祭祀空間』参照。
（25）以下、上賀茂神社の現況については、『賀茂別雷神社由緒略記』（賀茂別雷神社社務所・一九九六年）による。
（26）岡田登「考古編」『多度町史』資料編Ⅰ（多度町・二〇〇二年）二二九～二四六頁。
（27）拙稿「神となった動物」『人と動物の日本史』4（吉川弘文館・二〇〇九年）参照。
（28）佐竹昭広校注「方丈記」新日本古典文学大系・三九巻（岩波書店・一九八九年）六～七頁参照。
（29）物集高見『広文庫』一二冊（広文庫刊行会・一九一四年）三三九～三四一頁参照。
（30）神宮司庁蔵版『古事類苑』一巻（吉川弘文館・一九六九年）二六一～二六二頁参照。
（31）栗原成郎「スラブの神話伝説における「風」」『神話・象徴・文化』Ⅲ（楽瑯書院・二〇〇七年）一八～一九頁。
（32）同前・一二三頁。

伊勢朝熊山の縁起と星の神信仰

中根千絵

はじめに

伊勢と鳥羽の中間の地にある朝熊山金剛証寺の縁起『朝熊縁起』（室町成立か。）には、アマテラスが明星水に身を映したことが書かれ、『朝熊山略縁起』（近世成立か。）には、ニニギノミコトが木星の化身であると書かれている。

そもそも『日本書紀』などの上代の書物では、香々背男のような星神は反逆神として描かれており、その後の時代においても星に関わることは、国家の機密事項として、密教や陰陽道に携わる者達の手によって管理された。星の物語、星に関わる和歌は七夕に関わるもの以外、書かれた書物の中には見当たらないといってよいであろう。室町時代になって諸国を流浪する修験者達の語る物語が中央の書物の中にとりこまれるようになって、初めて、星の話は書物の中に現れてくることになる。近世以前においては、星は地の動きと密接に関わるものとして、政治的・宗教的な意味を持ち続けたのである。

さて、そのような中で、冒頭のアマテラスの系譜の神が星の化身と認識されることは、古代の反逆神としての星の存在を根底から覆すものである。いかにして、このような解釈が出来上がったのであろうか。朝熊山金剛証寺は、応永頃より臨済宗南禅寺派の寺院となるが、かつては、真言密教の霊場であった寺院である。現在も大日如来とアマテラスと雨宝童子の習合した形の像が伝来する。古くは、伊勢神宮との関係において、神仏習合の重要な拠点であった寺であり、内宮の奥の院と目された場所でもある。

明星水に関わる場所は、現在も朝熊山金剛証寺に残っている。一月一日〜二十一日には、星祈禱（善星皆来、悪星退散、風雨順次、五穀豊穣、厄除開運、国土安穏）が明星堂で行われる。明星堂については、『伊勢参宮名所図会』(1)にも描かれている。また、『善峰寺所蔵（朝熊山）参詣曼荼羅』(2)には、日輪、月輪の他に、参詣曼陀羅には珍しく雲上の金星が描かれている。いつの頃からかわからぬが少なくとも近世には、星信仰が金剛証寺に根づいている様をうかがわせる証左となるものである。

室町時代成立とされる朝熊山の縁起の話からは、海の潮水とは異なる真水と星への信仰がこの地の特徴としてあり、それを背景にこの話が出来たであろうことが読みとれる。

現在の伊勢神宮では、遷宮のお木曳きで、必ず「太一」（北極星）の旗が掲げられる。それは、内宮の祭神を北極星に見立て、外宮を北斗七星に見立てるという伊勢神道の名残であると考えられる。笠松の八雲神社境内には、北斗七星の石碑が祀られている。この石碑は、元々は、星座の形をなぞって村のあちこちに点在していたという。そのいわれは、さだかではないものの、松阪中町の法久寺、大黒田町西林の禅林寺に妙見菩薩をまつる妙見堂があり、内五曲に説教所があったことから、妙見菩薩は北極星を神格化したものだとする北辰霊符尊信仰を広めた修験者との関わりが考えられるかもしれない。

他に、名張の赤目には、「星川」という地名があり、役行者伝説と結びついている。

以上のことから、伊勢には、様々な星に関わる信仰が外から流入していることが見てとれるが、その多さと信仰の雑多な様相から、元々、星と水の産土神をもっていた土地であればこそ、様々な星に関わる外来神を受け入れ、祀ったのだと考えたい。その伊勢の星の信仰が最初に示したアマテラスの系譜の神を星の神とする言説を作りあげる源となったのではなかろうか。本論では、都では忌避された星の神が伊勢の地において皇統の系譜の神として成立するまでの様相を民俗学の見地を取り入れつつ、辿ってみることにしたい。

一　朝熊山縁起――縁起の源泉を求めて

室町時代の修験者が書いたと推測されている『朝熊山縁起』には、空海と明星と天照大神が登場する。まずは、以下に、そのあらすじを述べておくことにしたい。

空海が大和国鳴川（現在の生駒郡平群町鳴川のことか。）善根寺で求聞持の法（記憶力を良くする為に虚空蔵菩薩に祈る法）を行っていると、空から童子が来て、「伊勢国朝熊岳に座を示す。明星（金星）があれば、必ず願いが聞き届けられるであろう。」と告げる。そこで、空海は朝熊山に分け入り、堂舎に行くも人の姿もなく荒廃している。そこに、山の神のお告げがあり、その通りに祈ると、天照大神と日本後見尊《ひのもとしりみのみこと》が現れ、空海に語る。「祖神、面足《おもだる》・惶根尊《かしこね》（神世七代のうちの第六代の夫婦神）が初めてこの山に天下った。面足の沓を投げると、乳のように浮いた。私の父母のいざなぎ・いざなみの尊は、この沓の上に天下り、塵を集めて山とした。淡路国がこれである。いざなぎ・いざなみの尊は、地神を産んだ。私は、衆生の為に、神武天皇を産んだ。その後、五十二代

（淳和天皇か。）が過ぎた。私の子孫を守る仏は、三鈷洞におられる。私は、天津児屋根尊《あまつこやねのみこと》と共に、毎日、祈りを続けている。どうかこの場所で、密教を広めてください。」と。

そこに、弁才天も現れ、擁護を誓う。また、天照大神が明星水に姿を写し、次のように告げる。私が天下る時、豊葦原中津国は皆潮であるのでどうしようかといった時に、天からもってきた潮でない水の種をおいたのがここである。」と。（原文「この水、三千世界に湧く。潮ならざる水の種はこれなり。正しく明星の御影の水淀に当る所は子孫の富貴になり、栄ゆるなり。水本を定むること、大満薩埵、求聞持をこの地において尽きしめざらんがために、この法あり。君と臣と和合を固めて、国家安穏ならん。」[3]）

空海は、この山で虚空蔵菩薩の供養を行う。その時、菩薩が現れ、偈を説く。

空海は、求聞持法の力により、天照大神と虚空蔵菩薩に会えたことを喜ぶ。

この後、まだ話は続くが、本題からそれる為、省略する。尚、この後に天目一箇尊（あめのまひとつのみこと）が、宝鏡を作ったと書かれ、天照大神に仕える人々は、この鏡を見るとき、天照大神をみるようにせよ、といったことが書かれている。後に触れる星の信仰と風の信仰に関わると思われるので、付記しておく。

さて、この縁起のおおもとには、空海の『三教指帰』序文がある。以下に引用する。

爰有一沙門。呈余虚空蔵聞持法。其経説。「若人依法、誦此真言一百万遍、即得一切教法文義諳記。」於焉、信大聖之誠言、望飛ㇾ於鑽燧。躋攀阿国大瀧嶽、勤念土州室戸崎。谷不惜響。明星来影。遂乃、朝市栄華、念念厭之、巌薮煙霞、日夕飢之。看軽肥流水、則電幻之歎忽起、見支離懸鶉、則因果之哀不休。触目勧我。誰能係風。（『三教指帰』日本古典文学大系　岩波書店に依るが、句読点は私に付した。）

ここには、虚空蔵聞持法を修した空海に応じ、土佐の室戸崎の洞窟に虚空蔵菩薩の化現である明星が来影したことが書かれている。この逸話は、『金剛峰寺建立修行縁起』などを経て、『三宝絵』下・十二や『今昔物語集』巻十一第九話にも採られ、平安時代には弘法大師（空海）の有名なエピソードの一つとして流布していた。空海の伝記は、他に、御遺告、大師御行状集記、弘法大師御伝、高野大師御広伝などがあり、虚空蔵法の逸話はそのような様々な書物を通じて、中世にも広まっていたと思われる。

寺社の縁起に虚空蔵法のモチーフが取り込まれた例としては、京都嵯峨の十三参りの寺として有名な法輪寺がある。「法輪寺縁起」[4]（一四一四年成立）には、空海の弟子、道昌がこの地で求聞持法を行ったところ、満願の日、衣の袖に虚空蔵菩薩が現れたとある。『都名所図会』『拾遺都名所図会』[5]には、縁起の骨子や明星井の位置も確認することができ、この縁起が近世において、流布していたことを確認できる。他にも、明星の名のつく寺は各地にあり、空海の虚空蔵法の逸話が広く、各地の縁起にとりこまれていったことが想像される。佐野賢治氏によれば、それらの寺は多く虚空蔵菩薩を本尊とする寺院であり、虚空蔵求聞持道場に淵源するものが多いという[6]。

さて、空海の逸話に端を発する朝熊山の縁起だが、そこには朝熊山特有の言説が見られる。アマテラスが朝熊山の神話的由来を語る部分と弁才天が登場することである。まず、弁才天が突如、登場することについては、様々な要因が考えられよう。星の信仰という側面から考えるならば、密教における星信仰では、『七仏八菩薩所説大陀羅尼神咒経』に、北辰菩薩（北極星）は妙見であることが書かれ、『阿娑縛抄』『覚禅抄』には、妙見は吉祥天であることが書かれ、『渓嵐拾葉集』には、吉祥天は弁才天であると書かれる。弁才天は、平安時代まで人気のあった吉祥天にとって代わり、中世には人気の女神となる[7]。そのように、同じ種類の神としてカテゴライズされた神たちは、中世においては、容易に習合を繰り返す。そうした中世的連想の中では、妙見は弁才天として意識されたとしても何の不思議もなかろう。アマテラスの有する女神としての要素、明星に関わる星としての要素、また、後に言及する水の神としての要素（弁才天は、池などの水の片隅に祀られる場合が多く、近世までには、水の神として一般に認識されていたと考えられる。[8]）の三つの要素を併せ持つ弁才天は、ここに登場するに最もふさわしい神であったと考えられる。弁才天は、『伊勢参宮名所図会』巻之五の「朝熊金剛証寺」の境内図において、「つれまの池」の脇に祀られていることが確認でき、いつの頃から祀られていたのか定かではないが、水の神の位置づけを得ていることが確認される。

また、林温氏は、金剛証寺蔵雨宝童子像について、「寺伝では雨宝童子とされるが、持物も頭上の塔も後世の補作であり、左手に宝珠を持たせれば吉祥天とかわるところがない。古代においては吉祥天と妙見菩薩はほとんど同じ像容であったと平安時代の事相家恵什はいう。伊勢神と北辰を同一視する思想が古くからあったとする説が有力であるが、伊勢と密接な関わりのある朝熊山は後に虚空蔵信仰の地となる。朝熊山には古くは北辰すなわち妙見信仰があり、真言宗化したことによって同じ星信仰でも空海に縁の深い虚空蔵菩薩信仰に変わっていったと考えられないだろうか。[9]」と論じておられ、図像の上で、妙見、吉祥天がアマテラスをかたどる雨宝童子の姿の源となっていることを指摘しており、ここから先に述べた理由によって、派生的に弁才天が登場することも考えられよう。

さて、もう一つの朝熊山の縁起に特有な部分、アマテラスが朝熊山の神話的由来を語る部分であるが、それこそが、伊勢の在地信仰に基づく重要な部分であると考えられる。アマテラスが「私が天下る時、豊葦原中津国は皆潮であるのでどうしようかといった時に、天からもってきた潮でない水の種をおいたのがここである。」と語り、「正しく明星の御影の水淀《みずすじ》に当る所は子孫の富貴になり、栄ゆるなり」と述べるくだり、これは、伊勢の地に元々あった水に関わる信仰を思わせる。西山克氏は、朝熊山が「求聞持法を呼び寄せた事情の一端」を示すものとして、「示して云く、求聞持ノ法ハ水を取る作法、最極ノ秘事也、潅頂一箇ノ大事これ有り、口伝と云云、又云く、凡そ閼伽水は先ず霊地ノ水ヲ用うべき也、…霊地ノ水トは、或ハ悉地成就之地、或ハ明星来下ノ地、或ハ明星ノ影を写ス閼伽水ト云云。」『渓嵐拾葉集』第二十二（『大正新脩大蔵経』七六巻）の資料を挙げている。[10] ここには、求聞持法を行う時、閼伽水をとる作法があり、それに霊地の水を用いる必要があるということが書かれている。霊地の水、まさしく、伊勢の地は霊地であるから、その作法を行うにふさわしい地であるということになる。しかし、縁起には、霊地そのものへの言及よりは、潮ではない真水へのこだわりが書かれることから、単に霊地であるという要因だけではなく、水そのものへのこだわりもこの逸話を引き寄せる上で、見逃せない要因であったといえよう。水に関わる星への信仰、それが背後にあったと考えたいのである。このことについては、後で詳しく述べることにする。

ところで、この縁起を作成したのは、どのような人々であったのだろうか。佐野賢治氏によれば、秋田市の星辻神社は、伊勢世義寺を先達寺としており、また、秋田県の朝熊神社は、虚空蔵菩薩を祀り、朝熊山との関係を説くといい、これらに当山派修験が関わっていることを指摘する。[11] 佐野氏の論文は、星と虚空蔵信仰について書かれている論文であるが、そこからは、秋田の星の名のつく神社、あるいは、虚空蔵菩薩をまつる寺の背後には、伊勢を発信源とした当山派修験の人々の活動があることが見てとれる。東北地方にも指摘される星の信仰ではあるが、実はそれらは、伊勢の地から発信されたものではなかっただろうか。佐野賢治氏は、他に、日光山修験と星宮神社についての事例より「ウナギ食物禁忌の伝承の広さ」を指摘しているが、実は、伊勢とその活動範囲を同じくし、中世には修験の中心であった岐阜県美並粥川《かいわい》寺祭神も虚空蔵菩薩であり、ウナギを食すことを禁忌としている。[12] 星への信仰は、日光山修験といった形で限定される範囲のものではなく、修験者を通じて、広い範囲で広められていたと推測される事例である。

これらのことから考えるに、朝熊山の縁起は、桜井徳太郎氏による指摘[13]の如く修験者の人たちの手によって中世に成立したと考えられる。それは、星に関わる信仰を担った伊勢の地にふさわしいものとして、修験者が選びとった縁起のモチーフであったと考えられ、そうした中から虚空蔵と星の信仰が各地へ広められたと考えられる。伊勢の地における星の信仰については後述するが、後の縁起に現れる星の神、ニニギノミコトの登場の前史として、本縁起をおさえておきたい。

二　星の神の登場——朝熊山の略縁起をめぐって

江戸時代成立と目される朝熊山の略縁起には、皇祖神に連なる系譜の神であるニニギノミコトが星の神として登場する。修験者の作ったとされる縁起と略縁起の間には、朝熊山金剛証寺が禅宗に改宗した時期（応永の頃）の直後に作成されたと考えられる「朝熊岳儀軌」[14]が存在する。そこに書かれた御神詠に、「日と月の光連珠の池の水たえぬかぎりをわれありとしれ」（一部、漢字表記を仮名に改めた。）というものがある。この御神詠に手を加えたと思われる略縁起の御神詠には、「日と月と星と列間の池の水のたへぬかぎりはあまつひつきよ」とあり、中世から近世の間に星の存在が付け加えられたことが確認される。星が付け加えられた論理とはどのようなものであったのか。まずは、略縁起の該当部分を引用する。

抑此山は常世の聖仙住栖給ふ高嶺なれば、南の麓には五十宮鎮座し給ひ坤の麓には宇治宮立たまへり。西にあたりて、豊受宮立給ひければ此三大神常に此山に遊戯ましますゆへに、日光、月と星と列間の池と詠じ給ふなり。

天孫大神は木星にして明星天子なるゆへに、明星の池の朝熊山と詠じ給ひ、又、常に此峯に居て蒼生を守給ふゆへに人の往来見る五十鈴川と詠じ給ふなり。

此山殿堂仏閣は何の世何の人の開闢といふ事を知らずといへども、往昔開基たりし人列間の池のほとり七本杉の木陰に座し、神霊を拝せん事を祈りけるに、天魔障昇をなさんとす。時に、池中より金石動出て、長丈餘の熊と変ず。天魔忽に驚去事朝露の消がごとし。熊は即暁の明星天と現じ、朝日に向ひ、上天ありしゅへに此山を朝熊山と称し、御手洗を明星水と号すなり。開基五体投地して明星を拝し給ふ。時に、雨宝童子、熊野三所権現、八百万神等面に現れ給ひ、此山は天照大神天孫大神豊受大神常に遊戯し給ふ地なりと告給ふ。御声の中より雨宝童子はたちまち天照大神とあらわれ給ひ、吾子々孫々并にあらゆる蒼生を守る尊像を示さんと神宣ありければ、明星水の洞の中より満徳荘厳の霊尊光明赫奕として出現し給ふ。神乳山大に耀、光国中に満つ。即御影を移し奉り、深く岩窟の中に安置蔵秘して厚尊崇し奉りしとなり。

是即明星天子の本体にして、天孫大神の元神、福智大満大虚空菩薩なり。

夫此天孫大神は其神号は、亞肖気尊（ににぎのみこと）と申すなり。天照太神の御孫なるゆへに天孫大神といふ。星太照大神とも申すなり。（後略）（「朝熊略縁起」[15]）

ここでは、天孫大神（亞《に》肖《に》気《き》尊《のみこと》）は、星太照大神《ほしのふとてらすだいじん》とも呼ばれ、はたまた、それは、木星であり、明星天子であり、虚空蔵菩薩でもあり、それは、朝熊山に現れた熊に化現するものでもあった。何故、明星であるのに、木星でもあり得るのか。木星は、日月を除いては、最も明るく大きい星である。そうした意味では、日と月の次に並び立つ星としてふさわしかろう。木星は、ギリシャでは、ゼウスの名を与えられ、インドでも天帝インドラにあてられていた星である。日本では、その位置、動きによって、天下国家の存亡が左右されると信じられていた。そうした意味で、皇祖神に連なる神にあてるのに、最もふさわしい星であるとは思われる。それならば、どうして、明星天子の姿をとって現れるのか。それは、伊勢を中心に発達した神仏習合の造形に起因すると思われる。

そもそも、明星天子とは、虚空蔵求聞持法を修した時に明星が口に入るのを感得し、修法を成就した時の金星であり、一般の金星とは異なった特異な姿で表される。林温氏によれば、明星天子像（『諸尊図像』鎌倉時代の図像集）の祖型は、四臂で竜の上に立つ形の妙見の図像にあり、それは、また、尊星王像ともほぼ等しいとされ、また、金剛証寺に伝来するアマテラスをかたどったとされる雨宝童子像については、もともと妙見菩薩像であったのではないかと推測されている。(16) ここには、表には現れてこないものの、元々存在したであろう北辰（妙見）信仰の影が見てとれよう。

略縁起の言説にある「豊受大神常に遊戯し給ふ地」というのも、『丹後国風土記』に載る話、伊勢外宮神の前神豊受神は八天女の一人で、後の七天女は天上に戻ったという伝説を想起する時、北斗七星と妙見信仰の話がその背後にあることを思わせる。表に現れないものの、妙見信仰を軸に様々な神が連関しているのである。

明星天子の姿もまた、妙見像とほぼ同じ姿で現されており、本来ならば、アマテラスに付随する妙見信仰と虚空蔵求聞持法に関わる明星天子は分別されるべきものであったにも関わらず、妙見の図像を通じてそれらは、切り離せぬイメージをもって受容されることになったのである。そのことにより、略縁起においては、アマテラスは、明星天子の本体でもあるということになり、そこに、星のうちでも、最も明るく天下国家に関わる木星が取り入れられたことで、話はさらに複雑な様相を見せることとなった。

『宿曜経』には、日月およびすべての星が虚空蔵菩薩の所変と書かれているから、そう考えれば、このような複雑な習合のあり方も理解できるかもしれない。志賀の胡宮神社には、近世の作で、虚空蔵菩薩および、明星天子、雨宝童子、北斗七星、十眷属を一図に表した珍しい絵があるという。木星こそ登場しないものの、それ以外のものが習合して受容されていたことを示す例と考えられる。

ところで、天孫が星の神であるという発想は、あり得べきことであったのだろうか。『校訂増補下野国誌』[17]には、栃木県佐野市大蔵町の星の宮について、「祭神は瓊々杵尊なりといへり、されど星ノ宮は、いずれも北辰明星天子など云ものなるを天ノ孫ノ尊といふはあたらず、星は〈日本書紀〉神代巻下に香々背男とのみありて、神とも、命とも尊みたる称もなく、いと賤しき神と聞えしを天照ス大御神の御孫、瓊々杵の尊に称奉るはいともかしこきわざなり」と記されている。ここでは、星は賤しいものとして『日本書紀』に登場するのであるから、アマテラスの子孫とするのは畏れおおいと記しており、昨今でもなお上代に書かれた『日本書紀』に照合する限り、有りうべからざる発想であったと認識されていることがわかる。この栃木県佐野市大蔵町の星の宮の祭神が瓊々杵尊であることについて、佐野賢治氏は、次のように論じている。[18]

明治初年に於ける神仏分離の際、虚空蔵信仰を標榜しコクゾウ様と呼ばれていた社はその化身明星天子との関連から星ノ宮神社として再生し、社家的要素の強かった社においては磐裂《いわさく》、根裂《ねさく》神をそのまま社名として踏襲したのであり、日光～太平山間に磐裂、根裂神社が多いのは、古峯《こぶ》ヶ原信仰、石裂山《おざくさん》信仰の近世後期の展開をも絡めて、この理由によるものと考えられるのである。また、これを契機に同一の開拓の性格をもつより霊名の高い邇々杵尊を勧請することも行われた。

この論によれば、星の宮の祭神が瓊々杵尊となったのは、明治以降であるということになる。しかしながら、

「朝熊略縁起」は、天保（江戸時代後期）の書物が残っていることから、その成立は江戸時代まで遡ることとなり、少なくとも明治初年の神仏分離とは関係がない。そう考えると、伊勢の「朝熊略縁起」における星の神の例は確認できる中では、古い例であるといえる。その成立の背後には何があったのであろうか。次節において、伊勢の土地そのものが胚胎した星の信仰の様相について概観し、縁起が伊勢という地に即して生まれたものなのかどうか、その関係を探ってみたい。

結び――伊勢の星信仰と縁起

伊勢の地に見られる星に関わるもので、年代が中世まで遡れるものには、次のようなものがある。一つは、伊勢の山宮祭である。伊勢の山宮祭とは、内宮の禰宜職を独占していた荒木田氏と外宮禰宜家の度会《わたらい》氏の伝承した山宮神事である。夙に柳田国男が指摘[19]したように、「神宮《じんぐう》雑例集[20]」奥書に建久三年（一一九二）とあることから、神事に関わる妙見菩薩（北辰）が祀られたのは確実に中世であることがわかっており、妙見（北辰）に纏わる神事が中世には密やかに行われていたことを示している。また、度会氏の氏寺常明寺伝来の木造妙見菩薩の立像は、林温氏によれば、伊勢斎宮祭主の大中臣氏出身の通海（一三〇五年没。）作ではないかとされており、神仏習合的な思想をもった通海がアマテラスと北極星を同体とする思想をもっていたことを示していると論じている[21]。

今一つは、星のつく地名である。現在でこそ星の付く地名は新興開発地域に増えたものの、かつては、星のつく地名は珍しいものであったと思われる。その中で、伊勢参宮の途上の村には、星のつく地名が多い。その中でも確実に中世まで遡る地名を挙げてみる。星合村に関しては、次のような和歌が詠まれている。

土御門院
いせのうみ契りも深き秋ならばこよひかげみむほしあひの浜
（『夫木抄』）鎌倉時代

あめつちのわかれぬさきの名やとめしいせ地にのこる星逢の里
（『耕雲紀行』[22]応永二五年（一四一八）九月の将軍足利義持の伊勢参宮を記した花山院長親の紀行文）

前者は、星合の地名に掛けて、星の逢瀬の様子を地上に届く光のかげに見ようというものであり、後者は、天地がまだ別れていない前は、ここで、星が逢瀬を重ねていたのだろうかと、はるか昔に想像をめぐらせて作った歌である。歌の前に「雲津のほとりに、星逢いの里といふ所あり。この名もさだめてゆへありけむと覚て」とあることから、この地名に神話の世界にまで及ぶいわれを思い描き、詠んだ歌と考えられる。この『耕雲紀行』は、古きの世のいわれや地名をゆかしく思って和歌を詠み、書き記すといった傾向が見られ、実際に案内人の口から聞いた古いいわれなどはそのことを明記していることから、星逢の場合には、地元のうわさ話からの作歌というのではなく、長親が星逢の里という言葉から直接イメージした神話的起源を和歌に詠みこんだものと考えられる。いずれにせよ、中世の人々にとって、星逢という地名は、ゆかしきいわれを思い起こさせるような独特の地名であったことをうかがわせる。

他に、星のつく地名に、星川村（東南に高天原山がある。現在、名張市赤目町）がある。この地名も平安時代にまでさかのぼるものである。永暦二年（一一六一）二月伊賀国黒田庄出作注進状（『東大寺文書』[23]）にその名が見えている。地名の由来に、役行者が檀村で雨乞修法中、東天に星が雨のごとく下ったという伝説がある。

他に、中世まで遡れるかは定かではないが、星の神の信仰に天白信仰がある。これは、伊勢の御師が流布したものであり、祭神は、土着の麻績《おみ》の神であり、天の白羽神ともいって、〔織物の神〕が多い。その信仰は、国土神伊勢津彦と同じく東国へ移っていった。[24] ここで、注目されるのは、祭神が土着の神であるということである。天白信仰という星に関わる信仰でありつつ、その祭神に土着の神があてられるというのは、この信仰が伊勢の在地信仰に関わって成立し、それが東国へ広められていったのだと考えられる。

一般的に流布した星の信仰といえば、江戸初期の日蓮宗による妙見信仰や陰陽師（声聞身、唱門師）が広めた北辰霊符尊信仰が挙げられるが、[25] 右に挙げた星に関わる信仰は、それに先立って伊勢に存在した星の信仰を示していると考えたい。

最後に、伊勢の星の信仰を概観しておくことにしたい。富田晃彦によれば、星の字のつく地名は、河内から京都、名古屋周辺と北九州に強い集中が見られるという。[26] また、堀田吉雄「大天白考《だいてんぱく》」[27] では、星の信仰である天白神の信仰が愛知・三重・長野・静岡の地で確認されている。これらの神社は、論者が確認した限り、ほとんどのものが現在も残っており、芸能などとも関わっている。また、海ではなく、川の傍に存在するという共通の性格をもっている。堀田氏によれば、このような水の神的様相を示すのは、伊勢、三河の天白神であり、静岡から関東にかけては、お産の神の様相を呈するという。同じ天白神といえども、その根底にある信仰は実は異なったものであったのではないかと思わされる。

ところで、伊勢の天白神のうち、員弁郡稲部町大字楚原の祭神は、アマテラスである。これは、後の附会であるとされていることから、元々あった水への信仰が天白やアマテラスと習合していったと考えられる例である。

柳田国男は、「石神問答」の白鳥博士宛に宛てた書簡の中で、天白神は風の神ではあるまいかとしている。先の縁起に見た天目一箇神信仰のことも考え合わされ、興味深い見解であろう。これらの例は、地元の神の信仰がアマテラス信仰に投影された例として見ることができよう。

それでは、伊勢の星の信仰というのは、どうであろうか。どれほど遡ることが出来るであろうか。伊勢神宮参詣の途上には、先にも述べたように、「星合」という地名が残っている。この地名は、応永二五年（一四一八）「星逢」の地名が見えていることから、室町時代までは遡ることが出来る。ここには、現在、星合神社があり、鵲橋が残っている。[28]その他にも烏鵲神社があり、星合の産土神を祀っている。「星合」には、元々、港があったようで、水路の出入り口だったことが推測される。また、二つの川に挟まれた場所でもあり、水の神的要素の強い星信仰のあったことを思わせる。

以上のことから、朝熊山の縁起に見た真水へのこだわりと星の要素は、こうした伊勢の水に関わる星の信仰という土壌があって作られたものなのではないかと推測するものである。

注

（1）『伊勢参宮名所図会』巻之五　日本随筆大成刊行会　一九二九年

（2）「善峰寺所蔵（朝熊山）参詣曼荼羅」下坂守氏は、『参詣曼陀羅』（日本の美術三三一　至文堂　一九九三年）の中で、三鈷寺の参詣曼陀羅ではないかとしたが、谷直樹氏は、「建築史からみた荘園絵図」（小山靖献他編『中世荘園絵図大成　第二部　中世荘園絵図の周辺』河出書房新社　一九九七年）の中で、朝熊山の参詣曼陀羅とみる説をだした。西山克氏は、「宝珠と金星―朝熊山縁起と伊勢」（『国文学』四四―八　一九九九・七）の中で、これについて、「随所に納得できる表現が織り込まれている。」としている。本論では、こちらの説に従っておきたい。

（３）「朝熊山縁起」（『寺社縁起』日本思想大系　桜井徳太郎校注　岩波書店　一九七五年）本文の引用は、「朝熊略縁起」（梁瀬一雄『社寺縁起の研究』勉誠社　平成一〇年二月）に依った。

（４）「法輪寺縁起」『寺誌叢書二』大日本仏教全書　仏書刊行会　一九一三年

（５）『都名所図会』日本随筆大成刊行会　一九二八年、『拾遺都名所図会』日本随筆大成刊行会　一九二八年

（６）佐野賢治「星と虚空蔵信仰―日本星神信仰史覚書・その二」『虚空蔵信仰』雄山閣　一九九一年四月

（７）田中貴子『外法と愛法の中世』砂子屋書房　一九九三年六月

（８）中根千絵「弁才天と龍女」『冥界の大母神』比較神話学シンポジウム　七九～八六頁　一九九九年二月

（９）林温『日本の美術10　妙見菩薩と星曼茶羅』一九九七・一〇　至文堂、尚、雨宝童子に関する言説については、田中貴子「天照大神の変化姿？―朝熊山金剛證寺の雨宝童子」（『仏像が語る知られざるドラマ』講談社　二〇〇〇年八月）に詳しい。

（10）西山克「宝珠と金星―朝熊山縁起と伊勢」『国文学』四四―八　一九九九年七月

（11）（６）に同じ。

（12）佐藤厚子氏よりご教示いただいた。

（13）「朝熊山縁起」（『寺社縁起』日本思想大系　桜井徳太郎校注　岩波書店　一九七五年）

（14）「朝熊岳儀軌」『神道大系　神社編十四　伊賀・伊勢・志摩国』一九七九年

（15）本文の引用は、梁瀬一雄「朝熊略縁起」『社寺縁起の研究』勉誠社　平成一〇年二月に依った。

（16）（９）に同じ。

（17）河野守弘著校訂増補『下野国誌』佐藤行哉校訂 新版徳田浩淳再校訂　下野新聞社一九八九年一月

（18）（６）に同じ。

(19) 柳田国男「山宮考」『新国学談第二冊』(初出一九四七年)『柳田国男全集16』筑摩書房　一九九九年
(20)「神宮雑例集」『神道大系　神宮編二』一九八〇年
(21)(9)に同じ。
(22)「耕雲紀行」『神宮参拝記大成』神宮司庁　臨川書店　一九七六年
(23)「東大寺文書」『大日本古文書』東大史料編纂所　一九四四年
(24) 堀田吉雄「天白神考序説」『伊勢民俗』一九五三年四月、「第三章　天白新考」『山の神信仰の研究』伊勢民俗学会　一九六六年
(25) 金指正三『星占い星祭り』青蛙書房　二〇〇七年
(26) 富田晃彦「郷土の星の伝承者」『和歌山大学紀州経済史文化史研究所紀要』24　二〇〇四年
(27) 堀田吉雄「大天白考」『日本民俗学』二―一　一九五四年六月
(28) 現在の伊勢の星信仰については、斎宮歴史博物館の松田珠美氏にご教示いただいた。

倉吉・東郷に伝わる「羽衣伝説」とその歴史的背景

門田眞知子

はじめに

日本海に面して東西に拡がる鳥取県は、旧国として東部を「因幡国」、中・西部を「伯耆国」と古来、称してきた。『古事記』で知られるオオクニヌシと兎の神話、「因幡の白兎神話」の舞台は、この旧国二国の境界の「気多之前」あたりに位置するといわれている。

「伯耆国」はさらに東西に分かれ（現在では東伯、西伯と称する）、昔から「伯耆富士」として畏怖されてきた雄大な大山（一七二九メートル）あたりが、東、西の自然の境界線となっていたようだ。

「羽衣伝説」はその東伯あたり、倉吉周辺に集中して展開される。とりわけ、古来より美しい湖として愛でられてきた「東郷湖」（または東郷池）を中心に、その周囲に二、三のバリエーションを有する形で残されている。東郷、倉吉はいずれも日本海には直接、面していない。位置的には、倉吉がさらに内陸部で東郷の南にある（この

鶴が羽を広げた姿の東郷湖

東郷は、町の合併により、現在では湯梨浜町と改称されている）。

江戸時代半ばのこの地方の地誌、『伯耆民談記』（寛保二年　一七四二年）は、池田藩の家臣で伯耆国倉吉出身の松岡府政により調査され、「民間の口碑伝説の話」を中心に纏めた記録書である。伯耆国内の村落や土地、山や川などの自然、古城や寺社などの建物、さらには土産、産物などに至るまで、さまざまなジャンルの当時の記録を収めている。

この中で東郷池は、「河村郡東郷松崎にあり、當国無二に大湖にて、風景絶佳なり。周り三里余り、十二ヶ村之れを囲繞し、近岸処々神社仏閣甍を並べて建てり」（巻之三）と語られている。しかし、岸近くには現在では、神社仏閣の姿はほとんど全くといっていいくらい見当たらない。重なる戦の中で焼失してしまったのであろう。

東郷池はまた、鶴が羽を広げたような形から、「鶴の池」とよばれてきたということであるが、『伯耆民談記』ではそのことには触れていない。地元にすむ人たちのあまりにも自明で記されるに及ばない事実であったか。山頂の高見（羽衣石山上、三七六メートル）から見た湖の形が、鶴が羽を広げたように見えることから言われてきたことであろうと想像される。報告者（門田）も紅葉の季節にこの山に登り、山頂から湖を眺めそれを実感する機会があった。

東伯郡東伯町には、「鶴女房」の昔話が残る（『日本昔話通観』第十七巻―鳥取―96①）。同書には、この話の類話が四つ載せられている。地域的には大山北麓や東伯町にだいたい集約される。さらに近くの関金温泉で有名な関金町には性質のことなる羽衣伝説も伝わる（注の最後に付記した）。東郷湖からさらに西南の方角である（岡山県寄り）。地元では、鶴の昔話そのものは羽衣伝説に比べてあまり目立った存在でない。そのあたりの羽衣伝説についても同じ事が言えるかもしれない。

日本海側の大栄町というところに（東郷からは十キロほど北）、わずかだが白鳥の飛来が現在も見られる、ということを芦野泉は指摘している。(2) さらには、白鳥の飛来地が古来、鳥取東部の因幡の河原町《かわはらちょう》あたりにあった事実も芦野泉は調査している。(2) 河原町は、日本海に注ぐ大河川の千代川《せんだいがわ》沿いの地で、海からの内陸距離二十キロあたりの位置ということである。しかしそこには、伝説としての白鳥伝説も羽衣伝説も存在しない。

一方、伯耆のもっと西の、現在の米子市の中海に面した米子公園は、いまでも毎年、白鳥（コハクチョウ）の群の飛来する場所としてよく知られている。昔からおそらく事情はさほど変わらなかったであろうと想像されるのだが、しかしそのあたりにも羽衣伝説は存在しない。

八世紀初頭の『日本書記』や『古事記』の中で、成人しても言葉を話さないホムチワケノミコト（垂仁天皇の項）が、くぐひ（鵠＝

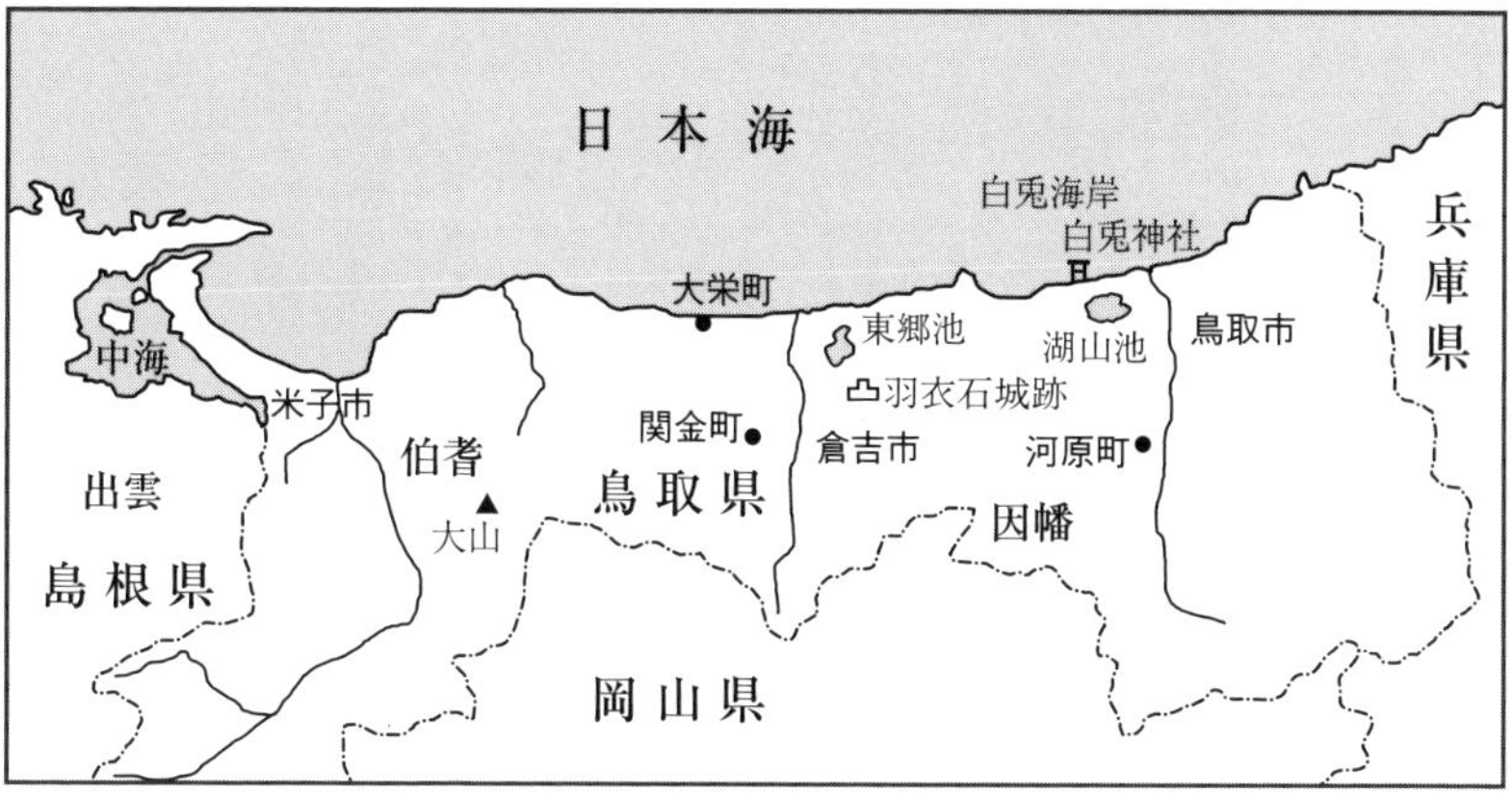

羽衣伝説関連地図

白鳥）を見ることによって声を発したこと、言葉の出ないのは、出雲の大神の祟りだとするくだりがあり、それと、現在のこの鳥取と言う地名の由来ともなるべき鳥取部《ととりべ》の存在との関わりを同時に述べているのは、大変興味深い。(3)

以上のような白鳥を巡る自然界の動きと不可思議ともいえる現実、そして神話と伝説との関連を解明するのは容易ではない。ただ伝説の所在は、決して無根ではないだろう。自然と人為の結合、つまり何らかの目的を持ち融合され、神話として育成されてきたはずだ。その意味で、神話は独特なやり方で或る歴史を語っているであろうことは推測される。あるいは史実が、神話・伝説を象ることにより、暗黙の説明にかえようとしているのかもしれない。この小論を進めつつ、伝説・神話の役割をあらためて考える機会になればいいと考える。

さて、白鳥の飛来しない東郷に、羽衣伝説の存在したことと、現在ではむしろその話がさらに内陸部の倉吉の方に持って行かれたような観があり、倉吉の町のアイデンティティーのように用いられている観もあるという事実は、おもしろく思われる。この伝説の背後に横たわるリアリティなどにも言及してみたい。両者のまちの歴史的な特徴を探れる一つの方法かもしれない。政治権勢という人為の力による時代の操作を観察する意味でも意義あることと思われる。

翻って『羽衣伝説の探求』（日本伝説シリーズ2　産報出版　一九七七年）の著者である水野祐は、日本の羽衣伝承を詳説しているばかりでなく、世界の白鳥伝説の事例も紹介し、詳細な比較調査を行っているが、なぜか、ここ倉吉・東郷の、つまり鳥取の伯耆に伝わってきた羽衣伝説には全く触れていない、つまり一言も言及していないことがむしろ不思議に思われるほどである。(4) 単なる見落としとしても、鳥取に伝わるこの伝説は何か異質性を有するのであろうか。あるいはまた単にローカルな意味しか持ち得ないのだろうか。県外には今日まであまり知られる機会がなかった理由があるのかもしれない。しかし、詳しく見れば七、八のバリエーションを有するほどである。

水野祐も述べなかった東郷の、日本海からさほど離れていない土地での羽衣伝説の存在。こうした状況を鑑みても、この鳥取における羽衣伝説の事例を紹介し、その周辺事情を探ってみることは多少なりとも意味があるのではないかと考える。その水野祐も指摘するように、伝説の研究は、「歴史学上の史実の認定に帰納していく」ための「ひとつの研究方法」(『同書』まえがき)だという考え方には、報告者も賛同するものである。

私(報告者)は特に、旧国二国(因幡・伯耆)の有り様の違いには、羽衣伝説を有するかしないかの、文化圏の異なる人たちの存在を想い浮かべてみたい。古来、時代のズレはあったであろうが、住みついた彼らは、それぞれ固有の文化を持ち、西と東、離れたところでそれぞれ独自の文化を展開していたという風に想像してみたくなるのである。

(一) 日本の羽衣伝説の型

次に、水野祐の『羽衣伝説の探求』に依拠しつつ、日本に伝わる羽衣伝説を概観し、各々の伝説に明快な意図や役割があればそれを紹介し、そのあと鳥取・伯耆における羽衣伝説を紹介し、それらの性格や特徴を、幾分でも明らかにできればと思う。

知られるように、日本の羽衣伝説の分布は、北は、北海道のアイヌのカムイヌプリ伝説から、南は沖縄(琉球)の光る井戸の話に至るまで日本列島に三十ほど存在するようだ。そして古くは、「奈良時代以前から、各地に同類、またはその類似の説話が、広く伝承されていた」（水野祐『同書』まえがき）という。

なんといっても美しい天女が天上から地上に降り立ち、羽衣を松の木か大きな石にかけて、水浴びするというのが一般的なパターンのようである。それに必要条件があるとすれば、まず自然条件として、美しい池、湖、渓流、また海辺が舞台になるということであろうか。そして羽衣をかけるための松の木かそれに代わるもの。場合によっては水辺空間が縮小して、人ひとりだけ入れるような美しい井戸になることもある。井戸の場合は、山の中でも話は展開する。共通項は、美しい、神聖な水の在処。そして山岳での話は、海辺などに比べ時代的に遅く発展したものと水野は見ている（『同書』八十九頁）。

天女が白鳥であるのは、海外においては顕著であるが、日本でも希に事例はあるようだ。さらに、水野祐は、「羽衣伝説」は、世界の「白鳥処女伝説」と「説話の構造上まったく同一の伝説とみて差し支えない」と示唆する（『同書』まえがき）。

相手の男もまた、多様であるが型があるようである。漁師、猟師、農夫、若い男などであり、希有な例として、少年、老翁がいる。この最後の老翁は、実は次に述べる日本海側の丹後の羽衣伝説の中で登場し、日本最古の事例と見なされている。

天女が子供を産む場合と、産まない場合もある。特に最後の老翁の場合では、天女自身が子供として扱われ、老翁、老婆に娘として育てられる。

では具体的に、顕著な日本の羽衣伝説を、主に水野祐の紹介に基づいて見ておく（文献は水野祐のものを利用した）。

○最も有名な羽衣伝説

現在の静岡県（駿河）の三保ノ松原の羽衣伝説。天女は、松の木に羽衣をかけ、水浴びをする。場所は遠州灘の海岸。漁師の男がそれを盗み見ていったん羽衣を奪うが、天女の願いで羽衣を返す。天女は喜び舞って天に昇る。男は地上に留まる（男も天女を追って上るというバリエーションもあるようだ）。ここには、子供は介在しない。さらに、その後ろに佇む日本一高く優美な富士山の頂きでの話も伝わっているようだ。水野の指摘でも、この三保ノ松原から眺める富士は絶景だという。物理的にも高い山頂ということで、日本で一番天に近い、神聖な場所と想像されたのであろう。ここでは二人の美女が登場する。相手の男は猟師となる。天女のみが天上に戻る（『夫木集』や『東海道名所記』などに収録）。しかし、後者の話は、「かぐや姫伝説」とも絡みあったという。いずれ美しい海と山の故であろう。

○次に、河内国交野の事例（『曾丹集』による）

ここでは希有な例の一つだが少年が登場する。「一人の仙女」が交野の渓流で水浴びし、少年が衣を隠す。夫婦の契りを結ぶ。三年ののち、羽衣を手に入れて仙女は飛び去る。「仙人の女」としているところから、水野はここに神仙譚を読み取っている。とすれば、中国からの影響が強く、神仙思想は奈良時代に日本に入ってきた。そして神仙思想の介在しない、天女の羽衣伝説は、したがってもっと古いものだろうというのが水野の推測である。

○さらに古い、近江国の北の余呉湖での話（『帝王編年記』の養老七年の古老の初伝による）

養老年間（七一七〜七二四）の古い話ということである。通説では、このときすでに古事記も日本書紀も成立している。水野は、この伝説も奈良時代以前の話として日本最古の羽衣伝説と位置づけている。さらには「白鳥処女伝説」という、日本では希少の型として注目している。

舞台は、近江国の余呉湖に面した入江。これまでと異なる点は、天女ではなく、八羽の白鳥であること。さらに、そのうちの一番末の一番若い白鳥の衣が取られる。「天の八女、ともに白鳥となり、天より降り、江の南の津に浴す。」神人か、とのぞき見していたイカゴトミ（伊香刀美）という男が、自らの手でなく、自分の白犬にその羽衣を盗ませる。残り七羽の姉たちは天にもどるが、末の白鳥は仕方なく、イカゴトミと一緒になる。二男二女が生まれる。これら子供たちが、豪族の伊香連の始まりとして、この羽衣伝説は、「始祖伝説」の役割を果たしている（水野はこれをさらに発展させ、藤原氏の元となる、中臣氏の出自とみる）。伊香の「地名伝説」ともなる。白鳥は天にもどる。男は地上に止まる。

何よりも、世界に存在する「白鳥処女伝説」のタイプが、日本の最古の羽衣伝説としてこの近江の北の余呉湖にあることの重要性を、水野は強調する。

○最古の伝説とされる、日本海側の丹後の比治山の白鳥伝説（『丹後国風土記逸文』による）

「丹後国のある川辺に、天女八人降りて水を浴びて遊びけり。ひとりの老翁これを見て……」。この話も八人という数であるのと、末娘の羽衣が取られる点では、上述の近江の話に共通するが、ここは天女であって、白鳥ではない。またここでは、羽衣を盗むのは老翁である。子供がいないから最初から子供になれと強要する目的であった。しかも、その末の天女の羽衣が取られ末娘だけ地上に止まるという話の、「末っ子伝説」のパターンでもある。ワナサという老夫婦に育てられるのであるが、天女は彼らに口でかんで発酵させる酒の醸造などの技術をもたらし、老夫妻は成功して金持ちになる。すると老夫婦は、今度はこの天女の存在を逆に疎ましく思い、邪魔者扱いをし、ついに追い出す。羽衣を取り返してもなお、この天女は天に戻らない。泣きながら、丹波の里の哭木村までくる。そして奈具村で、やっと落ち着き、定住し地上に止まる。そこに祀られ、それは奈具社の「縁起説話」となり、天女は、豊受神（みけつ神）となり伊勢神宮と関わる。

水野は、南方から入った羽衣伝説として、あと、沖縄の「光る井戸」の伝説も紹介しているが、ここでは省く。

さて、以上、日本の羽衣伝説のいわゆる典型的なタイプを、紹介してきた。ここで、中国地方における鳥取の伯耆の羽衣伝説に移る。おそらく、東郷を中心にして始まり伝えられてきたと考えられるが、伯耆の羽衣伝説の位置付けは、或る程度明快にすることは可能だと思われる。

（二）東郷の羽衣伝説

東郷湖を中心とした羽衣伝説の文献による早い紹介は、一三六六年（貞治五年）、伯耆守南条貞宗の羽衣石山《うえしやま》頂上での築城に絡めての伝説であろう。上述の江戸時代に編纂された、松岡布政による『伯耆民談記』（一七四二年）にも、次のように触れられている。

> 又、一説に往古の事なるが、此辺の農夫一日此山を過ぎけるに、一人の美女、傍の石の上に衣を乾かし、流れにたたずみ居たり、其姿を見るに、雲の鬢髪、月の顔、嬋娟として更に此の世の人とは見えず。又、石の上の衣を覗うに其妙なること織女織機中のものにもやと覚えて、其女順にして乱れず、其色純にして雑えず。野夫大いに怪しみ是ぞ必ず世に言う天女にして、彼の衣こそ天の羽衣と言う者ならぬと、立寄って是を

羽衣石山にある影向岩

羽衣石山山上の羽衣石城（近年再築）

奪う。天妃衣を奪われて道を失い愬ろに是を野人に乞うといへども与えず、天女は衣なくしては天上に帰る事を得ず遂いに下界の人となり、彼の野夫と契りを結び後に二子を生む。

されど野夫衣の有る処をば深く隠し年を経れども更に返さざりしが、二子成長の後、天女欺きて衣のある処を尋ねけるに、二子は其処以《ゆえん》を知らざれば、やがて鑰《かぎ》を取り出し衣筐を開き、彼衣を出す、天女大いに悦び之を着するや否や、忽ち飄然として杳冥《ようめい》に上がり去れりとかや。

斯のいわれによりて此山を羽衣石と号すとなり、然して、此の如き伝説我が国所在類似の事多し、天女降臨の事、異説様々にして信ずるに足らず。

（巻之十二　古城の部、羽衣石山の事、七十九～八十頁）

ここでは、むしろ山の名前が羽衣石《うえし》山であることの「起源説」のように語っている。そして次のように続ける。

相伝う南條の太祖天女の羽衣を奪い、遂に夫婦となって二子を生ず。年経て後、天女二子を欺き羽衣を得たり、その時夕顔の蔓に手寄り、再び天上す南條名残を惜しみ、夕顔を持って家紋と定む。其の形花葉を圓地の中に画きたるなりと言う。然れども是れ虚談にして信ずるに足らず。或る人のいえるは南條の紋所は花久留須《はなくるす》と言うものなり。

（同巻之十二、南條家紋の事、八十一頁）

いずれもそれまで伝えられてきた逸話を、記し紹介しているのである。しかし、「天女降臨の事、異説様々にして信ずるに足らず」とか、「是れ虚談にして信ずるに足らず」と書き留める。夕顔紋は珍しいらしい。花久留須《はなくるす》に関しては、九代目の元清のとき、キリシタン大名小西行幸の影響があったようだ。そして彼自身の墓もキリシタン信者の印がついているという[5]ずっと後の史実である。

南條貞宗が城を築いた第一代目であり、そこに天女伝説を持ち込んだ「口碑伝説」に対する後代のコメントといえよう。さらには一代目の南條貞宗には、三子いたようである。ちなみに南條家は二百五十年続いたが、九代目のあと、元忠の時代に滅亡する（一六〇〇年　慶長五年、羽衣石城は廃城となる）。江戸時代に、松岡布政が上述のような一文を記すとき、城の姿はもはやない。それはまた次のように続く。

今は跡方もなく荒れ果て、見る人懐旧の涙催さる。されども天主の台櫓楼門、馬出し枡形等の地形、石壁外濠など、今にその跡を残す。

（巻之十二　古城の部、羽衣石山の事、七十九頁）

ただし、天女が羽衣をおいたという五メートルほどの岩は、「影向石」として今もあり、その岩を祀る小さな祠は現在も存在する。

一代目となるはずの武士、南條が「農夫」でもあり得たし、「キリシタン」の可能性も出てくる。いささかすぐにも信じがたい事柄である。しかし、この羽衣石山城と共に一代目の殿様の出自を、このように語り少なくとも、この地方においては広がり流布してきたこと、伝説と史実を絡み合わせたことの無謀さ、それも明白に理不尽ともいえる、この操作はいったい何だったのだろうか。

（三）一代目南條貞宗の出自

南條という姓であるが、これは、どうも北陸の越前国（福井）南條郡宅良という地名からきているらしい。南條家を知るには、「羽衣石南條図」（東京大学資料編纂所蔵）、水戸家「訳文大日本史」などの資料があるようである[6]。残念ながら、これらは見る機会はなかった。

手元の古い文献においては、上述の『伯耆民談記』は寛保年代（一七四二年代）、更に遡る、享保年代（一七一六～三六年代）のものがやや古く、残っている。『羽衣石南條記』（著者　蘆葉舎似猿人）である。編者は苗字を「矢吹」という。おそらく子孫のいずれかであろう。しかしいずれも既に江戸期になってからの編纂である。後者には、第一代南條貞宗となる人物の幼少期は、次のように書かれる。

宇多天皇の苗裔佐々木氏の正統・南條伯耆守貞宗という人あり。出雲守塩冶高貞の第二子なるが、高貞高師直の讒言によりて亡ぼされ、その後、孤児となって永く民間に流浪し、成長するに随がい二度び弓馬の家を興し、智を寸胸の内に運らし勇を千里の外に振るい始めて、伯州河村郡埴見荘羽衣石に城郭を構え、慈愛をもって民を恵み、山川草木までも其の徳化に磨き、子孫永く其の威風を継ぐ。

（冒頭部分「羽衣石南條記の由来」）

宇多源氏、佐々木氏（近江の方）の流れをくんでいるという（『南條氏羽衣石城攻防戦誌』）。そしてこれは一般に膾炙されてきた、南條貞宗のプロフィールでもある。

父親は、出雲の塩冶地方を収めていた塩冶高貞守であり、隠岐島に流されていた後醍醐天皇を助け、天皇の女官で落胤である早田宮弘徽殿三位局を嫁として得た。そのあと、足利尊氏に仕え、出雲・隠岐の守護につく。京に住む。史実をそのまま信じるなら、これが貞宗の父親と母親である。貞宗は次男で、兄がいた。それが、一三四一年（暦応四年）、高師直が、美人の早田宮三位局に横恋慕し、我がものにしようと高貞を殺そうと企み、高貞を攻め、追い打ちをかける。播州蔭山（現在の姫路あたり）の戦いで早田宮と長子（五歳）は自害する。高貞はさきに出発して出雲まで逃げ、妻子の死を知りそこで自害、馬上で憤死したという。一人残された三歳の子の貞宗は、母の自害直前、家来で出家した僧・尼、広瀬帯刀夫妻に預けられ助けられ、彼らは福井の南條宅良まで必死で逃げ延びて、子供は隠れるように秘密裏に育てられる。逃げ延びた様子は、同書に緊迫感満ちた筆致で続く。

　高貞滅亡の後は一族親戚たりとも高貞の種といひなば根を断ち葉を枯さんとなる形勢なるにより、雲州へも忍び居がたく、夫れより北国へ漂白して越前ノ国南條郡の宅良の里に頼む縁の有りければ、其処へたよりて暫く爰《ここ》に蟄居せり。

（『羽衣石南條記』七頁）

この高師直の三位局への横恋慕とそれがための塩冶高貞一族の悲劇は、後に「仮名手本忠臣蔵」にも採り上げられたようだ。

南條貞宗は、塩冶の姓の片鱗も見せずして立派に成長し、当時の足利義詮将軍に仕え、勲功をなし、ついに東郷の「埴見郡」郷司として東郷の地に至った。そして一三六六年（貞治五年）、羽衣石山《うえしやま》に築城となる。先の書物には、また、次のような表現がなされている。

「羽衣石に城郭を構えける。元来尼の懐によりて救い取られ養育せられ、また、南條郡にて成長せし故、世人呼んで尼子南條氏とぞ申しける。」そして貞宗の次男は出家して、越前国南條郡普円山慈眼寺の天真和尚の弟子となることが記されている。こうしてその後も越前国との関わりは深く長く続いたようである。(7)

ここに、羽衣伝説が、悲劇の若きお殿様を救ったのではなかったか。「氏祖伝説」としての役目を立派に果たしたのではないか。おそらく、「羽衣伝説」は北陸の南條あたりに古くから知られていて幼い頃から貞宗の耳にも親しい話ではなかったか。芦野泉によれば、福井（旧越前国）は、白鳥飛来の地であるらしい。先述の、白鳥（鵠《くぐい》）は、「福井《ふくい》」という呼び名にもなったということを言っている。そして、まさに白鳥の飛来地でもあることを示すわけである（芦野泉「鳥取地名と白鳥のなぞ」）。また琵琶湖の北、余呉湖の古い白鳥伝説からも地理的に遠くない。

『伯耆民談記』には、築城の際、南條貞宗が「崩岩ノ山」の名を嫌い、「君が代は天の羽衣まれに着てなつともつきぬ巌なるらん」という古歌（拾遺和歌集）を採り、「羽衣石《うえし》の山」と改めた、という「謂われ」を伝えている。こうして「羽衣石山《うえしやま》」に関しては、ほとんど貞宗以後の演出であったことがここで推測される。

美しい天女の羽衣伝説のイメージは、彼の出自をうまく「カモフラージュさせる」道具・武器となり得たのではなかったか。

（四）倉吉の羽衣伝説とこの地に伝わる羽衣伝説

倉吉では、打吹公園などに、羽衣を着た天女と追いかける二人の兄弟（姉弟であったり共に姉妹であったり）のモチーフの絵や看板が今ではあちこちに見受けられる。今や、羽衣伝説は、倉吉のシンボルとなったといっても過言ではない。

『因伯昔ばなし』（鳥取民話研究会刊行）に、羽衣伝説特集号（第五集）がある。ここに、鳥取の羽衣伝説がほとんどバリエーションも含めて登場すると思われる。中には、古くからの地元の言葉で語り継がれているものもあり、簡単に紹介したい。

［……］天女が川で身を清めてのう、羽衣を洗って、石の上に乾いとったらなあ、佐々木定宗ちゅう人が通りかかって、その羽衣を取っちゃっただっていや。

天女が返してごしないな、って何ぼ頼んでも、もどいてござずに、羽衣を隠いちゃっただがなあ。そって、とうとう仕方がないけ、夫婦《めおと》になったさあなあぜ。そがにんするうちに、子供《わっぱ》が二人出来て、段々と大きゅうなってなあ。ある時、虫干しとったら、柩があっで、子供に頼んで開けてもらった所がなあ、羽衣が入とっただなあ。とっても喜こんで、すぐに羽衣を着て、瓢箪の蔓つたって、天に昇ってしまいなっただっていや。

子供だちゃ、びっくりしてなあ。「お母あ、もどってこいやあ」って、がいな声で何ぼ呼んでも、呼んでも、もどんならんけ、笛や太鼓を持出いて、倉吉の山に登って、打ち鳴らしただっていな。そがにんしたらなあ、遠い天の上から、お母さんが顔見せてごしなはったさあなあぜ。

そって、今でも、その山を打吹山ちゅうだがなあ。

（原話者・東郷町 神波勝衛）

また、「関金町の民話」から、ということで紹介されている「打吹山の天人女房」では、「この話は、鳥取県の倉吉市字、耳という部落に、耳の六兵衛さんという、語り手がありました。その話を、次から次へと、伝説に受け継いで、聞いていたのを、光村吉司が聞いておるのであります。」で始まる。口語体になっているが、ここでは、東郷町が舞台で、「伯耆の中ほど」という表現の上に、「舎人《とねり》という猟人」が登場する。天女にも「淺津」という名が付いている。ここでも「お吉」、「お倉」の姉妹が生まれ、「羽衣石《うえし》」の下に隠された羽衣を手にして、淺津は舞って昇る。大きな山が母の姿を隠すところから「外道山」のいわれが説明されている。打吹山は出ないが、二人が住み着いたところが、「倉吉」になったという「地名伝説」となっている。また「淺津」も「舎人郷」も東郷に昔からある地名でもある。

バリエーションは四つある。しかし、これらを総合すると結局、東郷湖から発し、いわゆる「羽衣石山」山頂付近の五メートルくらいの「影向岩」がいわれ、そして何よりも、ここに尼子の血を引くという南條宗貞が羽衣石城を築城したことなどが、始めにありきの、必要な要素だったのではないかと推察される。のちに倉吉の、「地名伝説」として、天女の二人の子供は、利用されたと考えられる。倉吉にある長谷寺も、古くに建立され、伝説に関与するので『伯耆民談記』から紹介しておきたい。

長谷寺　　天台宗団府唯式院末山

當寺は聖武帝の御宇、養老の年長谷村に造営有り、其後、都志都古という人、今の堂場根本和州初瀬山の好風に似たりとて、長谷の精舎を當山に引うつして、打吹山長谷寺と号す。[……] 打吹山と称するとかや。當山には斯の如く言伝うれども羽衣石の山の伝えには、天妃羽衣石の山に降臨し、後に天上せしは神坂にして子供音楽を奏せしは此山なりといへり。

両説異なりといへども誠に上世の沙汰にして、山秘の伝えなるべし。（四十八頁）

（五）結び

倉吉は司馬遼太郎も指摘しているが、いつから倉吉と呼ばれていたか、ということがある。

倉吉という地名は、中世にあったかどうか疑わしい。室町期や戦国時代には、もっぱら「打吹」とよばれていた。（『街道を行く　因幡・伯耆のみち、檮原街道』、一四五頁）

江戸時代には、「倉吉」として商業の町として栄えていた。しかしその昔は、「打吹《うつぶき》」とよばれていたらしい。『日本歴史地名大系　第三十二巻　鳥取県の地名』には、次のように書かれている。

倉吉の地名由来は定かではないが、天正一一年（一五八三）七月二日の吉川元春・元長連署宛行状（増田家什書）に「伯耆国久米郡之内西倉吉」とみえるのが倉吉の所見とされる。（五三九頁）

倉と吉が登場する羽衣伝説は、倉吉のまちの「起源伝説」の役割を果たしている。この羽衣伝説は、確かに東郷を舞台とする羽衣伝説の後に生じたものと見て良いだろう。『伯耆民談記』の「長谷寺」縁起の紹介は、いかにも後からこじつけた観がある。たしかに、なぜ「うつぶき」と呼ばれるになったかは、倉吉の歴史をもう少し古代に向かって調査しなければならない。

一方、南條氏であるが、これはその出自から、塩冶姓を名乗らないことは必定であった。従って、「尼子」の出だとする理由として、そこに羽衣の天女伝説を持ち込むことはメリットがあった。時には、貞宗の両親を、美貌の三位局を天女に高貞を男として羽衣伝説として採り上げることもある。それは、東郷のみが舞台である。これはいかにもかなり後代になってからの演出と考えられる。

さらには、この南條家は、二代目から、打吹城を支配する。

そして、海上交通が発達し、商業が盛んになると、なんといっても工業（鉄など、倉吉の千刃は、北前船により、遠く佐渡や東北までもたらされている。ここでは鉄の産出は大きかったであろう）が重要となり、南條家の本拠地であった東郷から、倉吉に拠点が移ったなら、倉吉が栄えることは、南條家にとってごく自然の祈願であったはずだ。そうして、羽衣伝説の中の二人の子供が、倉と吉となる経過も自然になされ、やがては「地名伝説」と成り得たであろう。

以上見てくると、水野祐の言う、羽衣伝説のエッセンスがここ、東郷、倉吉に余すところなく用いられているといってよい。水野の言うように、もとは男は「漁師」であったから、これは海と深い関係のある部族たちに重要な伝説であったはずだ。それを、何よりも、おそらく東郷に築城の際、すでに知られていた羽衣伝説を採り入れた南條貞宗が、この伝説を巧みに利用したこと、それが或る意味で、単に尼子（天の子）の証明以上に、もし彼が本当に越前国の南條で育てられた人物であったとすれば、そこに羽衣伝説に親しみのある集団の文化に接することによりそれを自らのアイデンティティーとしてきた、あるいはその出自を明らかにさせる役割を果たしたと言えるかもしれない。それは、野津龍が言うように、古代、北魏や、あるいは満州にあった話でもあると言うことから、「氏祖伝説」としての役割をここでは果たしているであろう。さらには、「羽衣石山《うえしやま》」の「地名伝説」ともなりえた。

また、大きく見ると、静岡の太平洋側と北陸から山陰の東郷あたりの日本海側にこれらの伝説が分布している。これまでの考察では、三保ノ松原では、天女が昇天し、こどもはいない。一方、日本海側の伝説では、ほとんどの場合、子供ができている。つまり日本海側の方は、「始祖伝説」が中心だ。そしてより古い伝説とみなされている。このような相違も海を拠点としながら、何か違った要素を日本の表海と裏海では持つ集団があったのか。『日本書紀』などに見られるように、白鳥そのものの飛来地とも必ずしも無関係ではないだろう。

いずれにしても極めて古い羽衣伝説を採り入れた東郷の「羽衣石山」の伝説から発して、その後いくつものバリエーションの生じたこの種の伝説は、山陰の伯耆の国の歴史の中に、支配者の出自の神格化をはかり、地域とまちの起源に風格と威厳を持たせるのに大いに寄与し、現在もその役割はしっかりと根付いているように思われるのである。

注

（1）「96鶴女房」は、鶴の恩返しの昔話と筋書きは同じ。相手は若者（若いもん）。類話の中には、「木こりの爺」、「鉄砲撃ち」の場合もある。分類番号 B 360, C31.1.2, C932。

（2）芦野泉『紙魚5号』昭和六十一年、西尾肇編集、紙魚の村発行「鳥取地名と白鳥のなぞ」五十二頁。

（3）たとえば古事記では、―中巻― 垂仁天皇の、三 本牟智和気王《ほむちわけのみこ》にかたられている。ホムチワケは、そうして出雲大社に参ることによりその祟りから解放されることになる。一一五～一二四頁、次田真幸 全訳注、講談社学術文庫、一九八〇年。

（4）門田眞知子 山陰地方、東郷湖周辺の羽衣伝説について―1 調査ノート― 地域学論集（鳥取大学地域学部紀要）第四巻 第二号、二一〇～二一七頁、平成十九年。このなかで、山陰地方の羽衣伝説に関しては、鳥取大学名誉教授の野津龍氏の精査された先行研究があることを紹介し、二〇〇二年鳥取で開催された国民文化祭「羽衣伝説シンポジウム資料」を紹介した。野津氏の主催したこのシンポジウムでは、東郷湖が「鶴の湖」ともよばれてきたことを紹介している。そして、『羽衣伝説の探求』（水野祐著）を高く評価しつつも、同書には、当地の羽衣伝説に関して、「一言半句も言及されていない」ことを嘆いていられる（野津龍、講演録「私論羽衣伝説」）。

（5）河本英明編著『塩冶高貞と南條氏追録』因幡庵発行、一九九四年。

（6）河本英明編著、同書、一〇頁。

（7）『羽衣石南條記』および『伯耆民談記』には、一三八五年（至徳二年）貞宗健在のときの、越前国の天狗騒動が記されている。越前の朝倉の非道を憂い、越前国宅良谷から天狗がやってきてこの羽衣石の盤岩に腰掛けて、訴えた。天狗は、「当所」に「七堂伽藍」の建立を訴える。それにより貞宗は、縁の深い場所だからと、羽衣石山の木を船で運び、越前国に七堂伽藍を作り、それは「普門山悲眼寺と号す。是を以って南條氏代々彼の寺に大檀那として信仰ふかかりけり。」（『伯耆民談記』八十頁）

―バリエーションとして残りの伝説：「天女女房」など―

○81天人女房―七夕伝説型、原題「七夕さん」（大山北麓）：源三という男と「七夕のお婆さん」が登場。あと、類話Ⅰ（西伯郡中山町）、類話Ⅱ（東伯郡赤崎町）七夕伝説（参照AT400）（『日本昔話通観17 鳥取』より）。

○日野の話として。天の川の起源説。子供名は居ない。男と女だけ。

○「桜姫の昇天」、気多郡殿村（逢坂村）：「自分は観世音菩薩である。今仮りに姿を現した」（故蓮仏重寿遺稿より）（『因伯昔ばなし』より）

文献

まず、家系を知るべく残された文献を上げる。

○『南條民語集』（享保七年　一七二二年）

ここにも、「羽衣石南條由来の事並びに天女民間物語の事」が記されているようだ。個人所有のため、今回は見ることができなかった。著者は、蘆葉舎　矢吹似猿。

○『二百余年　波瀾の星霜　羽衣石南條記』、著者　蘆葉舎似猿人

前置きの「はしがき」として、次のように記す。「本書の著者は、蘆葉舎似猿人と号し姓を矢吹と言う、享保年代の人なり。」

○『南條民談集』、東郷町歴史研究会編、享保年。

「伝へ・聞く」として、解説者の神波勝衛により著者の矢吹似猿人は次のように紹介されている。

「著者、矢吹似猿人は、長和田に生まれる。幼にして学に志し、曹源寺に入りて修道に励む事久し、学成りて、寺子屋「蘆葉舎」を開設して、子弟の教導に尽くす傍ら巷間の伝説、口伝、古文書、古跡、山川、草木、奇岩探らざるは無し。／南條民談集、羽衣石南條記を著述して後世に遺す。晩年、曹源寺の荒廃を憂うるの余り、寺門前に居を移し、房守を奉仕して、法燈の光明、愈々慈からしむ。」

○『伯州刺史　南條公』、神波勝衛著、倉吉市定光寺発行、昭和五十五年。

地方史の貴重な文献の閲覧にご配慮くださった湯梨浜町立図書館長の石井良二氏にお礼を申し上げます。

参考・引用文献

『伯耆民談記』全訳、松岡布政著、音田忠男訳、一九九四年。

『日本書紀』坂本太郎ほか校注、岩波文庫、一九九五年。

『古事記』（中）、次田真幸全訳注、講談社学術文庫、一九八〇年。

『塩冶高貞と南條氏追録』河本英明編、因幡庵発行、一九九四年。

『羽衣伝説の探求』水野祐、日本伝説シリーズ2、産報出版、一九七七年。

『日本昔話通観　第17巻』稲田浩二責任編集、同朋社、一九七八年。

『伯州羽衣石伝説』（国民文化祭二〇〇二資料）、野津龍責任編集、二〇〇二年。

『因伯昔ばなし　第五集』鷲見貞雄主宰、鳥取民話研究会刊行、昭和四九年。

『地域学論集（鳥取大学地域学部紀要）第四巻　第二号』「山陰地方、東郷湖周辺の羽衣伝説について――1　調査ノート――」、門田眞知子、二〇〇七年。

『日本歴史地名大系』第三十二巻、鳥取県の地名、平凡社、一九九二年。

『角川日本地名大辞典　31』—鳥取県—、角川書店、昭和五七年。

『街道を行く　27因幡・伯耆のみち、檮原街道』司馬遼太郎、朝日文庫、一九九〇年。

『隠徳太平記』、松田修ほか訳、教育社、一九七九年。


（写真はいずれも報告者撮影）

高天原の神々と日月星辰

目崎茂和

高天原の神々については、さまざまな解釈がなされてきたが、その由来などの構造に関する諸分析は、ほとんどなされず（大林一九七五、吉野一九八四、神野志一九八六、北沢二〇〇四など）、高天原の神々の実態は、十分に解明されたとは言いがたい。

さらに、日・月ばかりか夜空に輝く星や星辰の環境や構造と、高天原との関連などの分析や検討は、ほとんど認められなかった（勝俣二〇〇〇など）。ギリシャ神話のような太陽神や煌めく神々の星座は、日本神話では、皆無に近いのが特徴である。比較神話学の視点から、その相違点は、大きな研究課題でもある。

著者は、『古事記』の神話に関して、出雲神話や黄泉国・高天原の環境や構造が、陰陽説を基本にして五行や八卦・十二支の円環構造の理論によるとの提案をしてきた。さらに加え、天地・国土の風水学的考察によって、概念的ながら日本神話の時空間な統一的な構造を推論してきた（目崎二〇〇五、二〇〇七、二〇〇八）。

そこで本研究は、前作「高天原の神々と環境」（目崎二〇〇八）を一部改正して、高天原に現れる神々と日月星辰との関係を究明するのが主な目的である。

高天原で誕生した神々と、その分類法

『古事記』に描かれた高天原では、図1のような順番に分類化されて、その神々が誕生した。すなわち、高天原の神分類は、はじめに三柱神、五柱神、七柱神と七代、五代神の「三・五・七」の「奇数＝陽数」による分類法であり、「天＝陽」「地＝陰」の陰陽数に準拠したものである。

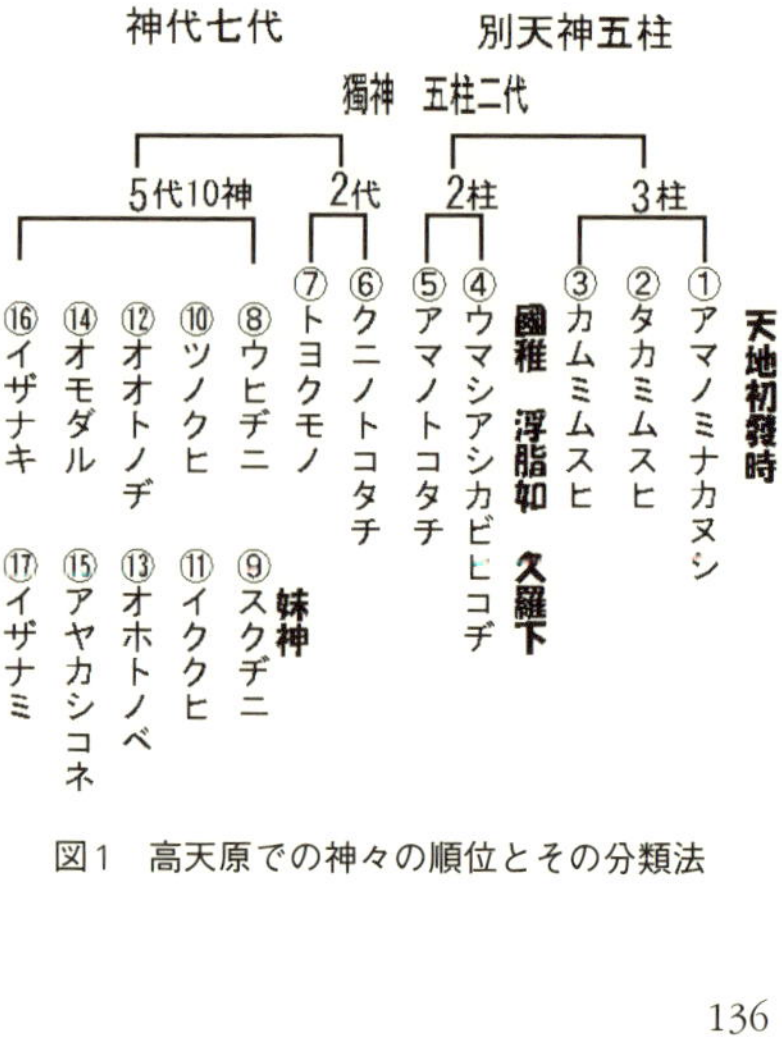

図1　高天原での神々の順位とその分類法

（1）五柱神の別天神について

天地がはじめて出来た時に、高天原に成った神は、天之御中主神、次に高御産盞日神、次に神産盞日神、この三柱神は、みな独身の神で、身を隠した。

次に国は、幼く脂が浮くごとく、久羅下（くらげ・水母）のように漂いし時に、葦の牙が萌え立つように成った神は、宇摩志阿斯訶備比古遅神、次に天之常立神で、この二柱神も、おなじ独身の神で、身を隠した。

このため、上記した五柱神は、別の天神という。

なお、三柱神から五柱神は、いずれも独神で身を隠す別天神とされるが、天之御中主神を天「中央」の主神に

して、その神名から陰陽両義性の五行説による分類と考えられ、その陰陽・五行の配当として、この五柱神をまとめてみると、表1のようになる。

その五柱神の誕生は、陰陽両義で、五行（木・火・土・金・水）の五元素に配当される性格をもつ。すなわち、天之御中主神を中心（中央・土）に、高御産巣日神は、高木神の別名でもあるから、天照御大神（アマテラス）と同じ役割をする「太陽」の「日神」である。また五行「木」神を象徴し、先に現れた「土」神とは相剋関係の「木剋土」を示し、「土は木で消され鎮められる」性格を表すものと考えられる。


つぎの神産巣日神は、のちにスサノヲに殺された「大気津比賣神」の身体（女・陰）から生まれた五穀の種をとり、月読命の治める「夜食国」の祖となる役割である。さらに出雲の海に出現する「少名毘古那神」（穀物の粒神）の御祖命でもある。高御産巣日神の「陽神」「日神」であるに対し、対象的に「陰神」「月神」的な性格で、高御産巣日神の子「思金神」とおなじ、五行「金」神を示し、「金剋木」関係にあり、木（日）は金（月）で消され鎮められる相剋関係である。

この天之御中主神が、天地の中心として、高御産巣日神と神産巣日神の陰陽の両儀の「産巣日神」の誕生は、陰陽説での太極（太一）から、太陽と太陰を生ずる構造と同一である。この三柱神は、天之御中主神を太極（太一）神、高御産巣

五柱神（別天神）	陰陽・五行配当			
天之御中主神	太極	中央	土・黄	土星
高御産巣日神	太陽	東	木・青	木星
神産巣日神	太陰	西	金・白	金星
宇摩志阿斯訶備比古遅神	少陰	北	水・黒	水星
天之常立神	老陽	南	火・赤	火星

表1　高天原・五柱神（別天神）の陰陽・五行配当表

日神は太陽神に、神産巣日神は太陰神を象徴したものである。この太陽・太陰は、日月と同じように絶えず日々陰陽（東西）循環する関係である。

次の宇摩志阿斯訶備比古遅神にしても、うまし「宇摩志」＝「美し」「旨し」であり、あし「阿斯」＝「葦」であり、かび「訶備」＝「牙」「芽」は、動植物のカビの意味でもある。ひこ「比古」＝「日子」、じ「遅」神の意味である。すなわち高天原の中層にあり、のちの地に「葦原中国」「水穂国」を産みだす源の神である。また葦は、水草として芽をだす五行の「水」に配当されたもので、「土剋水」で、「水は土で消され鎮められる」の相剋関係による。

天之常立神は、次に産まれる「国之常立神」との上下・陰陽関係による一対の「常立神」であり、のちの「常世」の天を担う神の意味であろう。また先の宇摩志阿斯訶備比古遅神と同じ環境から生まれ、その五行「水」に対して、「火」を主に、「日」「天」神の性格を具象化しものと考えられる。北南（水火）循環とともに、五行相剋での「火剋水」で、「火は水で消され鎮められる」の関係にある。

以上の五柱神は、陰陽五行説に基づくものであり、天地を生み出し構成する五元素の五行「木・火・土・金・水」の象徴神である。天地の中心を左旋回しながら、柱状に下方に渦巻くように下るので、とくに「別天神」で「隠身」の「独神」とされたのは、いずれも五行相剋関係の順序で、「消され鎮められる」性格を表し、同時にそれは「五惑星」（表1）を兼ねたものであろう。

（2）神世七代の二柱神まで

五柱・別天神のあとには、次に二代と五代十神が高天原の中で誕生する。その二代の二柱のみは、一代一柱神であり、先の五柱神の別天神とおなじ「独身」「隠身」の特徴がある。

次に成った神の名は、国之常立神、次に豊雲野神、この二柱神も、独身の神で、身を隠した。

この二柱神の国之常立神は、先の五柱神の最後の「天之常立神」とは、上下・陰陽関係で一対をなすので、同じ五行「火」の特性をもつと考えられる。また、高天原にも「国」があることを示し、後に地での国づくりを示唆する神である。また「常立神」は、後の「常世」と同様に、絶えず高天原に柱のように「常に立つ神」である。さらに、この後誕生する伊邪那岐・伊邪那美が、国づくりで淤能碁呂（オノコロ）嶋にたてる「天御柱」は、この国之常立神に連なる存在と考えられる。

次の豊雲野神は、先の「宇摩志阿斯訶備比古遅神」における葦牙の「水」から、豊雲の「野」が生じた神であり、五行「水」で左旋回の循

七柱神	陰陽・五行配当　　　位置関係　位相
天之御中主神	太極　土・黄　中央　　　　　（上層）
高御産巣日神	太陽　木・青　東西（日月）　循環（上層）
神産巣日神	太陰　金・白　西東（月日）　循環（上層）
宇摩志阿斯訶備比古遅神	老陰　水・黒　北南（水火）　循環（中層）
天之常立神	老陽　火・赤　南北（火水）　循環（中層）
国之常立神	少陰　水・黒　北南（火水）　循環（下層）
豊雲野神	少陽　火・赤　南北（水火）　循環（下層）

表2　高天原・七柱神の陰陽・五行配当表

環をしながら、高天原の下層へと「国」と「野」の天空世界を創世したもので、天地の中間に、高天原の下層に存在する神としたものと考えられる。

この二柱神までが、先の五柱神と同じように「柱神」とされ、すべて独神で「身を隠す」特徴がある。その後の神々には無い特性は、高天原の七柱神が、「天之御中主神」を中心にして、左旋回しながら、上から下へと柱状、渦巻き状に生まれ、天から地を結ぶ「天地合一」の概念のように、オノコロ嶋の「天御柱」へと収斂させるためと思われる。

これまでの七柱神の生成順の構造は、『易経』の陰陽八卦の展開によったものと推論させる。

(3) 七柱・独神の日月星辰

これまでの七柱神が、すべて独神なのは、高天原のなかでも、陰陽不可分や陰陽両儀の性格を表す神であり、次に出現する五代十神の「兄妹」神のような陰陽神とは違う。

とくにすべて「身を隠す」のは、日月や星のように、たえず日夜で循環し、姿を隠すので、天之御中主神を太極・太一とすると、中心星の「北極星」となり、これら七柱神は、すべて「日月星辰」として認識されたと考えられる。

すなわち、太極（天之御中主神）から陰陽両儀の高御産巣日神と神産巣日神が生まれるが、天での陰陽から、高御産巣日神は「日・太陽」で、神産巣日神は「月・太陰」で三柱神となる。さらに宇摩志阿斯訶備比古遅神と天之常立神とを加えて、別天神の五柱神は、五行「木・火・土・金・水」が配当をされ、相剋関係での誕生順である。

前述したように、天之御中主神は「中央・土」、高御産巣日神は「木・金」、神産巣日神は「金・木」で、日月（木金）東西を循環変転するのに対し、宇摩志阿斯訶備比古遅神「水」、天之常立神「火」では子午（水火）・南北循環をする五星である「五惑星」をも象徴した。古代中国では、これは木星「歳星」、火星「熒惑」、土星「塡星」、金星「太白」、水星「辰星」と呼んできた（橋本一九九三）。

さらに、国之常立神と豊雲野神は、「二代」でもあるが、「二柱神」であり「独神」で「身を隠す」ので、先の五柱神と合わせて、七柱神となるので、合わせて「七星」となると、「北斗七星」の中央「天権」にして、陽「玉衡」と陰「天璣」、その外の陽「開陽」と陰「天璇」、その外縁に陽「揺光」と陰「天枢」の七星（陽三星は柄、陰三星は杓の部分）を、図2のように配当したと推論される。

この北斗七星は、一日で太極（太一）の天之御中主神の北極

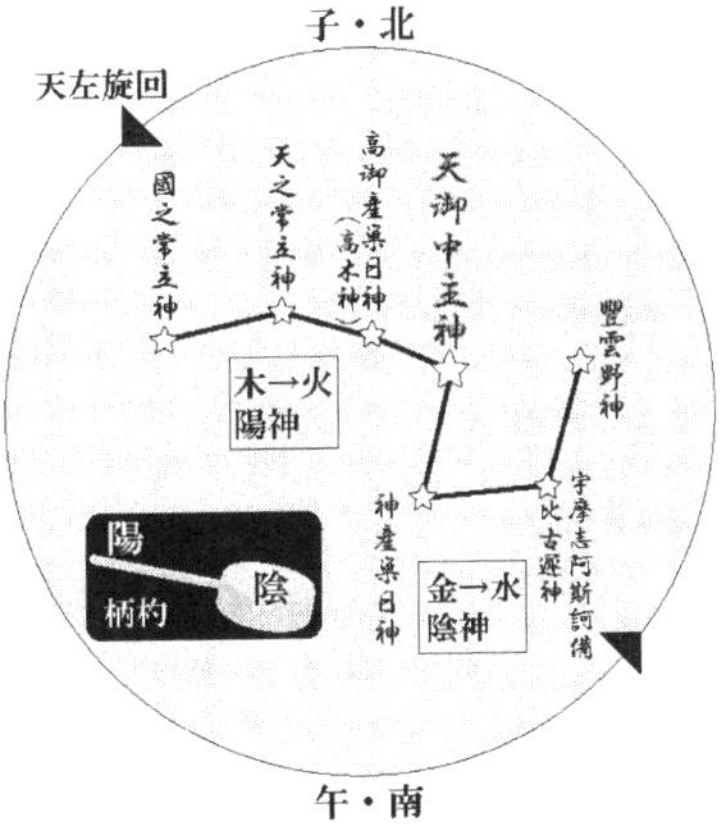

図2　高天原七独神の北斗七星の配当図

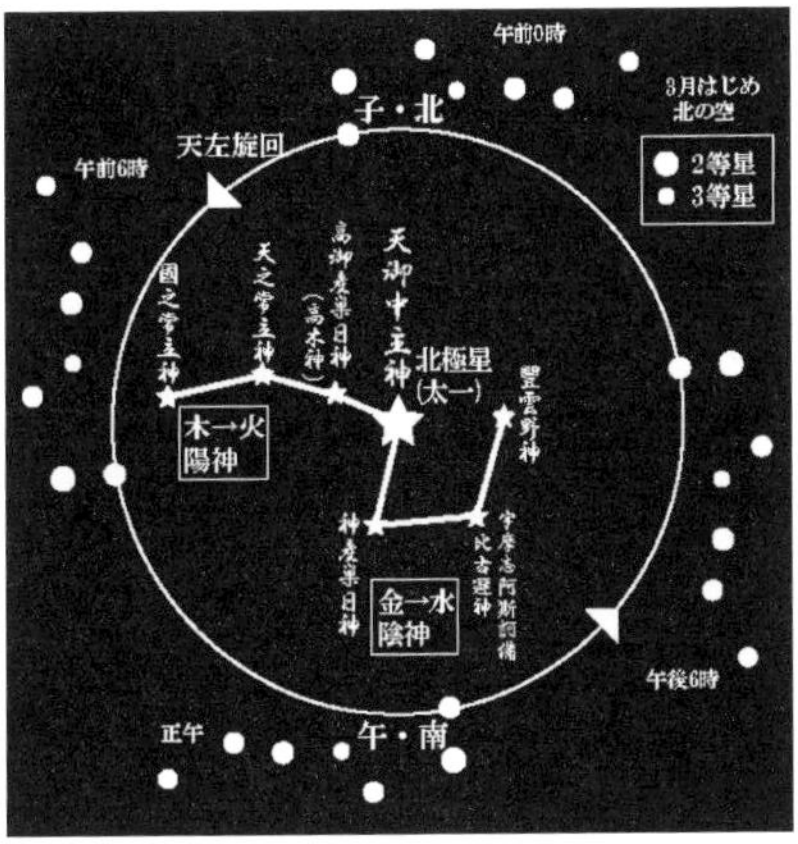

図3　高天原七独神の北斗七星の一日の展開（3月初め北天）

星を中心に、一回転するから、夜中の北天で柄杓を返し五行「水」を表す、南天は昼なので「火＝日」となる（図3）。また、この七星は、高松塚・キトラ古墳の天井図にある四神獣「二十八宿」の東西南北の四方に位置する、「七宿星」を合わせて表した可能性も考えられる。

（4）神世五代・十神について

次に成った神の名は、宇比地邇神、次に妹の須比智邇神。次に角杙神、次に妹の活杙神。次に意富斗能地神、次に妹の大斗乃辨神。次に淤母陀流神、次に妹の阿夜訶志古泥神。次に伊邪那岐神、次に妹の伊邪那美神。上の件の国之常立神から伊邪那美神までを、合わせて神世七代と称す。上の二柱は、独神を各一代といい。次の合わせ十神。各々合わせて二神を一代という（図1）。

このように、宇比地邇神と妹須比智邇神とから、伊邪那岐神と妹伊邪那美神まで、「五代」五組の「兄妹」夫婦の陰陽二神が生まれ、全体で十神を誕生する。神代七代

	高天原国	神世七代	五行　十干
	二柱神各一代	合二神一代	
1	国之常立神 少陰　火・赤	宇比地邇神 妹須比智邇神	土　戊 己
2	豊雲野神 少陽　水・黒	角杙神 妹活杙神	木　甲 乙
3		意富斗能地神 妹大斗乃辨神	火　丙 丁
4		淤母陀流神 妹阿夜訶志古泥神	水　壬 癸
5		伊邪那岐神 妹伊邪那美神	金　庚 辛
	二代獨神隱身	五代十神兄・妹	

表3　神世七代の陰陽・五行・十干の配当表

では、全体で十二神となる。別天神の五柱神が、陰陽不可分の五行配当されたのに対して、この五代十神は、表3に示すように、五行とその干支「兄妹（えと）」の「十干」による植物生長のように配当したものと推論される。それを陰陽五行の配当で表すと、表4のようになる。

それぞれの五行「木・火・土・金・水」への配当に関しては、名称の漢字などによるもので、初めの「宇比地邇神」と「妹須比智邇神」の「宇」「地」から「土・中央」を、「角」「活」「杙」から「木」を、「意富斗能」「大斗乃」は陰（ホト）の意味から「火」を、「流」「泥」から「水」となり、伊邪那岐・伊邪那美は、のこり「金」となる。

すなわち漢字名からは明らかでないが、五行相生で「金生水」で、両神がはじめに「水蛭子」「淡嶋」の「水」を生むために、「金」に配当されたのである。

この五行十干分類による構造は、この「水」から順に「国生み神話」の「金」までの、大八嶋国の誕生へと継承されるからである。

高天原の陰陽五行の神分類と日月星辰

このような高天原の神々とその誕生順をまとめて、陰陽五行配当として一

陰陽	陰	陰	中央	陽	陽
五行	水	金	土	木	火
三柱		神産巣日神	天之御中主神	高御産巣日神	
二柱合五柱	宇摩志阿斯訶備比古遅神				天之常立神
二柱二代合七柱	豊雲野神				国之常立神
五代	淤母陀流神 阿夜訶志古泥神	伊邪那岐神 伊邪那美神	宇比地邇神 須比智邇神	角杙神 活杙神	意富斗能地神 大斗乃辨神

表4　高天原の神の陰陽五行の配当表

覧にすると、表4のようになる。このように高天原の神分類には、天之御中主神を太極・太一神とすると、三柱神、五柱神、七柱神と、「一・三・五・七」の「奇数＝陽数」による分類法を示すのは、「天＝陽」「地＝陰」に準拠したためと考えられる。

それは国生みでのオノコロ嶋での八尋殿はじめ、国生み以降の地・国の神は、大八嶋国や六嶋、出雲での八雲・八上・八俣や十拳剣など「二・四・六・八・十」神の「偶数＝陰数」となり、天地・陰陽による数詞分類法となっている。

以上のように、『古事記』に描かれた高天原の神々を中心に、その名称や数詞分類などを比較検討した結果、古代中国哲学の原理である『易経』による陰陽・八卦説や『五行大義』などの五行説などの原理を基本にして構成で展開されていることが判明した。

天地のはじまりや神々の誕生の順位やその環境は、図1に示されるように、天之御中主神を「太極」「太一神」、五行の「中央・土」として、「天左旋回」の螺旋状に陰陽変転しながら「三柱神」（上層）そして「五柱神」（上中層）の「柱神」を生成した。

すべて「独神」なのは、陰陽不分で、日月のように陰陽変転の両属性を象徴するが、高御産巣日神と神産巣日神のおなじ「日神」（天の神の意で）でも、高御産巣日神は、のちに「高木神」ともなり「陽＝日＝木＝東＝卯」で、初めの両儀では「陽」五行の「木」に配当される。一方の神産巣日神は、その対称の両儀では「陰＝月＝

金＝西＝酉」に配当される。高御産巣日神の子「思金神」（『紀』の思兼神）の名称も、この陰陽・五行の原理で両儀によるのは、明白であろう。

さらに、国之常立神と豊雲野神を加えた「柱神」七柱神でも、前記した五柱神と同じような構造となり、これら「独神」は、すべて「身を隠す」のは、太極・太一から陰陽五行の「日月星辰」の誕生を具象化したものと推論される。

すなわち、天之御中主神は、太一（北極星）とあわせ、五星の「土星」、高御産巣日神は「太陽・日」で「木星」、神産巣日神は「太陰・月」で「金星」、宇摩志阿斯訶備比古遅神は「水星」、天之常立神は「火星」の「五惑星」であり、「別天神」とされた。またすべての七柱神には、同時に「北斗七星」の星辰を、兼備したと推論できる（図2）。

神代五代は、すべて「兄妹」の陰陽神で、表4に示したように、五行説に分類され、十神は十干説に配当する構造をもっている。それが大八嶋国など「国生み」の構造に継承されたと推論された。それ

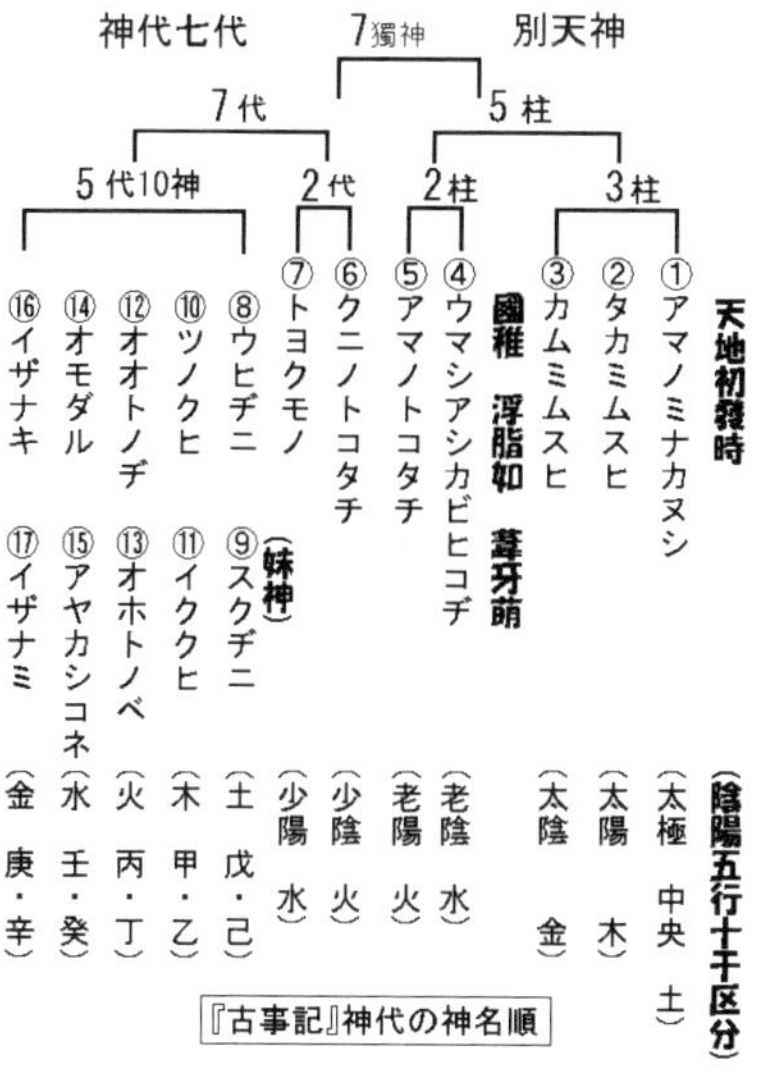

図4　高天原の神の太極・陰陽五行十干の配当図

は、数詞に関しても、天（高天原）では「一・三・五・七」の陽数なのに対し、地（国）では「二・四・八・十」の陰数にと、明確な陰陽区分がなされていることも明らかとなった。

これまでの日本神話の構造分析では、本研究のような構造の解明がないばかりか、『古事記』には『日本書紀』のような陰陽説による構造や日月星辰が不明と考えられてきた。本研究からは、『古事記』の高天原の神話構造が、『日本書紀』よりむしろ明確に、陰陽五行十干説などの原理を基にして、さらに「日月星辰」を兼ねた螺旋状の時空間の動的構造から展開し構成されていると、結論される（図4）。

なお、このような中国哲理による高天原の神々の分類法などは、これらの神々すべてを、太極（太一）星を中心に、五惑星、北斗七星などの日月星辰に対応させたのは、百済などから由来した漢籍の四書五経などのほか、式盤による構造の影響が強いと考えられる。

とくに現在よく知られている式盤は、一世紀の楽浪王肝墓から出土したもので、中央に北斗七星を描き、「天」の円形上盤と「地」の方形下盤で、「天円地方」の形状で天は左旋回する構造を持って

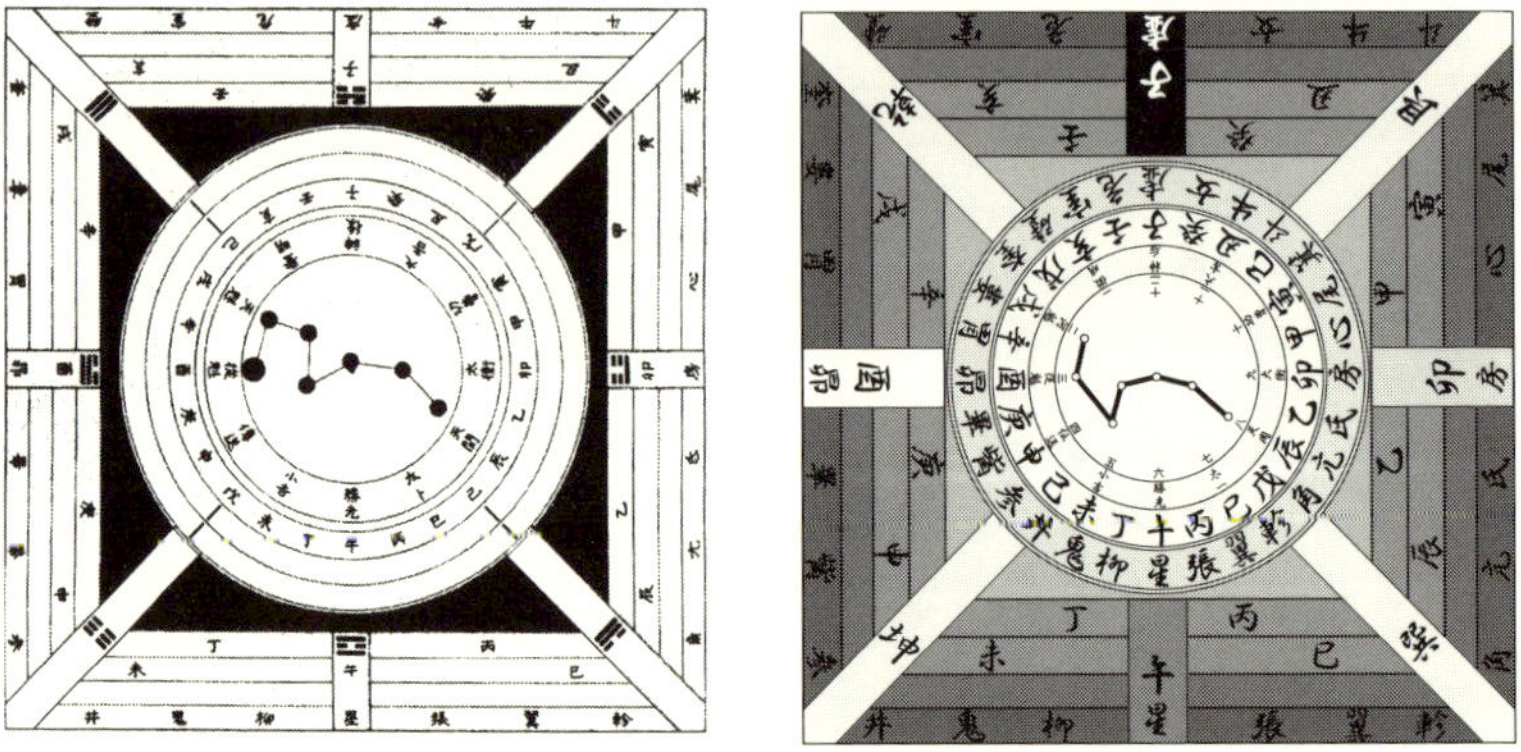

図5　式盤（楽浪王肝墓出土）とその復元図（右）

いるものである。その式盤とその復元図は、図5に示すようになる。

そして、この式盤による式占は、天武期には流行しており、『古事記』の高天原の構造や日月星辰の宇宙観（コスモロジー）に大きな影響を与えたと推論される。さらに、この式盤による陰陽寮から平安期の陰陽師、安倍晴明による「六壬式盤」にも発展し、江戸期までの代表的な式占となっていた。

この式盤による構造が、『古事記』の高天原から国生みの神代の基本的原理ともなったと推論される。

参考文献

大林太良（一九七五）『日本神話の構造』弘文堂、二八五頁
勝俣　隆（二〇〇〇）『星座で読み解く日本神話』大修館書店、二九三頁.
北沢方邦（二〇〇四）『古事記の宇宙論』平凡社新書、二一〇頁
倉橋憲司校注（一九六三）『古事記』岩波文庫、三四二頁
神野志隆光（一九八六）『古事記の世界観』吉川弘文館、二〇八頁
神野志隆光（一九九九）『古事記と日本書紀』講談社現代新書、二一一頁
坂本太郎ほか校注（一九九四）『日本書紀（一）』岩波文庫、五二五頁
橋本敬造（一九九三）『中国占星術の世界』東方書店、二〇三頁
目崎茂和（二〇〇五）「出雲神話の風水学的考察」篠田知和基編『神話・象徴・文化』三三五～三七二頁、楽浪書院

目崎茂和（二〇〇七）「黄泉国の構造と地理」篠田知和基編『神話・象徴・文化』一五七～一七〇頁、楽瑯書院
目崎茂和（二〇〇八）「高天原の神々と環境」篠田知和基編『神話・象徴・言語』二三九～二五四頁、楽瑯書院
吉野裕子（一九八四）『易と日本の祭祀』人文書院、二四五頁

沖縄の星の神話

丸山顯徳

はじめに

昭和五十年八月、私がはじめて八重山郡の黒島を調査した時のことであった。その日は新月で、あたり一面は真っ暗で、星空と私の運転する車のライトの一筋だけが明るかった。宿へ帰る一本道の真中に、無かったはずの大きな岩が突如出現して、私は仰天したのである。それには理由があった。その日の夜の民話の調査で、ノロさんから神事《かみごと》を聞こうとしたところが、ノロさんの顔色が変わり神事は恐ろしいという話を聞いた直後のことであったからである。実は、その大岩は真っ黒い大きな牛であった。あとで知ったことであるが、この島は、人間の人口よりは牛のほうがはるかに多かったのである。

沖縄の人々の信仰生活を支えているのは、竜宮信仰であり、年中行事の豊年祭も大綱引きも、竜宮の神への感謝と願いを捧げるものである。竜宮のある水平線の彼方は、視覚的には天と海がつながっており、実感として天と海は円環的につながっている。夜光る星は、夜の航海の目標、農業や牧畜の暦、そして人の一生も、竜宮の神とともに天空の星が支えてきたと信じられている。これから紹介する沖縄諸島の星の神話伝承は、島の日常の生活の中で育まれたものである。

一　離島の生活のなかの星の伝承話

日本列島の中では、南十字星が見えるのは八重山諸島と宮古諸島である。この南十字星には、日本本土にはない珍しい話が伝承されている。まず、「ハイガ星の由来」という話から紹介していく。ハイガ星のハイは、南ということであるから、ハイガ星とは南の星つまり南十字星のことである。これらの星の伝承話は、沖縄の歌謡研究者によって報告された八重山諸島の歌謡と重なるところが少なくない。[1] そこでまず、農耕にかんする話から紹介したい。

〔例話1〕「ハイガ星由来」（竹富町黒島）

「黒島の宮里にマナビアゴという乳房の四つある母親がいた。その母親に子どもが二人いた。母親は首里の琉球王に仕えるように言い渡された。命令に逆らうことはできなかった。そこで母は、二人の子どもに言い残した。遠い沖縄島に行けば帰れないかもしれない。もし私が帰れなかったら、南の空に二つの星になって出るから、それを私と思いなさい。そして朝、星が横に二つ並んで水平に見えるときは稲を植え、その二つの星が夕方見える時には、稲を刈り入れなさいと言い残した。とうとう母は帰ってこなかった。そこで、その星の名前を、ハイガブスマナビーという。黒島の人々は、波荒い海を越えて西表島まで、稲の出作りに行くが、この母親の言う通り、南の二つの星が朝二つ横に並んだときに田植えをし、夕方この星が見える時に、稲刈りをするようになった」（遠藤庄治編『八重山民話の旅』沖縄民話の会、昭和五十六年）。

この例話1は、首里の琉球王が宮古・八重山を支配した圧政時代の民衆の苦しみと家族愛がテーマとなっているが、夜、水平線上に見える美しい星による農耕暦が付け加えられている。この話と類似した話が石垣市大浜にも伝えられている。「乳の三つあるお母さんが殿様に呼ばれ、二人の子どもを残して殿様のところへ行く前に遺言をした。自分が帰ってこれないときには、星となって現れるからよく見ておくようにと。そこで南の方の水平の彼方に朝、星が見える時には稲を植え、夕方見える時には稲を刈りなさい。そして母が帰って来なかったので、二人は星をみて稲を作った」[(2)]。

さらに竹富町黒島からも類話が伝承されているが、こちらの方の話は、乳房を三つ持った母親は奇怪な人間とされ、油を搾り取られるという話である。「黒島の宮里に乳が三つある女がいた。その女には二人の子どもがいた。宮里の役人が首里王に女のことを報告すると、その女に三つ乳房があるなら人間ではない。女から油を取り、送れと言って来た。そして大きな鍋が届けられ、役人はその女を鍋に入れて油を取り、王に送った。子どもの一人は女の子だったが、母と共に死に、もう一人の男の子は一人生き残り畑仕事をしながらハイガ星の唄を歌った。これがハイガ星の始まりである」[(3)]。この話も、圧政者による母子の悲惨な物語である。また石垣市平得《ひらえ》にも、同じく残酷な結末を迎える話がある。「ある夫婦がいて子どもがいた。その女には乳房が四つあった。その村には、どんなに直しても少しの雨で壊れてしまう橋があった。その年もその橋は壊れたので、役人達は橋の所でどうすればもっと強い橋を造れるか話していた。ある日、一人の女房が役人達に乳の四つある女を探して殺して埋めれば、きっと強い橋ができるということを教えた。役人たちは夢中でそのような女性を探す。探し出された女性はその事を教えた女房であった。女房は自分の口が災いしたが、『私が死んだら南の方へ二つの星を出すので私だと思って下さい』と言って死んでしまった。夫と残された子どもは一緒に浜辺へ出て星をながめて泣き『口先だった人は災いが起こる』と言った」[4]。この話は、上記の「ハイガ星由来」の変形であり、農耕暦と結びつくのではなく人柱伝説と結びついたものである。人柱伝説は沖縄では、那覇の南部にある真玉橋《まだんばし》の人柱伝説が知られている。その影響による話の構成かと思われる。

次に漁業と星にかんする話を紹介したい。北極星は不動であるから、夜の漁船の航行の目印になっている。それとともに、この北極星が人生の道標《みちしるべ》にたとえられ、沖縄の人々の愛唱歌「ティンサグの花」に歌い継がれている。

〈例話2〉「北極星由来」（石垣市白保《しらほ》）

まず愚兄賢弟の話から紹介する。「母親を亡くした兄弟がいた。兄は怠け者、弟は働き者であった。弟が泣いていると、お婆さんが出てきた。そして遠い向こう岸に、あなた達のお母さんがいるから連れて行ってあげようということで、兄弟を船に乗せた。ところが幾ら漕いでも向こう岸に着かなかった。兄は無駄だと思い漕がなくなったが、弟は漕ぎ続けた。河の果ての恐ろしい滝のところで、船は滝に落ちた。その時に、お婆さんは働き者で親孝行な弟を抱いて、天に昇っていった。そして皆の手本になるように言い、北極星（子方星・ニヌファーブシ）になった」[5]。

この話の類話は竹富島からも採集されている。母親と三人兄弟の話である。「昔、母親と三人の子どもがいた。お母さんが亡くなる前に、一番上の子どもに、あんたは小さい弟がいたら困るだろうから、一番下の弟は一緒に連れて行くからね。私が死んだら空の上で、一番ぴかぴか光る星になるから、会いたくなったら、そこの山の天辺《てっぺん》に昇れば必ずお母さんに会える。弟をおんぶして山の天辺までお母さんに会いにきなさい、と言って亡くなった。それで、ぴかぴか光るそのお母さんの星のそばには、ちっちゃい赤ちゃんの星があるそうだ。だから、一番兄の方はね、お母さんに会いたくなったらから、険しい山道を登るときには弟に怪我をさせたら大変だからと弟をおんぶして、山の頂上まで登ったって。そしたら、お母さんの星が山の方に落ちてきた。お母さんと呼んだら、また、その星が上にすーと上っていって空の上でぴかぴか光った。だから、ああやはりあれがお母さんだって、弟をおんぶしながら、泣いて山のほうから帰ってきた。このお母さんは、普通の人であったが、三人子どもを生んで、天に昇ってから星となるぐらいだから、大変心が優しかったんでしょう」(6)。この話も、家族愛がテーマである。

さらに類似の話が石垣島の登野城《とのしろ》から採集されているが、これは女性の語りで「子《に》ぬ方《ふぁ》星と午《うま》ぬ方《ふぁ》星」(北の方の星と南の方の星)という題名である。「親孝行の息子を、天の子ぬ方星が見て、その息子に言った。『君は親孝行だから、君が遭難したときには君を助けてやるから、救い上げてやるから、これからも親を大切にしなさい』と教えたそうだ。だから、世のために子ぬ方星はそのまま人間を助けることになっている。苦労する旅の時にでも、必ず子ぬ方星の神を拝んで、船に乗ったら、船長さんは方角を当てるために、この子ぬ方星を見て、舵をどの方向に取ればいいって、目当てにして航海するから、航海中には、子ぬ方星は大切。今でもしばしば子ぬ方星を拝んでいる。また、悪い子どもがいると、午ぬ方星が、『私は親不幸だったから、私は午の方におる。君も悪い親不幸ばっかりする子どもが一緒にいると、親孝行な子どもが迷惑するから自分が君を引き取る』と言って、子ぬ方星から離れていった。だから、子ぬ方星の反対の方角に午の方の星がいるようになった。これは実の話ではないけれども、これは親から聞いた話」(7)。

夜の航海の目標を北極星におく話は、沖縄諸島の各地で聞くことが出来る。私は沖縄本島に近い座間味島《ざまみ》でも聞いたことがある。座間味は、唐《とう》(中国)旅の航路にあたるが、ここに北極星が航海の目当てにしているという話であり、あわせて沖縄の親の人生目標は子どもであるという。これは、この伝承話によって伝えられた親の心情であるが、民謡の「ティンサグの花」によって広く知られている。「ティンサグの花」は、夜行く船は子の方の星が目当て、人生を行く親は子どもを目当てに生きる、という主旨の歌詞である。不動の北極星となった母親や子どもの話も、歌として家族愛を感じさせる歌として広がっているが、この伝承話は、どういうわけか現段階では八重山以外からは採集されていない。

次に紹介する話は、牧畜にかんする「三つ星由来」という話である。この三つ星は、天の川の両端に位置する星で、話の基本的な構成は、子どもと牛馬とが天の川にある三つの星になったという話である。石垣島の北部や、黒島、波照間島などで牛馬が放牧されているが、このような生活文化の中で育まれた話である。

〔例話3〕「三つ星由来」(石垣市白保)

「昔、親子二人が仲良く暮らしていた。子どもは、毎日牛と馬を川に連れて行き水を飲ませたり、野原で草を食べさせたりしていた。ある日、子どもは親に叱られると、怒って、牛と馬を連れて家を飛び出した。いつもの川を渡り歩いているうちに、川が増水して、水かさが増え、渡ることが出来なくなった。なかなか川の水がひかず、家に帰れないうちに、この子どもと牛と馬は星になってしまった。天の川のそばにある三つの星がそれである。白保では、三つの星をウスマサッチと言っている。子どもと牛と馬が(きっと行き場所を失い)、天に昇り、天の川のそばの三つの星になったという話である」[8]。

この話は、川の増水によって、行き場所を失った子どもと牛と馬が、天の川の星になったという話であるが、類話が石垣市大浜からも採集されている。「昔、親子がいて、子は毎日牛や馬を連れて川で水を飲ませていたが、ある時親とけんかした。親は『お前は一生、牛や馬をひっぱって立っていろ』と言った。川は水が出て渡れない。この水が無くなるまでと川の側に立っていた。一生涯立っていても水は引かないのでそのまま立っていた。今日、天に三つの星があるが、それを白保ではウスマサフチという」[9]。この話も、先の話と同類で、子どもと牛と馬が星になったという話である。

この話に沖縄のオナリ（ブナリ）神信仰が付け加わったものが、同じく白保から採集されている。「兄と妹がいた。妹が芭蕉を紡いでいるときに、仲の悪い兄が、妹が紡いだ糸を入れた箱を蹴飛ばした。ある日、兄が牛と馬を引っ張って行く時に、川を渡ろうとすると、蹴飛ばした紬の糸が引っ掛かって渡れなくなった。それで、兄は牛と馬を引っ張ったままで川を渡れないでいると、そのまま天の川の一つは牛星、一つは馬星、もう一つは兄の星になった。女の姉妹をぶなりの神と言うが、ぶなりの神は霊力《せじ》が高いから、ぶなりを足で蹴ったりしないで崇めなさいよ」[10]。この白保の話の類型としては、「姉と弟」の話が石垣市大浜からも収集されている。「男と女の姉弟がいて、男はいつも女をいじめていた。ある日、弟が姉のつむぎを入れる箱を蹴ってしまう。二人が大川を渡ろうとするが、弟の方は渡ることができない。それは姉をいじめた罰である。だから天の川をはさんで姉弟がいる」[11]。これらの話は、八重山地方から採集されるが、宮古など他の離島や、本土からは聴取されていない。

さて、この「三つ星由来」の話は次の三点が注目される。まず動物を飼育する牧畜に関わること、次に増水（洪水）、そして子どもや牛馬が天の川の星になることである。星になった人間の話では、天の川伝説の牽牛と織女の伝説が広く知られている。ところがこの「三つ星由来」はこれらとは全く異なる話で、現実の川と天の川がつながっている。この点の伝播経路が不明である。私の知る範囲では、洪水が起こって天の川に繋がるところは、沖縄から遥か太平洋を離れたペルー・インカに見られる。伝播というには余りに遠いところである。ペルーには天の川と地上の川が繋がっているという話であり、それはラマ（リャマ）というラクダに似た動物が、天と地の川の水量の調整し、天の川・地上の川の水を飲んだり吐き出したりして調節しており、ラマ（リャマ）が、星を見てもうすぐ洪水が起きることを人間に伝え、その後、洪水が発生するという話である。[12] このペルー・インカの話は牧畜民による伝承である。沖縄の「三つ星由来」の話の基本構成が、牧畜民による増水（洪水）と、子どもと牛馬と天の川の星という話であることから、両者に牧畜民の伝承という類似点が見られる。これまでの牽牛淑女の話にみられる天の川の伝承とは全く違ったもので、太平洋の海上の道から伝来した可能性がある。かねて沖縄の「話千両」が、南米の民話と類似していることを知ったが、沖縄と環太平洋とのつながりから、今後の新しい研究課題の方向を見出すことができる。

二　人生儀礼と聖なる家の由来をかたる星の神話伝承

古代中国では北斗七星や南斗六星が人の寿命を管理するという司命《しめい》の伝承があり、説話として既に四世紀の『捜神記』に見られる。この信仰と伝承話は台湾や韓国など東北アジアに伝播しており、沖縄諸島では米寿などの年祝いの由来の話となっている。日本本土の場合には、この年祝いの由来の話は東北と九州には伝わっているが、内容は極めて断片的で、年祝い型と認定するのはなかなか困難である。しかし、沖縄で語られる「米寿の祝いの由来」の話は、「子どもの寿命」として広く知られてきたものである。その話の梗概を紹介する。

〔例話4〕「子どもの寿命」(沖縄全域)

八歳になる子どもがいた。あるときに物知りから、突然その子どもの寿命は八歳までの寿命と告げられる。驚いた両親は、延命の方法を尋ねると、自分はできないが、山中で囲碁をする二人の老人に、ご馳走を持って行き、老人のまえに座って、黙ってお願いするようにと教えられる。そこで早速教えられた通りにする。二人の老人は黙ってそのご馳走を食べながら一晩中囲碁を打っている。朝方になり、北側に座っている老人が、どうしてそこに座っているのかと聞く。すると南側に座っているもう老人が、この子どもの寿命が八歳までだから、延命を願っているのだと言う。北側の老人は、この子どもの寿命は決められているからどうしようもないというと、南側の老人が、この人たちのご馳走を食べ続けたのだから、ただではすまないと言う。そこで北側の老人は、寿命の帳簿に記された八の上に、さらに八を加える。これで八十八歳まで生きることが出来ると答える。そこで、この子どもは八十八歳まで生きることができた。八十八歳の八月八日には、これらの神々に感謝して米寿のお祝いをするという話である。この人生儀礼の由来話は、沖縄県各地に広く伝承されているもので、採集された話は百数十話を越えるものと思われる。つまり老人なら誰でも知っていた話だということである。

かつて、沖縄の家庭では、米寿になった老人を、八月七日の真夜中に、京帷子《きょうかたびら》を着せ布団に寝かせ、その回りに集まって泣くという儀礼があった。昭和の時代までこの儀礼があったことは聞いている。沖縄本島の島尻の方で、私の友人の祖父母は本当に嫌がったという話を直接聞いたことがある。それは、不吉な行事と解釈されたためである。しかし、本来は、八十八歳になった老人が神的な存在となる死と再生の目出度い行事である。模擬葬式の翌朝、八日の朝、米寿になった老人を家族皆で祝う。老人に赤い衣装を着せ子どもの姿にし、籠の中に年齢の象徴として米を沢山入れ、その上に北斗星と南斗星に見立てて枡の中に更に米を入れ竹の筒をたてて祝うのである。[13]

この説話に登場する囲碁を打つ二人の老人に象徴された神仙は、ニヌファー星（子方星、北斗七星）とウマヌファー星（午方星、南都六星）で、子方星は、人間の死期を決め、午方星は誕生を決める。これは中国の古代信仰に由来している。[14] この神仙が囲碁をするのは、人間の運命をきめる行為である。囲碁のシンボリズムは、碁盤が三六一の目を持つ一年という時間のシンボル、四角の碁盤が東西南北の空間のシンボル、さらに白黒の碁石は、創造と破壊のシンボルである。総じて、碁盤という時間と空間の象徴的な世界の中で、神仙が囲碁を打つというのであるから、これが人間の運命を決める行為となるのである。このことについては古く大室幹雄の優れた研究がある。[15]

この民話は、沖縄では米寿の老人が神的存在になったことを祝福する儀礼の伝説であるが、台湾や韓国の伝承では沖縄の信仰とは違い、北斗七星と南斗六星が、子どもの健康を守る神として信仰されている。[16] 私が台湾で見聞したものは道教の寺院の中で北斗七星の像を祭っている例である。韓国では、仏教寺院の一部に民間信仰となる、山神閣（白髪の老人と虎を神格とし商売繁盛を願う）とともに七星閣がある。この七星閣の中に北斗七星の絵像が掲げられており、子どもの健康祈願をするという信仰である。これは台湾と同じである。沖縄では老人の長寿感謝であるが、台湾や韓国は子どもの健康祈願である点が、大きな相違点である。したがって、沖縄の信仰は中国そのものではない。

日本本土にも米寿の老人の年祝いがあり、米寿を迎えた老人の手形と北斗七星を象徴する枡型を、半紙に墨で刻印して、玄関先に掲げているが、これも同様の信仰かと思われる。ただし、日本本土では枡形が北斗七星のシンボルであることは、全く意識されていない。独自の文化として定着しているのである。

沖縄の星の信仰伝承では、星が天の絶対的な存在という意識はなく、寿命にかかわる信仰伝承では、天の星よりはニライカナイつまり竜宮への信仰のほうが根強く、神女の信仰として生活文化の中に組み込まれている。竜宮への信仰は、繰り返される年中行事として定着していることから、中国の信仰をそのまま受容せず、沖縄の民俗として変化させて受容したものである。日本本土における北斗七星の信仰は、密教の北辰信仰と結びついており、中国伝来の道教的な「子どもの寿命」の話が広く伝播できなかった理由ではないかと考えられる。

〔例話5〕「群星御嶽の由来」（石垣市川平）

次に、石垣島の川平《かぴら》という農村にある群星御嶽《むれぼしうたき》の由来譚を紹介する。この川平は、川平湾の優れた産業である黒真珠の養殖とともに、マユンガナシーで知られた集落である。このマユンガナシーは異人歓待の民俗行事で、その中心となるのが南風野《はいの》家である。この話は、川平の南風野家の娘に、天から群星が依り付き、娘が神司となったという話である。由来譚は次のような話である。

南風野家は神元であった。群星御嶽より南の方のこんもりとした小山のところに家があった。そこに南風野家があったころ、南風野家の娘さんが夜、戸外におしっこしに行くと、そこへ群星がするするっとあの山へ落ちてきた。娘は大変なものを見たと驚いて、家の人に言ったら、また、二、三日後にもまた降りてきた。何かの前知らせじゃないかなと思っていたら、その後にもう一回と三回も群星が落ちてきた。それで、ユタに聞いてみた。すると、そこにお宮を建立して神を祀って神火を司れと言われて、その娘が司《つかさ》になった。そこで、その場所にお宮を建てて名前も群星御嶽という名にして、南風野系統の人が今も司をやっているのである。ここは農村であるから、この群星御嶽は、川平の農耕儀礼のときには、豊作と皆の健康を拝んでいる。結願祭《けちがんさい》の時には、この群星御嶽は、一番上位の御願《うがん》になっている。それから山川御嶽、宮鳥御嶽の順に御願をすることになる。昔は結願祭のときに、群星御嶽の前の野原に神女が全部集まり、ハブを入れた箱を一人ずつ回した。そうするとハブはなんでもない人には静かにして、もし不貞操な女であれば、ハブは咬みはしないが、「貴様は」というように鎌首を上げる。みんなの前で「ああありゃりゃ。ああ、やっぱりあいつやってたな。あたりまえさ、あんな女だから」と言われる。「へえ、不思議だなあ、見かけはそうではないけれどもやっぱり悪い奴でしたね」ということになり、不貞操な悪い女は大変な恥をかくことになった。これは、明治前の享保時代まで行われたという。(17)

また次のような伝承もある。南風野家の娘が夜中に、トイレに行く時その時に、火が空から来た。またカンピュール、神のカンピュールが見えたらしい。一回ではなく度々見えた。不思議に思って家の人に話をし、そこへ行ってみると白い砂が撒かれていた。これは神様が降りた験であった。これが群星御嶽の始まりである。娘は生まれつきの神がかりみたいで、煮た物は食べず、なま物は食べたという話である(沖縄民話の会、平成八年聴取、内容は要約)。この話の南風野家は、豊作を招来する来訪神のマユンガナシーが訪れた家である。

このマユンガナシーの由来譚は次のような話である。川平が、まだ仲間村であった時代のこと、節祭《しつ》の日に身なりのみすぼらしい旅人が村を訪れ一夜の宿を求めた。それに優しく対応したのが、貧しい南風原家だけであった。当主は粗末な火と水だけでもてなしたが、旅人は「私は神であり、天の神より人の心を定めて諸作物を作り授けるよう命令を受けてきた。ここに諸作物を作り、神詞を唱え授けたので、きっと幸福が迎えられるであろう。来年戊戌の日に再来する」といって姿を消した。以降、南風野家の作物は豊かに実り、南風野家の人々は、豊年の神の来訪を村人に教えた。そこで南風野家の人々は、神の代理人となり、戌年生まれの人を元にして毎年各家を訪問し、神詞を唱えることが行われた。これがマユンガナシーの祭祀の由来である。この祭りは石垣島北部に広く行われていたもので、祭祀の由来話は、内原村では田多家の話としても伝わっている。現在は川平にのみ祭儀が残り厳粛に行われている。[18]

川平には山川御嶽、宮鳥御嶽、浜崎御嶽などの御嶽があるが、群星御嶽は全体の中心となる一番上位の御嶽で、その祭祀者が南風原家の女性であることから、この群星の話も、南風野家という聖なる家の由来を語った神話となっている。

この群星に関する研究としては、歌謡の視点から論じた上里純一氏の論文がある。これまでの八重山の民謡における星の歌謡研究の集大成である。[19] 喜舎場永珣『八重山古謡』（沖縄タイムス社、一九七〇年）、宮良当壮『八重山古謡』第二輯（第一書房、一九八〇年）、『南島歌謡大成Ⅳ 八重山編』（角川書店、昭和五四年）から星の歌謡を抜き出し、「ムリカ星」は、ムルカ星、ムル星、ンニ星など、八重山方言で違いがあるが、スバル星のことで、漢名は「昴宿」である。農耕にかんする古謡の中から、スバルにかんする詞章を抜き出すと、次のような例がある。

石垣の「ムリ星ユンタ」では「ムリカ星は　天の主の前から島を治めよと言われた　ハイと申し上げたので島の上から（通っている）天の真中を（運行している）農作をするならば　ムリカ星を目当てにせよ」。竹富島の「七星ユングゥ」には「ムルカ星を目標にして農作をしなさい　農作物が豊稔になるように　満作であるように」。石垣島平得の「ムリ星ユンタ」にも「ンニボシ（スバル星）を目標にして稲作を行いなさい　稲の播種を行いなさい」。黒島の「南の浦南崎（ユングトゥ）」には「十一月の中　むれ星（スバル）が南中する頃　大粟の播種を行い　丸粟種を蒔き　蒔き散らそう　かわいい娘よ」。このように群星《スバル》は、農耕の目標となっていることが分かる。

なお、上里氏は、『岩崎卓爾全集』（伝統と現代社、一九七四年）から引用して、スバルの出入を次のように紹介している。八重山では、ある星が入没して天空に全く姿を現わさないことを、渋滞するという意味の語を用いて「ゆどぅん（淀む）」と称している。スバルの場合、『天気見様之事』に「六ツ星」として「四月六、七日頃日入時分ヨリ五月朔日迄ヨドム」とあり、陰暦四月七、八日から翌五月一日までがその期間にあたる。スバルが西に入没するのを「いりゆどぅん」、再び東の空に姿を現わすのを「あーりゆどぅん」と称したと紹介し、星は海と天を往来するものと考えられている。

このことから「丹後国風土記」逸文の浦島伝説の中で海の中に「スバル」が現われるのは、おそらくスバルが海に水没したとき、この星が竜宮にいることを示しているものと考えられる。沖縄の場合、竜宮は今も豊饒の源泉地、穀物の源泉地と信仰されており、その海底の竜宮にスバルがいるというのは、スバルが農耕の神であったからである。

川平の豊作の神マユンガナシーは天から降りてきた神格であるが、天上他界も、竜宮世界ニライカナイも、ともに豊穣世界の源泉である。星は、天にも海の中にもあり、大地と海洋を巡って、我々の前に表れる。これは円環的な宇宙観が沖縄の宇宙観の基盤にあるということである。すでに紹介したが、宮古・八重山ではニライカナイは、東西南北・上下にわたる世界であるとされ、島をとりまく全てが幸いをもたらす聖地であるというのが、民間における伝承世界の宇宙観である。[20] したがって、マユンガナシーという天から来訪した神は、「ユ」という豊作をもたらす神で、実はニライカナイの神でもあったと解釈できるのである。

三　文学的な星の伝承話

最後に広く東北アジアに広く伝承する「天人女房型」のうち、特に「七つ星（北斗七星）女房」の話に限定して紹介することにする。

〔例話6〕「北斗七星女房」（石垣市白保）

昔、大変貧乏者の息子が金持ちの家に奉公していた。その息子の母親は目が悪かったので、息子の炊いたご飯を食べ、いつも息子の帰りを家で待っていた。その息子は大層な親孝行者で主人の家でもらったご飯は、半分は食べて、半分は木の葉に包んで隠しておいて、夕方仕事がひけると家に持って帰って、それを目の悪い母親に食べさせていた。洗濯もし、母親の体を洗ってやって、いたれりつくせりの孝行をしていた。ところが貧乏なので誰もその息子の嫁に来る人はいなかった。その地上の孝行息子を毎晩見ていた天上の北斗七星の長女が、大変気の毒な息子で、誰もお嫁さんになる人がいないから私がいってお嫁さんになろうと決心した。ある晩、天女がその息子が家に帰ってくるときを待って、地上に降りて来た。その息子は家へ帰ってくる途中で、道の真ん中にとても綺麗な女性が立っていたので、息子はそんな綺麗な人を見たことがないし、まるで神様のように綺麗な人だから恐ろしくなって、引き返して別の道を通って家へ帰ろうとすると、またそこにも、その女の人が立っていた。なんべん別の道を行こうとしても、その女の人が立っているから、勇気を出して、その女の側を通り抜けようとすると、その女の人が息子の着物を捕まえて言った。ちょっと待ってください。私はあんたのお嫁さんになりにきました。だからどうか私をお嫁さんにしてくださいと頼んだ。息子は、私は貧乏で家はみすぼらしいのでお断りします、とてもあなたのような美しい人をお嫁さんにはできませんと断った。しかし、何度断っても、その北斗七星の長女は、お嫁さんにしてくださいと後からついて来て、押しかけ女房になり、二、三年暮らしているうちに、男の赤ちゃんができた。その頃、星占いをしている天文学者が星を見ていると、七つ星の一番上の星が消えているので、王様に七つ星の一番上の姉さん星がなくなっていると報告した。学者たちの研究では、これは必ず地上のどこかに降りて来ているから消えているに相違ありませんと言った。王様は、それを探してくるように言った。学者たちが四方八方に手分けして、その女を探し、その天女が住んでいる貧乏な家を見つけた。学者は、天女に、二、三日のうちに王様の家に連れて行くから用意をしておきなさいと言った。天女はそれを聞くと、羽衣をちゃんとお櫃の中にしまって、夫には隠しておいたから、夜になると、お櫃の中から、その羽衣をだして着ると、蠟燭の明かりで子どもの顔を見ながら、これで別れる。仕方がないといって天へ舞い上がって行った。しかし、天の口が開くところまで上がると、子どものことを思い出して、どうしても子どもを残して天国へいくことはできないと、再びまだ夜が明けないうちに降りて来て、息子を抱きかかえて天上に上がった。それで、私はいったん結婚して子どもまでできて体が汚れたから、七つ星の一番上の長女としてみんなを指導する資格はないといって、妹を上の方にあげて位置を入れ替わってもらい、この長女は二番目の星になった。だから、今も北斗七星の第二番目の星の傍には、小さな赤ん坊の星がかすかに見えている。(21)

この話は、現在まで石垣市、宮古島市平良《ひらら》、渡嘉敷《とかしき》島、粟国《あぐに》島から採集されているが、祈晴一郎は「七つ星由来型」として、次のようにモチーフ構成をまとめている。(22)

①貧乏な孝行息子のところへ天女が押しかけて来て妻になる。

②子どもが生まれたが、男がタブーを犯したので（あるいは突如として）天女は天に帰るという。

③男は羽衣を隠すが、天女は子守唄によって羽衣のありかを知る。
④天女は子どもを抱いて天に昇り、七つ星になる。

この「天人女房型」の話型については、君島久子が中国の事例[23]、大林太良がインドから東南アジアの事例[24]を報告している。沖縄の「七つ星由来型」は、君島久子の紹介した「七星始祖型」と同じ話型であり、君島はモチーフ構成を次のようにまとめている。

①仙女が天帝の命、或は自分の意志で、貧しい男に嫁ぐ。
②子どもを生んで去る。
③子どもは術師、或は父の教えで、水浴にきた仙女（母）にあう。
④子どもは仙女の衣をかくして、母と対面するが、仙女は子どもに富をあたえて去る。
⑤a七星の一つが、光のうすいのは、下界に降りて子を生んだためである。
⑤b仙女の子が、偉人もしくは一族の祖となる。

大林は、さらに君島のモチーフ構成に加えて、「この仙女はしばしばスバル星の一つである」という箇所を加えている。祈と君島のデーターの比較をすれば、沖縄の「七つ星由来型」は、祈の指摘する通り中国の華南の影響を受けていることは明白であり、祈の指摘通りである。なお、沖縄の宮古・八重山地方では「七つ星女房」が「北斗七星」というものと、「群星（スバル）」というものの両方の伝承が見られる点が注目される。話がスバル星として受容されているのは、八重山地方で、スバル星が農耕暦として種蒔から収穫期にいたる作業に利用され、生活文化の中に定着していたからではないかと思われる。

なお、大林が紹介したフィリピンのイフガオ族の「星型羽衣説話」の中に、天女が天上に帰るときのこととして、天女と地上の男が、子どもを二つに均等に分けて離別したという話がある。天界へ帰った天女は、子どもの体を簡単に作ったが、地上の男は、人間であったため腐らせて死なせてしまったというモチーフになる。

これと類似のモチーフを持った話が、宮古郡伊良部島に伝わる「群星女房型」の話で、断片化したものと考えられる。それは天女が天に昇ったあと、取り残された子どもが、飢えて死んだという話であり、伊良部島の二人の女性の伝承が紹介されている。

「昔、ンミブスという（六人兄弟が一緒にいるので）女の姉妹があった。羽衣を着てミカルスーの川に浴びに降りてきた。ミカルスーが一番上の姉の羽衣を取って家のクバマゴの中に隠した。残りの人は天に上っていった。天女は羽衣を取られたので昇れないと泣いて座っていた。するとミカルスーが来て、どうして泣いているのかと聞かれた。天女は訳を話す。ミカルスーは自分の家に連れて行き妻にする。ウシミーという男の子とウミナイが生まれた。母親が機を織っていた時、上の子がウミナイの子守りをしていた。『泣くなよウミナイ、自分の母の羽衣はナガンミヌ、クバマゴの中に親が隠してある。自分達が大きくなったら私たちにあげると言った。だから泣くなよ』と歌った。布を織っていた母親がそれを聞き、驚いて子どもに聞く。子どもはお父さんにそのように言ったと答えた。家のナガンミにのってみると羽衣があった。それを着て舞い、二人の子どもを抱いて天に昇ると松の木にかかり、一人を残してしまうと白雲にかかり、舞うことができなかった。それで二人の子どもを残して昇った。すると二人の子は泣き、畑の道端沿いの木の実を食べながら歩いていたが、とうとう飢えて死んだ。死んでウジがわいて、ウミナイの顔にアカ虫がついていると言って木の枝を折って被せていた。ウプパウズが見てかわいそうに思い、天に報告すると、ウミブスの親はそれを聞いて一番上の姉を怒り、今すぐ連れて来なさいという。二人の子ども天に昇ることができた。シマの人を天に昇らせた罰として一番上の姉ではあるが一番下の方に置かれた」[25]。この話は、天女が羽衣を発見したあと、一人の子どもを天界へ連れて行ったが、残された子どもは、飢えて死に体から蛆虫がわいていたという話である。さらに夫が、天の天女に報告して、天から生き返る鞭、生き返る花を持ってこさせて生き返らせたという話になる。この話は沖縄地方では、浦添、那覇にも報告例があり、南方からの伝播と考えられる。

沖縄の「天人女房」譚には複数の話型があり、これに関しては祈論文が詳しく紹介している。そのうち、ここに取り上げた「七つ星由来型」は、中国の華南から影響を受けたものである。ところが伊良部島の事例は、大林の取り上げたフィリピンの事例と類似しており、南太平洋の島々から影響を受けた話と考えられる。今後の沖縄伝承話の調査研究課題として環太平洋文化の研究視点が注目される[26]。

四　まとめ

沖縄の星の伝承話は、八重山を中心に、農耕、牧畜、航海などの日常の生活の中で伝承された話である。特に、注目したいのは川平の群星御嶽である。これらの伝承話とともに、歌謡研究者が紹介しているように、宮古、八重山では民謡として星が歌われることが多いことは、沖縄の先島の特色である。一方、沖縄本島まで含めて広く分布するのは北斗七星の話で、「子どもの寿命」「天人女房の七つ星由来」である。「子どもの寿命」は人生儀礼の米寿由来に結びつき、長寿の祝いを感謝する話である。一方、「天人女房の七つ星由来」の話は文芸的な色合いの濃い話であり、基本的には中国の華南から伝播した話であるが、太平洋の南の島からの影響が考えられる話もみられる。これらのことから沖縄における民間説話の今後の研究の方向としては、環太平洋文化の影響も注目しなければならないと考えるのである。

注

（1）上里純一論文、インターネットによる公開「八重山歌謡に歌われた星」
（2）祈晴一郎「話型研究　沖縄の天体説話」（沖縄民話の会『沖縄民話の会会報』第8号、昭和五十六年五月）所収。
（3）注（2）に同じ。
（4）注（2）に同じ。
（5）遠藤庄治編『八重山諸島民話集』二〇〇〇年、遠藤研究室）。沖縄伝承話資料センター編『特集石垣島の民話』（日本民話の会『聴く語る創る』10号、二〇〇三年）。
（6）遠藤庄治編『八重山諸島民話集』二〇〇〇年、遠藤研究室）。
（7）注（5）に同じ。
（8）沖縄伝承話資料センター編『特集石垣島の民話』（日本民話の会『聴く語る創る』10号、二〇〇三年）。
（9）注（2）に同じ。
（10）注（8）に同じ。
（11）注（2）に同じ。

(12) 加藤隆浩氏の教示による。その他『ペルー・インカの神話』(ハロルド・オアズボーン著、翻訳田中梓、青土社、一九九二年)参照。
(13) 丸山顕徳『沖縄民間説話の研究』(勉誠出版、平成五年)
(14) 注(13)に同じ。
(15) 大室幹雄『囲碁の民俗学』(せりか書房、一九七七年)
(16) 永尾龍造『支那民俗誌』(第六巻、国書刊行会、昭和四十八年)。韓国の資料は、私自身の調査による。
(17) 川平村の歴史編纂委員会編『川平村の歴史』(川平村公民館、一九七六年)。注(6)による。
(18) 川平村の歴史編纂委員会編『川平村の歴史』(川平村公民館、一九七六年)、および比嘉康雄『神々の古層⑥来訪するマユの神、マユンガナシー(石垣島)』(ニライ社、一九九二年)によっている。
(19) 注(1)に同じ。
(20) 丸山顕徳『沖縄の民話と他界観』(一九八三年、海鳴社、モナドブックス10)
(21) 注(8)に同じ。
(22) 注(2)に同じ。
(23) 君島久子「中国の羽衣説話—その分布と系譜」(『日本中国学会報』12、一九六九年、「東洋の天女たち—羽衣伝説をめぐって」(『民話と伝説、世界の民族』朝日新聞社、一九七六年)
(24) 大林太良「中国・東南アジアの星型羽衣説話」(『山本達郎博士古希記念論文集　東南アジア・インドの社会と文化』上、(山川出版社、一九八〇年)
(25) 遠藤庄治編『いらぶの民話』(伊良部町、平成元年九月)
(26) 沖縄の火の発見にかんする話に、昆虫がみつけたという話がある。これはフレーザーの『火の起源神話』に紹介されてものでは東南アジアなどの諸島に広がっており、南太平洋諸国との関連が注目される(丸山「沖縄の火の神伝承と信仰」『天理参考館報』天理大学附属参考館、第19号、二〇〇六年十月号)。

台湾高砂族ブヌン族の口頭伝承

山本　節

はじめに

本稿は、平成二〇年八月、台湾南投縣仁愛郡法治村武界（ブカイ）において行った高砂族ブヌン族の口頭伝承の採訪記録とその考察である。

ブヌン族は、台中の中央山脈の中部山脈に居住し、粟作・狩猟を生業とする民族で、オーストロネシア語を母語とする。その社会を特色づけるのは父系氏族組織で、多くの小氏族は中氏族に、中氏族は大氏族に統括されている。歴史的には、日本統治に最後まで抵抗したことで知られる。

昭和一〇年に成った台北帝国大学『台湾高砂族系統所属の研究』によれば、ブヌン族の全体は当時卓社蕃・卡社蕃・巒蕃・丹蕃・郡蕃または施武郡蕃・タコプラン蕃の六部族より形成されており[1]、また後掲資料の伝承者干卓番蕃は、卓社蕃に包摂可能ともいう[2]。

今回調査地のブカイ村は、卓社群に属する。同村はブヌン族居住圏の西北部、台中のラクラク山・大尖山・水社大山等に近い盆地の川筋に添って展開する一農山村である。村の西北部には日本統治時代、台湾全土に電力を供給するために総督府が造成した水力発電用水路と水源池とがあり、水路は山を隔てた日月潭へと降っている。また同じく日本時代に完成した豊かな灌漑施設を利用して、水田耕作が行われている。伝統工芸の機織を生業とする者もある。

調査に当たっての伝承者はダマラサン（達瑪拉山）バライ（巴賴）氏。六二歳。バンアワン村で生まれ、ラクサに移住、さらにブカイに移住した。夫人はラクサ時代の小学校の同級生であった。氏の父はブカイ以外の土地へ、夫人の父はブカイに来たため、二人は一時離れ離れになっていたが、後にブカイで結婚した。

氏の伝承の採訪記録は次のようである。

①採訪地―平成二〇年八月二日、台湾省南投縣仁愛郡法治村武界界山巷。

②話者―ダマラサン（達瑪拉山）バライ（巴賴）氏。六二歳。台湾省南投縣仁愛郡法治村武界界山巷在住。農業・旅館業。キリスト教。

③伝承事情―話者はこれを父（一九〇六年生）から伝承された。伝承行為がなされたのは、幼少時から成年期に至るまでしばしばである。今回の氏の伝承話はどれも同族間では非常にポピュラーで、誰もが知悉しており、畑の耕昨時等には、居合わせた人々皆が話したという。

水田と椰子　2008年8月　筆者撮影

ブカイ村遠景　2008年8月　筆者撮影

④採訪の経緯―今回調査に先立ち、満田弥生氏（台湾中央研究院助手・清華大学大学院博士課程修了。博士）が数回同地を訪れて予備調査を行い、月の生成に関係ある伝承を持つ家筋である同家の存在を確認した。

⑤伝承の記録化―話者の語りをテープレコーダーで採録し、また満田氏が同時通訳を行った。

一　ブヌン族卓社群（ブカイ村在住）における伝承

バライ氏による伝承は、次のようである。

(1) 太陽征伐の話

ダマラサンには二つの支族があるが、私の祖先はその一族で、祖先は日と月とに関係がある。

昔、二つの太陽があって、夜がなく、大変暑かった。畑へ行って樹の下に子供をおいても、暑くて死んでしまう。皆が困るので、誰かが一つ射落としに行こうという話になった。そこで父と子と、二人が旅に出ることになった。彼らはダマラサンに登った。何万粒もある粟を一房持って登ったが、太陽はまだあんなに遠い。そこで次の山、さらにまた次の山を探しながら旅を続けて行った。彼らが持って行った粟

話者バライ氏（右）と同氏夫人
2008年8月　筆者撮影

は不思議な粟で、一粒入れて炊くと鍋一杯になる。それを食べながら、太陽を探して行った。何年も何年も探したあげく、やっと太陽の近くの高い山に達した。山に登り、太陽に向かって矢を射た。太陽には目が二つあったが、そのうちの一つだけを射抜いた。一つ目の太陽は月になり、夜が出来た。

太陽の征伐を終えた父子は、村へ帰って来た。出かける時には父は若く、子は六歳であったが、仕事を終えた時には父は老い、子は二〇歳くらいの若者になっていた。旅立ちの時に植えていったブンタンの樹に実がなっていた。

この二人のお蔭で、日と月とは交互に出るようになった。この時以来、一族は「ダキ-ヴォアン Daki-voan」(「月を作った人」の意。「月の子孫」ではない)を名乗るようになった。苗字の由来はこのようである。ちなみに「ダキ」とは名字を表す接頭語で、「ヴォアン」とは月のことである。「ダキ-ヴォアン」姓の人々は、その出身を誇りにしている。

(2)「太陽征伐以後」の話—「ダキ-ヴォアン」姓・「ダマラサン」姓の由来—

さて「太陽征伐」の後、しばらくして、村の中の他姓のとある娘が、夫がないのに孕んだ。誰か分からぬ男と通じたらしい。ブヌンの考えとしては不徳の極みである。娘は殺さなければならない。しかし「ダキ-ヴォアン」の村人はその娘を不憫に思い、母子を養子にして引き取り、新しい苗字を与えた。「ダマラサン」という。よって「ダマラサン」姓は「ダキ-ヴォアン」に出自するという。その中でその後「ダキ-ヴォアン」を名乗る者は人数が増えず、消滅して名前だけが残った。現在ブカイの住民は、投票権を持つ大人が六、七百人、子供等を併せて二千数百人がいるが、現在村内に「ダキ-ヴォアン」を名乗る家は、僅か五世帯ほどである。近隣の村にも同姓の者はいるが、それらも村で二、三世帯しかいない。人口の減少について私の父は、太陽を射た罪によって呪われているると話していた。

私の現在の姓は「ダマラサン」（ちなみに国民党政府の政策により、中国名は「達瑪拉山」の文字に統一された）で、バライ氏の息子も「ダマラサン」を称しているが、村人は今も彼の家を「ダキ-ヴォアン」と呼ぶ。

（3）ブヌン族の始祖伝承

ブヌン族には三人の兄弟がいた。長兄はヴォアン、次兄はノワン、末子はトゥルーと称した。これに似た伝承はブヌンの他の部族にもある。五兄弟とする異伝もある。

この三兄弟は、はじめは父とともに河の畔に住んでいたが、長ずるに及んで分家し、父のもとには末子トゥルーがとどまった。他の二人は山（中央山脈）に入った。次兄ノワンは山の中腹に住み、長兄ヴォアンは山頂に住んだ。三人は互いに連絡を取り合うために、トゥルーの家から長い縄を持ち出し、山頂のヴォアンの家に繋いだ。トゥルーは父から仕事の話を聞き、縄を引いてヴォアンとノワンとに知らせるのである。何度引くと種播き、何度引くと収穫、という風に、縄引きには暗号が決められていた。

何年もこのようにして過ぎた。しかし後年動物などのせいで縄が切れ、連絡が出来なくなった。そのため三兄弟は他の社群により、それぞれに発展し、風俗・習慣が異なるようになった。ブカイは末子トゥルーの子孫である。

ブヌンの人々はブ-ブクン、タパ-ノワン、ダキ-トゥルーの三族に分かれている。ブ-ブクンは南（パイワンに近い）に住み、タパ-ノワンは東に住み、台東にも住む。同じブヌンでも、上掲の三種は身体・言葉（方言）が異なるという。しかし村が異なっても、ダキ-トゥルーの人々なら風習は等しい。

（4）ブヌン族の移住伝承

ブヌン（布農）族は四群に分かれるが、ダマラサン氏はその中のタクシャ（卓社）群グループに属する。ブヌン族は当初、中央山脈の上、バンアワン村に共に居住していた。同村はブカイから二、三〇キロメートルの距離にあり、村落址が今も残っている。

日本統治時代、同族は日本政府の分散移住政策によって分離され、集団相互の距離が離れる一方となった。住民はバンアワン村から、十数キロメートル離れたラクサに移り住んだ。ラクサにおいては、ブカイ、ココワン、カトウ、マナカワンの四村に分かれた。ブカイは「山を越える」の意、ココワンは「藤蔓」の意、カトウは「舟の形」を表し、マナカワンは意味不明、あるいは語源は日本語かもしれない。

人々はさらに離れたブカイに移住したが、昔この地は無人で怖い所、マラリアの発生地であった。一九三八年日本政府の政策により、人が住めるようになった。

二　ブヌン族における「太陽征伐」の伝承（既刊文献資料による）

（1）伝承事例

バライ氏が語った「太陽征伐」の伝承は、ブヌン族のみならず高砂族の各部族・氏族に広く伝承せられている。話者が帰属する卓社群をはじめとするブヌン族のそれらについては、たとえば高砂族の口頭伝承を採録した日本人による報告書、臨時台湾旧慣調査会第一部『蕃族調査報告書』（原文は旧仮名遣片仮名文語文）、同報告書の編纂に関わった佐山融吉他『生蕃伝説集』（原文は旧仮名遣平仮名口語文）、また台北帝国大学『原語による台湾高砂族伝説集』（原文は旧仮名遣平仮名口語文）等に紹介されている。列挙すると次のようである（すべて現代仮名遣平仮名口語文に改めた）。

［事例1］（卓社群）

一　太陽征伐の話

昔天に太陽が二つあって昼夜の別なく、また光や熱が甚だしくて草木は皆枯れそうな有様であった。或日農夫が一人の赤子を畑に寝かせ、「カスパン」の葉で被って置いたのだが、其葉が焼けてしまった。次に「バイハル」の葉で被ったが、これもまた焼けたので、これでは赤子を置くにふさわしい所がない。では太陽を懲らしめようと、父と子と二人で出発した。先ず庭に蜜柑を植え、粟を携えて出かけたが、数十年の後にようやく太陽の目を射て帰ると、かつて植えた蜜柑は、すでに大木となって実を結んでいた。(1)

［事例2］（卓社群カット社）

一　太陽征伐の話

大昔には天に太陽が二つあり、その熱さは地を焼くようであった。そのために幼児で死ぬ者は数えきれず、人類も絶滅するかと思われる有様であった。その時一人の若者が、「これは捨て置けないことだ」と言って、三つ股の矢を携え、太陽征伐に出かけた。道程はすこぶる遠く、数十年を費してようやく太陽に近づいた。

弓に弦を張り岩陰に隠れて、太陽の昇るのを待って居た。それとは知らずに太陽は真っ赤な目を開いて東の天に現われたので、ひょうとばかりに張った弦を放つと、矢は飛んで行って其の目を貫いた。若者は余りの嬉しさにただ茫然と佇んでいると、太陽は素早く彼を捕らえて其の衣を奪い、流れる血潮を拭った。それで衣のために光は遮ぎられて真暗闇となったので、彼は松明を点して帰ろうとすると、たまたま一匹の羌仔が飛んで来て足許を過ぎたので、携えていた松明を其の顔に打ちつけた。今羌仔の顔に巻毛があるのは其のためである。太陽は血を拭いながら若者を呼び止め、「何故にお前は私をこのように苦しめるのか。お前らが日々生活するのは私の恵みではないか。それなのにお前らは報恩の祭りもせず、ただいたずらに酒を飲み戯れるものだから、尽く焼け死んだのだ」と云った。若者は初めて自分の非を悟り、それならということで祭りの方法を学び、また鶏を受けて社に帰り、人々を集めて一部始終を遂一物語った。それから毎日、鶏鳴と共に起きて農事に励み、また月々には射られた太陽を祭るのである。(2)

[事例3]（干卓萬群バクラス社・オクトー社・ルルン社・ククス社）

一　太陽征伐の話

大昔には天に太陽が二つあり、一つが西に沈むと一つが東に昇って昼夜の差別もなく、草木は皆枯れ萎み、水の流れも止まろうとする有様であった。たまたま四歳許りの幼児が太陽に照らされて死んだので、ナオという者が「今は棄て置き難い」と云って銃を担ぎ出発した。こうして進むこと数十年であったが、ようやく太陽に近づき銃を構えて発砲したところ、誤たず其の中央を射ぬいた。其の時血塊は四方に飛散して、光は次第次第に弱って行ったが、翌日から天に月と星とを見ることが出来るようになった。(3)

［事例4］（巒群カトグラン社）

一　太陽征伐の話

大昔は天に太陽が二つあって代る代る照り輝いたので、昼夜の差別もなく、人々は皆其不便に堪え兼ねて遂に協議を開き、「カリタン」社のボアンの者を選んで太陽征伐に赴かせた。彼は数十年をかけてようやく太陽に接する事が出来たので、大いに喜び、弓を満月のように引き絞って、首尾よく太陽の日を射止めた。不意のことなので太陽も狼狽し地上に顛落したので、彼は五指を開いてこれを掴もうとしたが、太陽は指の間から遁れて摘むことが出来なかった。彼は少し苛立ち、何を小癪なと指先に唾をつけて、太陽を頭から押し潰した。其の時太陽は、下から虫の声で、「もしもし、暫く待て。何故にお前は自分をこのように苦しめるのか。私は今お前に不意をうたれて敗れたが、他日必ず他の太陽と協力して、お前らの生命を断つであろう。元来お前らが日々生活出来るのは誰のお蔭か。皆これ我々二人の為ではないか。私らがあればこそ、草木も成長し水も流れるのだ。それなのにお前らはこのような大恩を受けながら少しも報恩の心がなく、未だかつて一度の祭りをも行わず、唯自分らのみ食い飲み楽しむので、天も怒って照り輝くのだ」と、弱りながらもなお底に力ある言葉で事の道理を諭したので、彼も始めて自分の非を識り、それならばということで、携えていた原住民の布を出して流れる血潮を拭わせ、またそれ以後は必ず毎月祭りを行うべきことを約束して帰った。今の月はすなわち太陽が射られて後に光熱を失ったもので、月の中の模様は、其の時目を拭いた原住民の布である。(4)

［事例5］（**蠻群カトグラン社**）

一　太陽征伐の話

洪水が終って私達はタンシモクに住んだ。その時代には太陽が二つあって、一つが沈むと、一つが再び出て非常に熱かった。イシカルムッタンで子供が死んだ。太陽が大へんに熱かったため死んだのです。父は怒って太陽を征伐に出掛けた。一人の子を連れ、弓を携帯し、四房の粟を爪の間に入れて行った。蜜柑の木を、植えた後で、太陽の出る処で隠れて待っていた。彼の子を殺した太陽が出た時に父が射た。太陽の目に当たった。太陽の目に当たったから、熱くなくなった。それでその太陽は月になった。

月は人をシバザンまで追い掛け、そこで月は人を補らえたが、手の［指の間］から抜け出た。人は小さいので、月は［人を］捕らえられなかった。月は指に唾を附けて捕らえた。

ババンで月と人が相談した。月が云うようには、「月が出る毎に常に祭りを行って欲しい」。その人は月に織物鶏豚山羊犬を与えた。月は目を布で拭った。其の布を今でも皆が見る。

太陽がまだ撃たれなかった時代には、一粒の粟が炊かれると、可なり沢山の人が食べる事が出来た。猿になった人もあった。奇蹟が沢山あった。私達が新月や満月の際に祭りをするやうになってから、私達の状態が良くなった。[5]

［事例6］（**達啓覔加**（**タケバカ**）**群タマロワン社**）

一　太陽征伐の話

大昔天に太陽が二つあって昼夜の別もなく照らし、暑さは殊のほか厳しかった。或る日母が畑に出て草を刈り集め、子を其の中に入れて仕事をしていると、子は焦げて死んだ。母は大いに驚き、急いで家に帰り父に報告したところ、父は怒りの目を光らせてすぐさま息子を呼び、弓矢を与えて、「お前は行って太陽を征伐しろ」と命じた。息子も「弟の仇だ」ということで、粟を準備し、喜び勇んで出発した。彼は先ず海岸に赴き、太陽の出るのを待っていると、右から昇るかと思えば左から昇り、左かと思えば右から昇りして狙いが定まらず、いたずらに心が焦るだけであった。ようやく数日後に思う方から太陽が昇ったので、狙いを定めて切って放つと、矢は飛んで行って其の目を射た。射られた者は今日の月であって、私らが毎月月を祭るのは、再び光熱を放つことを怖れてのことである。そうして息子は、出発の時には未だ幼かったが、帰った時には白髪の老人であった。[6]

[事例7]（達啓覓加（タケバカ）群卡（カ）社）

一　太陽征伐の話

大昔には天に太陽が二つあり、代わる代わる出て夜というものが無かったので、人々は安眠する折もなく、不便が甚しかった。或る日或る家で、赤子を家に残し他は皆耕作に出て働いていた。やがて疲れたので休もうとして家に帰ると、赤子は黒くなって焼けていた。其の姿を見た父の怒りは絶頂に達し、かわいい子の仇を今は棄て置くことは出来ないということで、先ず庭に蜜柑を植え、二本の粟を取って耳たぶに挿し、弓を携え、一人の息子を連れて出発した。其の頃は一粒の粟でも、二人一日の食として十二分であった。こうして進むこと数十年、太陽の許に達した頃は、幼年であった息子もすでに老年となっていた。彼ら二人は先ず「ボクタウン」と称する矢をつがえて弓を射たら、其の矢は外れた。次に「ラッポ」と称する矢をつがえて放ったら、誤たず太陽の目を貫いたので、見る見る血潮が迸り、光も消えて行く有様であった。二人は目的を達したと踊り上がって喜んだところ、太陽は怒って手を延ばし、彼等を捕らえようとした。二人は素早くその指の間から遁れたが、遂に二本の指で抓まれてしまった。彼らも今はこれまでと諦め、命を棄てただただ太陽の思うように任せた。すると太陽は、「お前らは何故このように私を苦しめるのか」と云った。彼らはそれには答えず、「ただ私らの蒲団を差し上げよう。今日の罪を許せ」と云うと、太陽は其の罪を許し、蒲団を取って目を拭った。今月の中に現われる陰影は其の蒲団である。彼らはそれから急いで家に帰ったが、蜜柑はすでに大木となって実を結び、耳に挿していた栗もほとんど尽き果てて、僅かに左の耳に数粒を残すだけであった。そうして昔は「カルモタバ」と称する樹の下に栗を播き、旱魃の時に其の根を切る時は、多くの水が出て栗が枯れることがなかった。また其の頃は、人々は毎日栗を携えて放置する事はなかった。もし放置して置くと、鼠が来て尽く食べてしまった。(7)

［事例8］（丹群丹大社）

一　丹蕃の口碑

昔ミノオンネとミノオンネポーという兄弟があった。或る時弟のミノオンネポーは兄に向かって、「私はこのような所に住むことを好まない」と言ったところ、兄は「それならお前は薪採りに行け」と命じた。弟は薪採りに出かけたが、帰り途に清国人に遇って少し酒をもらい、其の儘伴われて彼の家に到り、およそ一年間其所で熟睡した。目が醒めた時、主人が傍に来て、「薬だから此の野菜を食え」と勧めた。取って食うと忽ち元気を回復した。其の有様を見て主人は、「私はお前の家に同行しよう。何所か」と言ったので、ミノオンポーは起ち上がり、「ならば一緒に行こう」と言って出発した。其の時薪はすでに朽ちて用をなさなかったので、其の儘棄てた。二人が家に着いて見ると、兄の姿は無かった。何所へ行ったのかと探したが見当たらないので、仕方なく二人でしばらく其処で生活していた。其の間に弟は清国人から文字と耕作法とを学び、牛をも授けられた。こうして成長して後は、遂に台湾人となった。兄は其の後諸所を廻り、今の社仔「ヒノクン」社に来て弟に遇った。其の時「ヒノクン」社に一人の女が現われたが、兄は未だかつて婦女を見たことが無かったので、不審に思って傍に近づき、遂に夫婦の交わりをなして子孫を得、数十年の後には卡社蕃、巒蕃から花蓮港の阿眉蕃も出来た。その後ミノオンネは、妻が産んだ一人の子を屋内に置いて耕作に従事していたが、其の子は太陽の為に殺されて多くの蜥蜴となったので、父は大いに怒り、粟を五本ずつ耳たぶに挿し、蜜柑を家の前に植えて太陽征伐に出かけ、ようやく太陽に近づいたので、茅で家を造って太陽の来るのを待っていたところ、茅が枯れて屋根に隙間が出来、太陽に発見されて目的を達することが出来なかった。次に他の草で葺いたが、同じく枯れて太陽を逃したので、次に「アヒキ」という草で屋根を葺いたが、また枯れてしまった。こうしていたら何時目的を達することが出来ようか、きりがない、ただ太陽を目がけて射るより策はないと思い、翌日太陽の近づくのを待って矢を放ち、其の目を射た。太陽は怒ってミノオンネを追って来て、手を延ばして掴もうとしたのを、彼は指の間から遁れたので、太陽も指に唾をつけて蚤のように彼を押さえた。其の時彼が太陽に云うには、「お前は私の子を焼き殺したから、私はお前を射たのだ。命だけは許せ」と。太陽は、「お前の言うことは尽く誤りである。お前の子が死んだのは、お前らの勝手から起ったことだ。お前らが日々生活する事が出来るのは、皆私の為ではないか。お前らはこのような大恩を受けながら、未だ一度も報恩の祭りをしたことがない。この先豚を殺し、酒を造って私を祭ったら、人が死ぬことはないだろう」と、其の方法をも授けたので、彼も其の非を識り、早速家に帰って社の人々に告げて祭りを行ったところ、生まれた子が死ぬこともなく、子孫は繁殖して五穀も実るようになった。(8)

［事例9］（丹群丹大社）

一　月の話

大昔は天に太陽が二つあったが、其の一つは矢に射られて月となった。今月の中に見える物は、射られた時に涙を拭いた原住民の布である。(9)

［事例10］（丹群丹大社）

一　創生記

（前略）巒大社の人々が開墾をしたが、太陽が二つあったので、子供が乾枯びてしまった。子供が乾枯びたので父親は怒って、云うようには、「乾枯びされたから、ままよ太陽の奴めを征伐して呉れよう」。征伐に出掛けることとして、［出発］前に蜜柑の木を植えた。一人の子供を征伐に連れて行くこととして、［粟を］右耳に五穂、左耳に五穂引掛け、すべての爪に粟粒を詰めた。征伐に行った。太陽の出る処に到着した時に、草を取ったが、直ぐに枯れた。外の草を取ったが、どれもこれも枯れてしまった。次に箒草を取って、其の時に隠れ小屋を作ったところが、枯れなかった。大変に熱い者が現われて来た。殺人者は父に射られた。目に当たったから、人間は逃げたが、月は捕らえようとした。然し小さいので、捕らえることが出来なかった。捕らえたが、指の間から抜け出た。指に唾をつけて押さえて、月が云うようには、「どうしてお前は無暗に私を撃つのか」。父親が云うようには、「あなたが私の子を乾枯びさしたから、私は腹が立っている。それだから私は征伐をするのです」。先祖が云うようには、「怒らずいて下さい、我慢をして下さい、綿を上げますから、目を拭いて下さい」。月は二人の人を連れて、月の村に行つた。話すようには、「お前達は祭りをせねばならない。私は、一年に十二回通過するが、七度の祭りで充分である」。其の時に飯を炊いてくれたが、〔我々のものと〕異つていて、蚯蚓のようなものが出た。月が祭事を教えたから、豚と鶏とをお礼に与えた。月が云うようには、「もしそれ（月の作つた飯）を食べるならば首飾玉が出るだろう。その首飾は祭りに使わねばならぬ」。

先祖は、蕃社に参った。出発の時に植えた蜜柑は、黄色になっていた。粟の穂は一つ食い残されていた。皆食べる筈であったが、月が食べさせてくれたからです。利口者がいた。月を射た人が、云うようには、「綺麗な首飾玉があるから、手を出しなさい」。利口者が云うようには、「糞をいじるのは汚いから手を出しません」。馬鹿者がいた。先祖が云うようには、「私はお前に首飾玉をやるから、手を出しなさい」。馬鹿者は汚なさを知らないから、糞を手で受けた。すると素的に綺麗な首飾玉が出て来た。利口者が云うようには、「私に首飾玉を下さい」。〔馬鹿者の〕次に利口者が〔手を出した〕時に悪い首飾玉だけが、出た。先祖が云うようには、「此の首飾は豚と鶏と交換したものであるから、祭りに用いねばならぬ」。人々が祭事をするようになってから、卡社蕃が分離した。我々は歌の競争をしようじゃないかと、云った。卡社蕃は一番上手であった。一番上手だったので、巒蕃は怒って、巒蕃は自棄になり、煮芋を〔卡社蕃人の〕口に押し入れたので、卡社蕃は、上手に歌えなくなった。我々が巒大社にいた、その時にタイヤル族が分かれた。タイヤル族が先祖に云うようには、「此の石を汝等に輿えて分かれよう」。彼等タイヤル族は、〔我々と〕同源である。

更にタイヤル族から花蓮港ブタン族が分かれた。それから卡社蕃［が分かれた］。それから卓社蕃とカンタバン蕃が分かれた。郡蕃はタイヤル族と一緒にいた。我々は巒蕃と一緒にいたが、狩猟に此処にやって来たところが、いつの問にか犬糞のある処へ来た。黍と粟とが生えていた。バタンという人が云うようには、「此処は作物が上等だ」。バタンは此処に住んだ。すると次第に外の人も後から此処に来た。バタンが最初に此処へ来たから、タケバタン［丹蕃］と云われた⑽。

［事例11］（郡群東埔社）

一　太陽征伐の話

大昔太陽が二つあって昼夜の差別がなかった。或る日一人の母が乳呑子を抱いて畑に行き、日蔭をつくって子を遊ばせようと箒を地上に立てたが、其の蔭は小さく、子を蔽うには不足であった。それから雨合羽で蔽い、其の下に子を置いて仕事に従事していた。ややあって子は睡ったのではないかと行って見たら、子の形がなく、唯多くの蜥蜴がさまよっているのが見えるだけだった。母は大いに驚き、早速家に帰って父に其の由を告げたところ、父の驚きは一方でなかった。「きっと太陽の為に殺されたのだろう、私が行って太陽を征伐しよう」と、先ず子を置いた所に蜜柑を植え、それから旅装を整えて出発した。行くこと教千里、山を超え河を渉り、ようやくにして太陽に近づき狙いを定めて発砲したところ、誤たず命中した。太陽は負傷して痛みに耐え兼ね、涙を洗しながら云うには、「お前の胸当をしばらく貸せ。目を拭こう」と。彼は声を荒げ、「お前は我が子を殺した仇ではないか。なぜ我が物をお前に貸すことができようか」と罵った。太陽は重ねて云うには、「お前は未だ自分の非を識らないいか。お前の子が死んだのはお前らが招いた罪である。お前らは日々何によって生活するか。これ皆私の恩恵によってである。それなのにお前らはいまだかつて一度も報恩の祭りをしないのは何事か。人が猿となり、猪となり、草木となるのは当然の事である。お前らに子を愛撫する心があったら、一日も早く家に帰って謝恩の祭りを行え。そうしたら子孫が絶える事はないだろう」と、諄々と道理を説かれて、気は張った弓が弦を断ったようになり、地上に平服し、ひたすら謝罪して急ぎ帰途に就いた。其の時太陽は彼を呼び止め、「しばらく待て。道は遠いので、これを食とせよ」と云って水玉と玻璃玉とをお授けになった。重ね重ねの有り難い御言葉に彼も深く感銘して喜悦の涙を流し、恭しく胸当を取り外して献上した。今月の面に見えるのは其の胸当である。それから彼は暇を告げ、一日も早くと急ぎ社に帰り、先ず子が死んだ場所に到ると、蜜柑は大樹となって実を結び、時が経ったことを示していた。彼も思わず溜息をついて、しばらくは首を垂れ腕を組んでいたが、こうしてはいられぬと気を励まして家に帰り、人々を集めて太陽のお告げを伝え、早速豚を殺し鶏を殺して報恩の祭りを行い、それから毎月満月の時に祭った。首尾よく祭祀も済んだので、父は息子を呼んで、「お前は私の尻に手を当てて糞を受けよ」と云った。息子は臭い事を命ずるものだと思ったが、太陽を射た父の事なので拒み難く、顔を外に向けて恐る恐る尻に手を当てて待っていると、水玉と玻璃玉とを沢山出した。其事が忽ち社中に伝わって、我も我もと押し寄せ、其の珍らしい玉を一つずつ譲り受けて首に下げた。[11]

［事例12］（郡群イバホ社）

一　太陽征伐

先祖の頃、月が無く、夜が無かった。月と日は、昔は兄弟であった。夜がないから一生懸命に耕作をした。

いた。山羊皮を地に下し敷いて［子供を寝かせた］。父と母は耕作をしていた。山羊皮を地に下し敷いて［子供を寝かせた］。

日干になって、子供は死んで蜥蜴に変じた。母と父は悲しみ、［太陽征伐に］出発した。父は蜜柑を植えた。太陽の出る場所へ行き射った。弓にて射った。右の眼に当たった。ボロにて拭うたが、一眼は見えなくなった。［その太陽は月になり］その月は人を捕らえようとした。手にて捕えようとしたが、指から抜け出た。射った人は踏み押さえられたが、足の指から抜け出て、人は帰途に就いたが、月は人に射られて、太陽は出ず暗かった。食物は無く薪は無く人々は困った。射た人は帰ったが、暗黒の中を歩いた。行っている倅は、初めに石を投げ、若し草に当れば、他の処へ又石を投げ、若し草に当たれば、前進した。前に投げた時、「水を植える」羌仔に当たった。羌仔は水を植えていたから投石したことを怒った。山羊は怒って鳴声を挙げると太陽が出て明るくなった。月は、昔、太陽に外ならない。月になった時に、［人の跡を］附けて来て、祭りをすることを教えた、月の云うようには、「甘味物を食す勿れ、是に反すれば饑饉来らん」、太陽を射た人が、帰宅した時には蜜柑は実を着けていた。二人の兄弟が後に残されていた。一人は利口者、一人は馬鹿者。二人は云われた。「糞を手に受けよ」。利口者は臭いから手で受ける事を欲しなかった。馬鹿者は手に受けると、首飾が現れた。利口者は欲しくて、次に手にて受けると、腔門から悪い首飾が出た。月が云うようには、「今後、祭りをせねばならない。新月になった時に祭りをせねばならぬ。満月には、子供の祭りをせねばならぬ。其の時以来我々ブヌン族は、首飾祭日に於いて祭事をする。満月に当たり祭りをしなければ、子供は死ぬ。満月に当たり祭りをすれば、子供は長生する。其れ故祖先の祭事を遵守する必要がある。(12)

三　ブヌン族「太陽征伐」伝承のモチーフ・要素

（1）「矢で眼精を射る」モチーフ

前掲のように「太陽征伐」の伝承は、衆庶に酷熱を与える二つの太陽の一つを勇士が射落とす話で、タイヤル族・サゼク族・ソー族・パイワン族・サイセット族等々に分布しているが、特にブヌン族の伝承に特徴的なモチーフとしては、前掲バナン氏の口碑に「日には目が二つあったが、その目の一つだけを射抜いた」とある如く「矢で眼精を射る」モチーフが特徴的で、ブカイ族の他群の伝承事例にも多く認められる。たとえば、

太陽が出た時に父が射た。太陽の目に当たった。（巒蕃カトグラン社[1]）

弓を満月のように引き絞って、首尾よく太陽の目を射止めた（巒蕃カトグラン社[2]）

とある如くである。眼精に超越的存在の呪的勢能ありとする神話的観想の所産であろうが、

父は…太陽の出る場所へ行き射った。弓にて射った。右の目に当たった。（郡蕃イバホ社[3]）

とするものは、右を左の上位に置く同族の観念に従ったものかもしれない。[4]

他の部族の事例では、たとえば、

太陽が崖に上から出るのを待ち構え狙いを定めてひょうと放つと誤たず矢は其の真中を射る（大么族眉原蕃・北勢蕃[5]）

または

太陽を逸すまいと狙いを定めて矢を放つと矢は飛んで行って其の中央を貫き（大么族白狗蕃[6]）

のごとく、太陽の中心を射るモチーフが多く見られ、あるいは、

日月が来るのを待って翌日日月の入るのを見て一つずつを射た（紗績族霧社蕃⑺）

または

首尾よく太陽を射たが（大么族馬利古湾蕃⑻）

のごとく的中の箇所を明確にせぬものも多い。

（2）天与の食物

征途に上る勇士が粟穂を携える伝承は少なくない。たとえば、

耳に挿した竹管の中に粟を納めて（紗績族霧社蕃⑼）

父は大いに怒り、粟を五本ずつ耳たぶに挿し（武崙族丹蕃丹大社⑽）

粟を右耳に五穂、左耳に五穂引掛け、すべての爪に粟粒を詰めた。（ブヌン族丹蕃巒大社⑾）

等々あり、粟の重要性を語っているが、「一粒の粟を炊くと無限になる」モチーフは、日本の伝承―俵藤太が龍宮から贈られた米俵についての記述、

俵ハ中ナル納物（イレモノ）ヲ、取レドモ取レドモ尽ザリケル⑿

米の俵を開きつゝ、米を取出すに、これも遂に尽きざり⒀

などに内在する観想をも思わせる。しかし日本の「尽きぬ米」は容器の呪力によるものであるが、ブヌン族においては、粟自体の神秘的な勢能による点に全き相違がある。

太陽がまだ撃たれなかった時代には、一粒の粟が炊かれると、可なり沢山の人が食べる事が出来た（巒群カ

トグラン社[14]

其の頃は一粒の粟でも、二人一日の食として十二分であった（達啓覓加群 卡社[15]）

等とするのは、この神話的観念を如実に表したものであろう。ちなみにスラ・ナカヲなる兄妹の始祖説話を語る阿眉族奇密社の伝承に、

或時余りに耳の内が痒いので爪で掻いたら、内から固い小粒の物が出てきた。不思議のものだと地上に役げ棄てたら間もなく、これから芽生えて後実を結んだ。原住民が食する粟は之から始まった[16]

と、また同奇密分社の伝承に、

創世当時の口碑に表われている例のナカウは、或る日非常に発熱して耳が遠くなり、おまけに耳の中がガンガンして来た。何の気なしに耳の中をほじくって見ると、爪の問に小さな粒が挟まって出たので、何だ此んな塵があったのかと云いながら地面に投げ拾てて置いたところが、数日たつと其所から小さい草が生えて数箇月の後に小さな実が沢山なった。試しに其の実を一粒取って土鍋に入れて煮たところ、余り沢山に殖えたので、鍋は割れてしまった。其の一粒を又数粒に切って煮た所が、此度は立派な飯が出来た。これが即ち粟である。それだから今になっても粟には幾筋も筋がついている[17]。

とある。食物起原としての天与の粟と、その神秘的無尽蔵とを語るこれらの伝承は、民族におけるこの植物の象徴性を遺憾なく示している。

また太陽征伐の出発に際して、家の庭（または道中）に植え、旅中の喉をうるおし、帰還時に大樹に生長していた蜜柑・ブンタン等が話中に果たす機能の象徴性―粟同様勇士の命の保証、または長年月の経過を示すか―については、筆者はいまだ決定的な論を見出すに至らない。

(3) 月を作った氏族

『台湾高砂族系統所属の研究』によれば、卓社群中バライ氏が帰属する小氏族「タケ・ヴォアン Take-voan」は、中氏族「タマシラサン Tamasilasan」に属するとされる。(18)

この氏族の象徴ともいうべき、人が月を作った」伝承については、同書にも名称の由来を説明するものとして、同書に簡単な記述がある。

小氏族 Take-voan の由来は次の如くである。昔、太陽が二つあって昼夜の別なく照りつけて人々を苦しめたので、この氏族の祖がその一つを弓で射たところ、これが月(voan)となる。それで Take-voan と云うのである。(19)

射た太陽が月となった話は高砂族全般に多いが、「月の作成」への関与が氏族の呼称となった氏族は特異というべきであろう。人間を焼き殺す「太陽」は暴虐な存在として語られるが、死を契機として再生した「月」は、はなはだ慈愛に満ちた存在として人間にその祭儀を教え、食物を与える。

若者は始めて自分の非を悟り、それならということで祭りの方法を学び、又鶏を受けて社に帰り、人々を集めて一部始終を遂一物語った。それから毎日、鶏鳴と共に起きて農事に励み、また月々には射られた太陽を祭るのである。(20)

との卓社群カット社の伝承は、まさに死者祭宴としての月の祭儀の由来を語る縁起伝承であり、社人に祭りの仕儀を伝達したこの射手が「月を祀る祭司」の家柄であったことをも憶測させる。

(月は)飯を炊いてくれたが、[我々のものと]異っていて、蚯蚓のようなものが出た。月が祭事を教えたから、豚と鶏とをお礼に与えた。月が云うようには、「もしそれ(月の作つた飯)を食べるならば首飾玉が出るだろう。その首飾は祭りに使わねばならぬ」。

先祖は、蕃社に参った。出発の時に植えた蜜柑は、黄色になっていた。粟の穂は一つ食い残されていた。皆食べる筈であったが、月が食べさせてくれたからです。[21]

との丹群丹大社の伝承も暗示に富む。月は人間に、月を祀る祭儀を教え、食物を与える。月から与えられたその食物が「糞便＝首飾り玉」として出るモチーフは、同じく糞尿から宝を生み出すというヴェマーレ族の原古の少女ハイヌヴェレの神話モチーフをも連想させる。[22]

ここに共存する［月・死・豊饒・有用植物］の要素は、月に関わる原始的栽培文化との関わりを憶測させる。

おわりに

今回調査における伝承話は、特に高砂族ブヌン族の月信仰との関わりを多く語るものである。それは当民族の栽培文化の古層を暗示すると思われるが、全体にわたりいまだ不明の事が多い。なお今後の考察に俟ちたい。

注

はじめに

（1）台北帝国大学言語学研究室『台湾高砂族系統所属の研究』第二冊（資料篇）昭和一〇年　自刊　一〇九～一一〇頁。
また後掲資料の伝承者干卓番蕃は、卓社蕃に包摂可能ともいう（2）。

（2）前掲同書一一〇頁。

二　ブヌン族における「太陽征伐」の伝承

（1）話者　卓社蕃マクラバン社　パリバヤンマナマ、シュラーウ社　パリバヤンマナマ。臨時台湾旧慣調査会第一部『蕃族調査報告書　武崙族前篇』大正八年　自刊　二四六頁。原題「太陽征伐ノ話」。また佐山佐吉・大西吉寿『生蕃伝説集』（大正一二年　杉田重蔵商店　五〇七頁）に同話の記載があり、林道生『台湾原住民口伝文学選集』（達西烏拉彎他『台湾原住民系列四八　布農族神話與伝説』二〇〇三年　晨星出版有限公司　五四頁所引。原題「征伐太陽」）に同話の訳述がある。また林道生編著『藝文百類一九　原住民神話・故事全集①』（漢藝色研文化事業有限公司　二〇〇一（中華民国九〇年）台湾　五一頁。原題「征伐太陽」）には、干卓萬群の伝承として同一の文章が記載されている。これらは前掲のバライ氏の伝承とほとんど変わるところがない。

（2）話者　アベシタマラシャン。『蕃族調査報告書　武崙族前篇』二四九～二五〇頁。原題「太陽征伐ノ話」。また『生蕃伝説集』五〇七～五〇八頁に同話の訳述がある。

（3）話者　干卓萬蕃　バクラス社　パキシャン　カエ　モツ、オクトー社　バリバヤンマライ、ルルン社　バリバヤンタイモ、ククス社　タシバルアンウーラン。『蕃族調査報告書　武崙族前篇』二四六頁。原題「太陽征伐ノ話」。また『台湾原住民系列四八　布農族神話與伝説』六三頁に同話の訳述がある。干卓萬群は『蕃族調査報告書　武崙族前篇』では卓社群と分別せられているが、台北帝国大学土俗・人類学研究室『台湾高砂族系統所属の研究』においては「従来干卓萬群（Tak-qultavan）と称せられてゐるものがあるが、これは卓社蕃に含めてよいと思ふ」として、前者は後者に包摂されるべきものという。「太陽が射られて月に変ずる」モチーフもバライ氏の話例や［事例1］のそれとも類似している。（台北帝国大学土俗・人類学研究室『台湾高砂族系統所属の研究』第二冊（資料篇）昭和一〇年　自刊　一一〇頁。）

（4）話者　巒蕃カトグラン社　バヤンタナピマ。『蕃族調査報告書　武崙族前篇』一九八～一九九頁。また『藝文百類二三　原住民神話・故事全集⑤』（漢藝色研文化事業有限公司　二〇〇一（中華民国九〇年）台湾　五二～五三頁。原題「征伐太陽」）に同話の訳述がある。

（5）話者　カトグラン社　pajan tannapimma。採録　昭和五年八月。台北帝国大学言語研究室『原語による台湾高砂族伝説集』一九三五年　自刊　五九三～五九六頁。「巒蕃（カトグラン社）」。また『台湾原住民系列四八　布農族神話與伝説』六四～六五頁に同話の訳述がある。

（6）話者　達啓覔加（タケバカ）蕃タマロワン社　ウランタンカバン。『蕃族調査報告書　武崙族前篇』二〇六頁。また『台湾原住民系列四八　布農族神話與伝説』六二～六三頁に同話の訳述がある。

（7）話者　達啓覔加（タケバカ）蕃卡（カ）社　テヤンマトラヤン。『蕃族調査報告書　武崙族前篇』二〇八頁。また『台湾原住民系列四八　布農族神話與伝説』六三～六四頁に同話の訳述がある。

（8）話者　話者　丹大社　ラオンカルムタン。『蕃族調査報告書　武崙族前篇』一五～一六頁。連鎖譚の一部として語られる。また『台湾原住民系列四八　布農族神話與伝説』六一～六二頁、林道生編著『藝文百類二〇　原住民神話・故事全集②』（漢藝色研文化事業有限公司　二〇〇一年（中華民国九〇年）台湾　五三～五六頁。原題「祭太陽」）に、同話の訳述がある。

（9）丹蕃丹大社　ラオンカルムタン、エテキカルムタン。『蕃族調査報告書　武崙族前篇』一二三頁。

（10）話者　itteki soheqan　採録期　昭和五年八月。『原語による台湾高砂族伝説集』六一二～六一六頁。また陳千武訳述『台湾原住民母語伝説』（『台湾原住民系列四八　布農族神話與伝説』五五頁所引）、林道生編著『藝文百類二一　原住民神話・故事全集③』（二〇〇一（中華民国九〇年）漢藝色研文化事業有限公司　台湾　五七～五八頁。原題「射太陽」）に同話の訳述がある。

（11）連鎖譚の一部分として語られる。話者　郡蕃東埔社　タキシタホワンアリマン。『蕃族調査報告書　武崙族前篇』二二九～二三〇頁。また『台湾原住民系列四八　布農族神話與伝説』五九～六〇頁『藝文百類二一　原住民神話・故事全集⑤』五四～五五頁（原題「征伐太陽後」）に同話の訳述がある。

（12）話者　bukkun pasabe　採録期　昭和五年八月。『原語による台湾高砂族伝説』六五三～六五六頁。「群蕃（イバホ社）」。また陳千武訳述『台湾原住民母語伝説』（『台湾原住民系列四八　布農族神話與伝説』五五頁所引）に同話の訳述がある。

(1)『言語による台湾高砂族伝説集』五九四頁。
(2)『蕃族調査報告書　武崙族前篇』一九九頁。
(3)『原語による台湾高砂族伝説集』六五三～六五六頁。
(4)ちなみに漢民族においては左方を右方の上位とし、日本もその影響を受けている。（中山太郎「左の目」『郷土研究』第五巻第三号　昭和六年七月　一七三～一七四頁。中村節「田原藤太竜宮入り伝説の一問題」（『国文学　解釈と鑑賞』第三六巻第二号　昭和四六年二月　至文堂　二一四～二二〇頁）。
(5)話者　北勢蕃マビルハオ社　タークンカイク、ユーラオタークン、ヤンガハポーヘル、バイショオーサオ。臨時台湾旧慣調査会第一部『蕃族調査報告書　大么族前篇』大正七年　自刊　三二七頁。
(6)話者　白狗蕃マシトバオン社　タイモアーライ、ワリスアーライ、ワリスタイモ。『蕃族調査報告書　大么族前篇』　三三五頁。
(7)話者　霧社蕃　イヨンパワン、パワンポホク、ワリスラバイ。臨時台湾旧慣調査会第一部『蕃族調査報告書　紗績族』大正六年　自刊　八〇頁。
(8)話者　馬利古湾蕃　リポ社　タイモノラフ、　バットル社　ユカンノミ。『蕃族調査報告書　大么族前篇』三一三頁。
(9)話者　霧社蕃　イヨンパワン、パワンポホク、ワリスラバイ。『蕃族調査報告書　紗績族』八五頁。
(10)話者　丹大社　ラオンカルムタン。『蕃族調査報告書　武崙族前篇』一六頁。
(11)話者　丹蕃巒大社　itteki soheqquan。『言語による台湾高砂族伝説集』六一一頁。
(12)『太平記』巻第一五「三井寺合戦并当寺撞鐘事付俵藤太事」。
(13)『俵藤太物語』上。
(14)話者　カトグラン社　pajan tannapimma。『原語による台湾高砂族伝説集』五九四～五九五頁。
(15)話者　達啓覔加蕃 卡社　テヤンマトラヤン。『蕃族調査報告書　武崙族前篇』二〇八頁。

(16) 臨時台湾旧慣調査会第一部『蕃族調査報告書　阿眉族奇密社他』大正三年　自刊　三頁。

(17)『蕃族調査報告書　阿眉族奇密社他』一一一頁。原題「耳垢粟トナリシ話」。

(18)『台湾高砂族系統所属の研究』第二冊（資料篇）昭和一〇年　自刊　一一一頁。

(19) 前掲同書　一一三頁。

(20)『蕃族調査報告書　武崙族前篇』二五〇頁。

(21) 話者　itteki soheqqan。『原語による台湾高砂族伝説集』六一四頁。

(22) JENSEN Adolf Ellegard; *Die getötete Gottheit. Weltbild einer frühen Kultur*, Urban-Bücher, Nr.90, W.Kohlhammer Verlag, Stuttgart, 1966.（Ad・E・イェンゼン著　大林太良・牛島巌・樋口大介訳『殺された女神』昭和五二年　弘文堂）。

朝鮮の神話と天空世界

――アルタイ系諸民族の世界像との関連性をめぐって

依田千百子

はじめに

天あるいは天上界に対する崇拝は、農耕民のところにもあるが、ことに盛んなのは遊牧民や牧畜民のところである。ユーラシア大陸草原地帯のトルコ系・モンゴル系遊牧民は神を「テングリ」といい、これは同時に「天」「天空」そのものをあらわす。つまり天は、自然と人生と運命を支配する世界秩序の摂理者なのだ。この種の天上神は元来人格神的な要素はないが、人格化される時は原則的に男性・父と表現される。また、北方アジアの諸民族間に発達しているシャーマニズムの世界観によると、宇宙は垂直の三層にわかれ、上空には天上界があって、そこは明るい善神たちの国で、日の神が支配している。中間に地上界があって人間はそこに住み、最下層の地下の国には悪神が住み、死者の行く霊界とされている。天上から地上に降るには通路があって、この道を通って天神の子が「人間界の幸福のため地上に天降る」と考えている。このような北方ユーラシアの遊牧民の天に対する信仰は、中国の天・天帝思想や道教に多くの影響を与え、仏教の世界観とも相互に影響し合ってきた。

神話伝承の中の天と人間の関係に注目すると、天から人類がやってきたという人類起源神話があるが、これはアフリカの牧畜民の間で多く伝えられている。人類起源神話という性格は明瞭ではないが、日本の天孫降臨神話のような王朝の始祖や氏族の祖先、その他天女など天から男や女が降りてくる話は、広く語られている。他方逆に地上の人間が天上に行く話もあるが、天上界を訪れることの出来るのはシャーマンや選ばれた者など、限られた人間であることが多い。

本稿では朝鮮の古代文献神話とシャーマンが伝える巫俗神話における天空世界について、とくにアルタイ系諸民族の世界像との関わりを考察し、朝鮮民族の世界観を知る一助としたい。

一　朝鮮語ハヌル（하늘）

朝鮮語のハヌルは天・空を意味する朝鮮固有の語である。また天地万物の主宰者を意味することもあり、この場合合敬称ニムを付けてハヌニム（天神・天帝）という。ハヌニムは全知全能の至高神であり、人間との関係は相関的関係ではなく、天神は絶対的存在である。

ハヌニムはユーラシア大陸の草原地帯のトルコ・モンゴル系遊牧民の自然と人生と運命の全てを支配する、世界秩序の摂理者としての「天神・テングリ」に近い観念とみてよいだろう。

ハヌルの中世語はハナルである。この語はハン（大きい）とアル（日、日にち）の合成語でハヌルは太陽を意味する語とも考えられている。

二　古代朝鮮神話における天上他界

（一）支配者の天降り神話―王権の根源としての天

朝鮮における天上界の観念は、天から祖先が天降る神話と結びついて顕著に認められる。[1] 古朝鮮の檀君《タンクン》神話では、天神桓因《ファンニン》は庶子桓雄《ファンウン》を太伯山頂の神檀樹の下に降下させて朝鮮を開いたという。[2] 半島南部では始祖首露王《スロワン》以下の神の御子たちが卵の中に包まれて、亀旨峰《クジボン》に天降ったという六加羅の開国神話、[3] 瓢巌峰《ピョアムボン》に天降った謁平《アルピョン》をはじめとする辰韓六部の始祖、[4] 及び新羅の始祖朴赫居世《バクヒョクコセ》、[5] 金氏の始祖金閼智《キムアルチ》も天降っているが[6] 首露と赫居世は最初の王となったと伝えられている。高句麗の始祖王朱蒙《ジュモン》も『旧三国史』逸文によると、天帝の子解慕漱《ヘモス》が夫余の熊《ウン》心山《シンサン》上に天降り、柳花《ユファ》と私通して朱蒙が誕生したと、朱蒙が天帝の血を引く天孫であることを伝えている。広開土王碑にも「鄒牟《チウム》（朱蒙）は、天帝（あるいは皇天）の子」と記され、天の子であることが明記されている。[7] 日本の記紀神話は天皇家の遠祖は高天原の主神である太陽女神アマテラスであり、その孫ニニギが高千穂峰に天降り、それ以来子孫が日本の支配者になったという。そこに見られる観念は王権ないし天皇の神聖性の根源が天にあるという考えであって、朝鮮の例に対応する。

これらの始祖たちの多くは天降った後、地上にとどまり、天上界に行くことはない。しかし中には天地間を往来したり、死んで彼の本源地である天上に帰還するなど、天界との関係を持ち続ける者もいる。これは高句麗神話に著しい。

(二) 解慕漱の天地間往来と天への帰還

『旧三国史』逸文によると、漢の神雀三年天帝が夫余の古都に太子を天降らせた。太子は解慕漱と号し、五竜車に乗り、従者百余人を従えて、みな白鵠に乗り、まず熊心山上にとどまり、十余日経てから降った。その光景は、首に鳥羽の冠を戴き腰に竜光の剣を帯び、朝には事を聞き、夕方には再び天に戻った。世に天王郎と呼んだ。城北の青河の神に三人の娘がいたが天王郎は長女の柳花を后に選んだ。天王郎は柳花とともに五竜車に乗り、河神の宮に行った。そこで天王郎は河神と変身術を競い合い、魚・獣・鳥などに化けて河神に勝ち柳花と結婚した。河神は天王郎が妻を天に連れて行かないのではないかと心配し、宴会を開いて天王郎にさかんに酒を飲ませて酔わせてしまった。そして花嫁と花婿ともに小さな革の輿に入れて竜車に乗せて天に昇らせようとした。ところがその車がまだ水界から出ないうちに天王郎は酔からさめ、女の黄金の釵をとって革輿を刺して穴をあけ、そこから一人だけ抜け出して天に帰ってしまった。

天王郎に関する「朝則聴事、暮即升天」という部分の記述は太陽それ自体の運行の神話的表現であり、太陽の運行に同化するほど彼の太陽神的天神としての性格が強調されている。彼は柳花と神婚の後、「取女黄金釵刺革輿、従孔独出升天」とあるように、革輿の針穴から一人天に帰還してしまった。針穴から出て天に至る彼の本体とは「光」以外の何物でもない。つまり天王郎の天上帰還の手段は、彼の本体である「日光」となって行われたのであった。

(三) 朱蒙の天地往来

朱蒙の父解慕漱は「朝則聴事、暮即升天」とあるように毎日天地間を往来していたが、朱蒙もまた父と同様天地間を往来していた。高麗の李承休の著『帝王韻記』によると、平壌市内を流れる大同江の川中には朝天石とよばれる石があり、高句麗の始祖朱蒙が麒麟馬に乗って天帝のもとに赴く際、その石を踏んで天に昇っていったという。同様の伝承は李朝時代の地理書『新増東国輿地勝覧』（巻五一平壌条古蹟）にも記されている。そこでは東明王は麒麟馬に乗って「天上に奏事した」。または天上に往来するのに、窟中をとおって朝天石に登り朝天石から「詔天」した。それのみでなく、彼はこの朝天石から昇天して帰って来ないとも伝えられている。朱蒙が天への交通手段として用いたのは麒麟馬であった。麒麟馬とは帝王を乗せて天と地を往来する聖馬であり、新羅の始祖赫居世の神話に登場する白馬と脈絡を同じくするものである。

（四）霊魂の天上回帰――「朱蒙の昇天」と「赫居世の昇天」

朱蒙に関する最も古い資料は広開土王碑（四一四年）であるが、それによると始祖鄒牟（朱蒙）王は北夫余より出で、「天帝の子、母は河伯女郎」で卵より生まれ、あるいは「皇天の子、母は河伯女郎」と記されていて、天の子であることが強調されている。また彼の死については

因りて黄竜を遣はし来り下りて王を迎ふ。王忽本の東岡に於て、黄竜負ひて天に昇る。

と記している。つまり天帝の子である鄒牟王（朱蒙）は、天の系統であり、それ故に死に当たってその本源の地である天に、黄竜に駕して昇ったというのである。

また『旧三国史』逸文もほぼ同様のことを伝えている。

秋九月、王は天に升って降りて来なかった。時に年四十。太子は遺品の玉と鞭を竜山に葬った。在位十九年の年朱蒙は歿した。

『三国史記』巻第十三・高句麗本紀第一の記事も基本的には広開土王碑や『旧三国史』逸文と同じである。

（在位十九年の）秋九月、王が昇天した。時に年四十歳。竜山に葬り、東明聖王と号した。

以上の朱蒙の死に関する三つの伝承は、みな彼が天帝の子または日神と河神の女との間に生まれ、死に当たってその本源地である天に昇ったという基本的な筋において共通の認識を示している。

新羅の始祖王朴赫居世についても天からの降臨と死後の昇天が伝えられている。『三国遺事』紀異巻一によると、おのおの天から山上に降下した六部の祖たちが会議を開き、有徳の人を求めて君主として国を建てようとした。この時、楊山《ヤンサン》の麓に異気電光のごとく地に垂れ、白馬が跪拝している状があるので、尋ねてみると一つの紫卵があった。この卵の中から嬰児が生まれた。名を赫居世とし、君主に推戴して新羅を建てた。

赫居世は国を理《おさ》めて六十一年目に昇天し、七日後天から遺体が散って地に落ちた。また王妃も亡くなった。国の人が二人を一緒に葬ろうとしたところ、大蛇があらわれてそれを止めたので五体を別々に葬った。それでその陵墓を五陵または蛇陵《サヌン》と名づけた。曇厳寺《ダモムサ》の北陵がそれである。

このように神話は赫居世の天からの由来を示唆してはいるが、天帝の子とは明記していない。死に当たっても天に帰るが、七日後にはその死体はまた地上に散落している等赫居世の天からの降臨と死後昇天は、朱蒙ほど明瞭ではないがその類型性は認められる。(8)

（五）古代朝鮮の天上他界観の系譜―アルタイ系牧畜民諸族における天上他界観との関連性

前述のように古代朝鮮の建国神話に始祖が天から降臨し、死後昇天したことが語られているのは、日本の天稚彦や饒速日の神話と対応しており系統的にも親縁関係があることを物語っている。古代朝鮮の王権文化は扶余・高句麗を経て、北・中央アジアのアルタイ系諸民族の文化につらなっている。ハルヴァによると北アジア諸民族の他界の位置は、地下・別世界・天などさまざまであるが、天他界のばあい一民族の全員が死後天に昇るのではなく特定の者だけが天に昇るところが多いという。アルタイ・タタール族は罪人は地下のエルリクの世界に落ちるのに対して善人は天で幸福に暮らせると信じている。ヤクート族では善人も悪人もシャーマンも俗人も貴人も盗賊も死者はすべて天に行くと信じているが、すべての死者が天に赴くというこの表象は比較的新しいものであろう。恐らく火葬と密接な関係にあると思われる天上他界観は、ブリヤート族のほか東北シベリアのチュクチ族やコリヤーク族にもみられる。またウラル系諸族には雷死者は天に昇るという観念がある。このように北アジア諸民族、ことにアルタイ系諸族の間には霊魂が天に由来するという観念が広く分布している(9)。この観念は古代イランにも存在していた。古代イラン文化の北アジアに及ぼした広汎な影響を考慮すると、この観念もイランからの影響の可能性が高い。大林太良はかってアルタイ系諸族のところには生まれる前の霊魂は天界にあり、それが降臨して人間の霊魂となるが、死ねばそれはまた天上にもどって行くという構造の霊魂表象が広く存在していたのではないかという仮説を提示している(10)。

『元朝秘史』の伝えるモンゴルの例ではチンギス・ハンは天の子孫であり（巻一）、彼は亥の年（一二二七）に昇天したという（巻十二）。この例は古代朝鮮の建国神話にみる始祖が天から降臨し、死後昇天したという観念がアルタイ系牧畜民族において、かなり古くさかのぼることを示唆している。王権の根源が天にあるという観念は内陸アジアの騎馬民族の間では長い伝統を持っている。ジャン＝ポール・ルーは古代突厥の王権の特徴として次のことを指摘している。王は天から来た者である。王は天から命令をうけており、天の意志の執行者である。王は宇宙の秩序を維持する役目をもつ。王は社会生活にとって不可欠の存在である(11)。このような突厥の王権の観念は、日本の天孫降臨神話や檀君神話をはじめとする朝鮮の支配者天降り神話、モンゴルの『元朝秘史』などに出てくる王権の観念に通じるものであり、古代朝鮮の例は内陸アジアと日本との間を媒介する重要な資料である。

三　朝鮮巫俗神話における天空世界

（一）天上界の神々と巫祭

北方アジアのシャーマニズムの流れをくむ朝鮮巫俗の世界観では、宇宙は天、地、そして冥府の三つに分けて考えている。天界はハヌニム、太陽神、月神、星神、その他の天つ神によって支配されており、地上界は山の神や人神の支配を受け、冥府は十柱の神と死者によって支配されている。天神は上帝、玉皇上帝、上主などと称しており、在来の天神ハヌニムと道教の玉皇上帝や仏教の天神の一つ帝釈神などとの習合を示している。

朝鮮巫俗における天に対する観念は強く、例えば巫祭の時には必ず、六、七メートルの大竿を立てるが、これは神の降下路である。巫歌では冥府神である閻魔大王さえも、人間界に「下りて来、上って行く」と表現されている。

（二）巫俗神話における天空世界

「甑詞《シルマル》」と「天主王本解《チョンチュワンボンプリ》」

一般神本解（巫俗神話）には、巫俗世界の最高神玉皇のいます天上界に触れたものがいくつかある。そのうち京畿道水原郡烏山里の〈甑詞〉という創世歌[12]では、天神の地上への降臨と、その息子兄弟の天界訪問について次のように伝えている。

天下宮堂七星が人間世界を顧みるために地上に下りて来る。日が暮れて梅花夫人の家に泊り、同衾する。夫人は先門、後門の双子を生み、成長した兄弟は天上界に父を尋ねる。天下宮に昇って行く時は黒い雲で櫓をこぎ、虹で橋を架け、白雲を捕えて乗っていった。父の命により先門は大韓国を、後門は小韓国を司ることになる。二つずつの日と月が現われたので、先門、後門が鉄の弓で射落して一つずつにした。

これと類似した巫歌に済州島の「天主王本解(13)」がある。

玉皇世界の天主王が人間界に寿命長者という暴虐者をこらしめるために降りて来る。白主婆の家に三日間泊り、その娘と同衾する。帰りに臨み、男の子を生めば大星王、小星王と名づけるようにいって、夕顔の種子二粒を形見に与えてゆく。生まれた兄弟は七歳になり、夕顔の種を蒔いて天まで延びた蔓をつたわって、玉皇に登り父王に遭う。父は銀の盥に二本の花を植えて、その成長により人間界と地獄を分担統治させようとする。小星王が兄の花とすりかえ、知恵問答の末、人間界を治めることになる。

この二つの巫歌はともに天神の地上降下と地上の女（天父地母）の結婚、息子兄弟の誕生、兄弟の天界の父訪問、兄弟による地上の各界統治と天体の秩序設定（〈甑詞〉）を述べている。天界の父を訪問するための天界への交通手段は、〈甑詞〉では「雲の舟」と「虹の橋」等の天象であり、〈天主王本解〉では父の与えた夕顔の種子から生えた「天まで伸びた夕顔の蔓」である。

「捨姫（バリ公主）神話」

巫祖神話「捨姫（バリ公主）（バリティギ・七公主）神話」は捨てられた王女が両親を生き返らせるために西天西域国にある薬水を求めて遍歴する壮大な試練物語である。ソウル地方の伝承によると、娘ばかり六人生まれた後、七人目の娘として生まれた捨姫は、皇子の誕生を願っていた国王両親に捨てられてしまう。しかし両親が重病に陥ったとき、西天西域国に行って薬水を求めてくることを六人の姉は断り、捨姫だけが西天西域国に向かって旅立つ。

多くの苦労のすえ、神仙ムジャンスンに出会い、七人の子供を儲け九年間尽くした後、捨姫は薬水を得て戻り、両親にそれを飲ませて生き返らせる。この世と西天西域国を往来して両親を生き返らせた捨姫は死霊をあの世へ導く巫の祖となったという。(14)

西天西域国（あの世）は捨姫神話によると、この世の果てからさらに陸路三千里、海路三千里の向こうにあり、死者の霊魂は剣山地獄、火蕩地獄など十王が治める十種類の地獄のほかに八四〇〇〇の地獄を経て行くことになっている。これらの地獄を過ぎて、再び高い山を越えて険しい道の向こうにある限りなく広い海を渡ってはじめて、死者を蘇生させる薬水のあるあの世に到ると描かれている。この巫歌に描かれたあの世は、西方のほとんど無限の先に位置する空間である。

現在の捨姫神話は道教と仏教の影響を大きく受けている。捨姫が行ってくる国は多くは西天、西域国と表現されているが、その他漢聖峰という天上の世界や玉皇上帝が住んでいる天上界であることもある。そして天上界である場合も、いったん大きな河水を渡ってから天上界に達するのである。道教的な天上界や仏教的に潤色された西天西域国は勿論後世的変化にすぎない。したがって西天西域国の位置については、それを西方の天上界と垂直的にみる説と、人間界の延長線上にあるとする水平的世界とみる説の二つがある。これを明らかにするため西天西域国へ入るための交通手段を検討してみると、ソウル地方の伝承の場合、捨姫は途中、鳥の羽さえも沈んでしまうという三千里の河に行く手を遮られたとき、阿弥陀仏の教えに従って持っていた金の杖を河に投げると「虹の橋」が架かったので、その橋を渡って河を越えたという。

安東地方の別伝によると、大海を前にして途方にくれて泣いていると、一つがいの「鶴」が舞い降りて来て羽で捨姫を抱えて大海を渡してくれた。（帰りは亀が運んでくれた）他の別伝では、捨姫は「仙女たちの綱」にぶら下がって天に登っている。つまり捨姫があの世に到るために用いた交通手段は、虹、鶴、天女の綱であり、これらは垂直的空間移動のための交通手段のニュアンスが強いといえる。したがって朝鮮巫俗の西天西域国（あの世）の位置は、ほとんど無限に近い西方の天上界であるとみなしてよいだろう。


「世経本解」（セギョンポンプリ、農神の由来譚）—天からの五穀の種子の降下

天上界の登場する巫俗神話に済州島の「世経本解」がある。これはチャチョンビという娘が、天上の玉皇上帝から五穀の種子をもらって人間世界に降りて来て農業を司る神になったという神話である。

昔チムジンクク大監が五十歳まで子が無く、寺に仏供をして娘を一人得た。この娘チャチョンビが十五歳の時、書堂に勉強に行く天の文道令と会い、自分も男装をして男のふりをして一緒に勉学に赴く。後に女であることが分かり、二人は愛するようになるが、文道令は父の命令によりソス王の娘と結婚するため天に帰ってしまう。失意のチャチョンビは文道令が山上にいるという下男チョンスナミの嘘を信じて山中に行き、強姦しようとする下男を殺してしまう。後にチャチョンビは西天花畑に行って人間を生き返らせる呪花を取って来て、下男を生き返らせた。さらにチャチョンビは文道令を追って天上に昇るが父母の反対にあって、さまざまな難儀を果たしついに結婚する。そしてチャチョンビは天帝国の乱を平定し、その褒賞として天帝王（玉皇上帝）から地と水、五穀の種子をもらって、七月十四日にその夫を連れて人間界に降りて来て農業を司るようになった。ところが種子（粟）播きが遅れ、代播する種子を忘れてきたことが分かり、再び天に昇って蕎麦（秦麒本では蕎麦と菜）の種子を取って来て播くと、蕎麦は遅く播いても他の秋穀と一緒に収穫することができた。こうしてチャチョンビは農神（世経）になり、下男は家畜の神々になった。[15]

この神話から、地上の穀物の起源が天にあり、玉皇上帝である天が穀物生産を司る絶対的存在であると認識されていたことが分かる。穀物盗みモチーフが元来あったか否かは不明である。[16] またこの神話は明らかに中国の梁山伯説話をその底本としている。

西天の花畑と生命、霊魂の花

朝鮮巫俗の天上界には、天上界の西の方であろうか「西天の花畑」がひんぱんに出て来る。捨姫神話でもこの西天の花畑は大きな比重を占めており、捨姫の探し求める薬水はこの花畑の呪花とともにあった。[17] 先述の「世経本解」では、チャチョンビは自分を強姦しようとした下男のチョンスナムを殺し、その後、彼を生き返らせるために西天の花畑に行って還生花（死んだ者を生き返らせる花）と肉を作る花とをこっそり摘んできたと語られている。

また同じく済州島巫俗の伝える「二公本解（イゴンポンプリ）」は西天の花畑を管理する二公神に関する以下のような話である。

貧しい金鎮国大監と豊かな元鎮国大監がともに子供がなく、東桂南恩重寺に祈子供養をする。金鎮国には男の子が生まれ沙羅道令と名づけ、元鎮国には娘が生まれ、月光娥媚と名づけ、二人が十五歳になった時に結婚させる。沙羅道令に西天花畠の花監官の命が下ったので、月光娥媚も一緒に出発する。途中、月光娥媚は疲れて歩けず、やむなく子賢長者の婢として売られ、月光娥媚は子賢長者が同衾を強要するが、それを逃れて男の子を生み、寒楽宮と名づけて育てる。寒楽宮は苦難の成長ののち、父を尋ねて行く。花監官は寒楽宮が息子であることを確かめて、息子が尋ねてくるその間に母が殺されたことを知らせて、各種の呪花をもって行かせる。寒楽宮は呪花をもって帰り、子賢長者の一族をみな殺しにして、母を蘇えらせる。沙羅道令は花監官を務め、寒楽宮は生き返った母と幸福に暮らす[18]。

これらの巫俗神話から推測して、西天花畑は人間の生死を司る呪花のある西方の「天上界」にある花畑（園）であることが分かる。

西方は「西方浄土」というように、朝鮮では理想郷を象徴する方位である。済州島の巫俗神話にみられる西天花畑から分かるように、人間の生死はこの花畑に植えられている還生花と滅亡花の力によって左右されると信じられた。そのため済州島で行われる大規模のクッ（巫祭）では、西天花畑の花を司る二公を祭る儀礼が組み込まれている。

なお、二公本解は偽経『安楽太子経』という仏教説話を底本としていることが考証されており、新羅善徳女王代（六三二～六四六年）に建立された乃祇林寺《ネチリンサ》の縁起に関連したものではないかといわれている[19]。

「産神婆本解（サムシンハルマンポンプリ）」と「花盗み」

また次の済州島の「産神婆本解（サムシンハルマンポンプリ）」にも西天花園の呪花が出てくる。

昔、東海竜王国の娘が不孝なので、王は「人間の世界に行って生仏王（子を孕まし、生ませる神）となって生活せよ」と命じ、石函に入れて流す。娘は人間世界に着いて子を孕ましたが、生ませる方法を知らなくて困ってしまう。それで、人間は天に別の産神を送ってくれるよう訴えた。玉皇上帝はメンジングクの娘を生仏王として送った。二人の娘は途中で出会い、花咲かせ競争をして、花をよく咲かせるものが生仏王になることにし、競争をするとメンジングクの娘が勝って生仏王（産神婆）となり、東海竜王国の娘は十五才以下の小児の魂を取っていって司る悪い神（あの世の婆）となった。

ところで、西天国には西天花畠という花園があって、この花園には、人間の肉を作る花、骨を作る花、還生の花、繁盛の花などいろいろな花を播いて花監管という神が培っていた。産神はこの花を両手にもって人間に孕胎を与え分娩させるのである[20]。

済州島の仏道迎えでは「産神婆本解」を誦唱して産神婆を迎えて妊娠を祈り、あの世の婆が育てる「滅亡の花」（子供の生命を奪う花）を折る。そして二公神の管理している「生仏花」（子供を懐妊させる花）を取って来て儀礼の依頼者（女性）に与えるという内容の巫戯が行われる。ここには人間の生命の種子である花を盗んで来て女性に与える〈花盗み〉のモチーフが認められる。

（三）生命・霊魂・五穀の種子の起源地としての天

上述の「産神婆本解」の神話で重要なのは、人間の生命・霊魂が西天国の花畑（園）で育てられている呪花に宿っている、つまり天上に由来するという観念である。人間の生命・霊魂が天に由来するという観念は北アジア諸民族、ことにアルタイ系諸族の間に広く分布している。例えばゴルド（ナナイ族）、ヤクート族、アルタイ・タタール族等にみられるが[21]、朝鮮の西天花畑の呪花は、天上の植物に霊魂が宿っていること、女神によって母胎に導入される点でこの観念と同様である。魂が天から由来するという観念は、古代イランにもあり、北アジアの例はイランからの影響も考えられる。[22]朝鮮の例はこうした観念が南中国の花婆信仰[23]や、さらに古く仏典説話と習合して今日みるような独特なものになったのではないかと思われる。

まとめ

朝鮮の天上他界の観念には、天から祖先が天降る神話や天神の観念と結びついたものと、霊魂が天に由来するという観念と結びついた天上他界の二つの類型が認められる。文献神話においては王権の根源であり、かつ死後再び霊魂が回帰する場所である天上界についての具体的説明はほとんどなされていない。天上界の登場する巫俗神話の語る天上界は、日月や昼と夜、山川、井戸、宮殿、家屋、庭など地上と同様の景観から成っており、愛憎、労働、戦乱など人間界と同様の生活が展開している。天上には天上界の主宰神、最高神としての天帝がいる。天帝は地上の法と秩序、風雨雷など大気現象をコントロールし、牛馬その他の家畜の牧畜や麦など穀物農耕の豊穣、多産を管理する天上界と人間世界の絶対的存在である。そこには明らかに万物の範型が「天上界」にあるという観念が認められる。この天上界から神々は時々地上に降りて来るが、地上の人間が天上に行くことは稀で、天神の子や限られた人間（＝シャーマン）にしか許されない。その選ばれた人間も厳しい試練が課せられ、その試練を克服して天界に至った者に対して、天帝は人間にとって価値あるものを与えて地上に降すのである。そして天上界の西方の一角には西天（西域）国があり、そこの花畑（園）では人間の生死を司る呪花が栽培されている。

朝鮮巫俗神話の天上界はさまざまな系統の文化や宗教と複雑に習合しているが、天上界が生命や穀物の種子など人間にとって枢要な価値をもつものの根源地であるという観念が明確に認められる。このような朝鮮巫俗の世界観は、朝鮮文化の強い敬天思想の伝統を基礎づけるものであり、かつ古代朝鮮神話の天の信仰とともにアルタイ系諸民族の世界像との間に多くの関連性が求められるのである。

注

(1) 王権の起源が天にあり、かつそれが支配者の天降りという形をとる朝鮮の支配者天降り神話は、アルタイ系支配者文化の一環をなしている。大林太良『東アジアの王権神話』弘文堂　一九八四年　三一一〜三一四頁、同『神話の系譜』青土社　一九八六年　一七四〜一九〇頁
(2) 『三国遺事』巻一　古朝鮮　王倹朝鮮
(3) 『三国遺事』巻二　駕洛国記
(4) 『三国遺事』巻一　新羅始祖　赫居世王
(5) 『三国史記』巻一・二　新羅本紀　始祖赫居西干
(6) 『三国史記』巻一・二　新羅本紀　脱解尼師今、『三国遺事』巻一　金閼智　脱解王代
(7) 『東国李相国集』巻三　東明王篇　『三国史記』　巻十三　高句麗本紀　始祖東明聖王　『三国遺事』　巻一　東扶餘・高句麗
(8) 尚朝鮮では済州島や咸鏡道の巫歌に世界巨人が天地を分離したモチーフの天地分離神話が語られているが、『三国遺事』巻二には新羅三五代景徳王の時、天地間の交通が杜絶したことが記されている。景徳王がその子の性を女から男に変えようとして、表訓大徳が天にあたかも隣里に行くように往来したので、天帝が天地の別を乱すのを止めるために天地間の交通を杜絶したというのである。この話から甑餅のようにくっついていた天地が分離した後、しばらくの間はまだ天地間の交通があり、この交通さえ景徳王伝説のように杜絶えてしまったという二段階の天地分離の観念がうかがえる。文献神話にみる高

句麗王朱蒙が麒麟馬に乗って天地を往来していたというのは、この観念を表しているのではないかと思われる。

（9）ハルヴァ（田中克彦訳）『シャマニズム』三省堂　一九七一年　三二七～三二八頁、一五二～一五八頁

（10）大林太良（1）に同じ　一九八六年　一六八頁

（11）Roux, Jean-Paul 1959 L'origine C'eleste de la souverainte' dansles inscriptions Pale'o-Turques de Mongolie et de Sibe'rie, in : The Sacral Kingship : 231-241. Leiden: E.J. Brill. 大林太良（1）に同じ　一九八六年　一七八頁

（12）赤松智城　秋葉隆『朝鮮巫俗の研究』上巻　大阪屋号書店　一九三七年　一二八～一三二頁

（13）（12）に同じ　四六〇～四六六頁

（14）（12）に同じ　三～六〇頁

（15）玄容駿（朴健市訳）『済州島の民話』大日本絵画　一九七八年　八五～一三〇頁参照

（16）玄容駿は済州島の産神の儀礼で行われる「花盗み」を例に、人間の生命の種子である花を盗んで来て婦人に与えるのは、もと穀物の種子を盗み取るという観想ないし行事が、人間の種子を盗んで来て与えるというように転用されたものと見られないかと「穀物盗みモチーフ」の存在を肯定的にみようとしている（大林太良『稲作の神話』弘文堂　一九七三年　三五三～三五六頁）。

（17）（12）に同じ　三～六〇頁

（18）張籌根『韓国の民間信仰』資料篇　金花舎　一九七三年　一二六～一四二頁

（19）張籌根『韓国の民間信仰』論考篇　金花舎　一九七三年　三〇〇～三〇四頁。徐大錫『叙事巫歌小研究』ソウル大学校文理科大学国文学会　一九六八年　七頁。閔泳珪『月印釈譜第七八開説』延世大学校　一九五七年　八～九頁。韓国巫俗の「西天花畑」が仏教の影響を受けていることは明らかであるが、生命の起源を天上にみる観念については別に考える必要がある。

（20）玄容駿（16）に同じ。二四～二六頁

（21）ハルヴァ（9）に同じ　一五二～一五八頁　Jochelson. W. Religion and Myths of the Koryac. New York. 1905 : 26

(22) 大林太良(1)に同じ　一九八六年　一八〇～一八一頁

(23) 朝鮮巫俗の生命の花については、南中国のチワン族の女性創世神ミロチャ(花婆、花王)信仰との関係について考慮せねばならない。ミロチャは花の中から生まれ、花山を管理し、多くの花を育てている。彼女から花を送られた家はどこでも子供が生まれ、人が死ぬとその魂は花山の花畑に戻るという。ムーラオ族、コオナン族、プイ族などにも同様の花婆信仰があり、花文化圏を構成している。南中国のこのミロチャ信仰と朝鮮の生命の花との間には多くの類似点があり、地理的にも当然その影響が想定される。しかしミロチャの花畑は地上の花山にあるのに対して朝鮮の西天の花畑は天上界にあり、生命、霊魂の起源地に関する本質的思惟に差異が存在していることも確かである。両者の関係について、基層文化に基づくものなのか、道教儀礼に基づくのか今後の研究が必要である。(過偉　君島久子監訳『中国女神の宇宙』勉誠出版　二〇〇九年　一三七～一七四頁参照)

神話的宇宙と英雄の世界

――アイヌ叙事詩についてユーラシアの叙事詩研究からの覚え書

荻原眞子

はじめに

一九〇〇～一九〇一年に北東シベリアのコリャクの神話を収集し、比較研究を行ったW・ヨヘルソンは、コリャクの神話の世界はモンゴル・テュルクの英雄の世界と比ぶべくもなく狭いという指摘をしている。すなわち、「主人公たちの遍歴は空間的にも時間的にも限られており、その冒険は単純である。モンゴル・テュルクの英雄たちは鉄の馬に乗って数多の世界を飛翔し、その遍歴と闘いは数世代にわたる」のに対し、コリャク神話の「大ワタリガラスとその子供たちの遍歴は限られた地平の圏内、海岸から内陸のツンドラ、川の上流下流、どこかの島であり、海の向こうへ行くことはめったにない。天上の村や、地下世界への旅は短く、あたかも天は地上から遠くないかのようである」[Jochelson 1908:356]。ヨヘルソンはコリャクの神話について隣接するパレオアジア諸族(チユクチやイテリメンなど)をはじめ、東はアメリカ大陸のイヌイット(エスキモー)、北西海岸の先住民諸族はもちろん、西はユーラシアのテュルク・モンゴル諸族の叙事詩を視野に入れて広範な見通しを立てることを目指しており、その指摘するところはたいへんに貴重で示唆的である。しかし、叙事詩とはいいながら、片や神話、片や英雄叙事詩を同一の次元で比較するという手法には問題があろう。

ユーラシアを鳥瞰するなら、大陸の辺縁部に当たる太平洋沿岸地域のうち、北東シベリアのパレオアジア諸族では近年までいわゆる神話・伝承が盛行し、その資料も相当に集積しているが、いわゆる英雄叙事詩に当たるような説話は顕著ではない。この点で、ヨヘルソンの指摘は正しいと思う。南のオホーツク海沿岸では、サハリン・アムール川流域(アムールランド)のニブフに叙事詩「ガーストゥンド」があり、そのうちに英雄説話が認められる。また、アムール川流域ではトゥングース系諸族に「ニングマン、ニングマー」などと称されるジャンルがあり、そのなかにやはり英雄説話がある。そして、アイヌでは「ユカㇻ」が英雄叙事詩として知られてきた。このようにアムールランドから北海道にかけての地域の英雄説話・英雄叙事詩はテーマや内容などの特徴から全体としていわゆる神話とは区別される。さらに、ユーラシアの内陸部、東シベリアにはトゥングース系のエヴェンキやエヴェン、南シベリアにはテュルク系の諸族(アルタイ、ハカス、ショルなど)のもとに吟唱形式の英雄叙事詩が知られている。そのテーマや内容は多岐多様であるが、たとえば、東シベリアのエヴェンキの場合には、英雄叙事詩に神話的な要素が希薄であるのに対し、隣接するサハ(ヤクート)のオロンホでは主人公に文化英雄的な色彩が濃厚である。また、モンゴル諸族にはゲセル物語、ジャンガル物語という二種の英雄叙事詩がさかんであるが、南シベリアのブリャート・モンゴルで採録されているゲセル物語に語られる世界はやはり神話的である。中央ユーラシアのテュルク系の諸民族にはそれぞれ長大な英雄叙事詩が豊富であるが、いずれも歴史的な民族抗争を背景とするような特徴を示している。

このようにユーラシア諸民族の叙事詩の分布と特徴を捉えてみると、叙事詩に映しだされている宇宙や世界は多様であり、神話に語られる宇宙は、英雄叙事詩や英雄説話で展開する世界とはどうやら異質のようである。もちろん、後者には差異があり、一概に論ずることはできないが、そのことをも踏まえて神話的宇宙と英雄の世界とはどのように異なり、どこで共通しているのか、そして両者はどのように関連づけられるのかという興味深い問題が浮びあがる。そのような問題提起として捉えるなら、ヨヘルソンの指摘は極めて深い意味をもっていることになろう。

I　パレオアジア諸族の創世神話——可視的な世界

北東シベリアのパレオアジア諸族の神話では「大ワタリガラスの説話群」(Raven Cycle) と呼ばれる叙事詩が大きな比重を占めている。[1] これは一般のワタリガラスを主人公とするのではなく、たとえば、コリャクでは大ワタリガラス(クイキニャーク)という特定の主人公——通常は人格的であるが、折に触れてワタリガラスの羽衣をまとって変身する——が、妻と息子や娘、甥姪などの家族とともに説話の主人公として登場する一大説話群である。大ワタリガラスの相貌は多様性に富み、創造神、文化英雄としてだけでなく、愚者、道化役を演ずるトリクスターでもある。イテリメンではこのような大ワタリガラスはクトフ、チュクチではクルキルと呼ばれ、それぞれ宇宙の創造や文化の起源にかかわっている。チュクチの一話では天体が民族球技のボールに喩えられ次のように語られている。

人間のために宇宙に光を授けようとして、大ワタリガラスのクルキルがライチョウとともに空の凍った天蓋に孔をあけて暁の光明をもたらす。次いで、太陽を見つけるために、垂直に、真上に向かって飛んでいく。上の世界では、一人の女の子がボール遊びをしている。クルキルは彼女からボールを奪い、投げたり蹴飛ばしたりしているうちにそれが太陽となる。女の子からもう一つ取り上げて、投げると月になる。さらにもう一つのボールを奪って投げ上げると、砕けて星になる。最後に女の子を蹴飛ばすと、月にくっついてしまった。その間に大ワタリガラスの着物は火に焦げて、黒くなった。[Bogoraz 1900: 160-162]

この話の背景は、昼間太陽がわずかに地平線をかすめるとすぐに隠れてしまう極北の長い冬の闇の世界である。あたかも地上が氷雪に覆われているように、天空もまた厚い氷に覆われているかのようで、光明はその上にあるというのである。大ワタリガラスがその上界に上り、悪霊の子供が玩んでいるボールを奪って一つずつ天へ蹴り上げると太陽、月、星が現れる。天空の上というのは、われわれのジェット機の経験でいえば、成層圏の上ということであろう(2)。

実際、コリャクのワタリガラス説話群では、ヨヘルソンのテキストによると、あらゆる存在が「ヒト」であり、地上の生きものはイモ虫の類から熊やアザラシはもちろんのこと、草木や浮島、天空の流れる雲や風、そして太陽も然りである。そうして大ワタリガラス＝クイキニャークの娘は雲男や霧男と結婚し、草女、根男、浮島娘などがクイキニャークの家族たちとかかわりをもつ。宇宙もまたきわめて身近な人間的存在である。降り続く雨の原因について次のような話がある。

「〈宇宙〉は如何にして雨をつくるか？」

大ワタリガラス（クイキニャーク）が生きていたころのことだ。あるとき、雨がしきりに降りつづいた。クイキニャークの物は、着る物も、納屋の食糧も濡れて、家のなかは水浸しになった。クイキニャークは息子のエメムクットに「〈宇宙〉がなにかをやっているに違いない。雨が降ってくるところへ飛んでいって、見てこよう」と云い、彼らはワタリガラスのコートを着て、飛んでいった。

〈宇宙〉のもとへやってくると、太鼓の音が聞こえ、家のなかでは〈宇宙〉が太鼓を叩き、そばにはその妻の雨女がいた。雨をつくるために、〈宇宙〉は妻の性器を切って太鼓にとりつけ、自分の性器を切って、それをバチがわりに使っていた。太鼓を叩くと、性器から雨が降りそそぐのだった。

クイキニャークを見つけると、〈宇宙〉は太鼓を叩くのを止めた。すると、雨が止んだ。そこで、クイキニャークは息子に「雨が止んだから、行こう」と云って、外へでた。そのとたんに、また〈宇宙〉は太鼓を打ったので、前のように雨が降りそそいだ。

クイキニャークが家へ入ると、〈宇宙〉は太鼓を投げ出したので、雨は止んだ。クイキニャークは息子に「われわれは帰ったふりをして、隠れて様子をみよう」と云い、戸口から出るそぶりをしたが、実際にはトナカイの毛に変身して床に横たわった。すると、〈宇宙〉はまたしても、太鼓を打ちはじめたので、雨が地上に降りそそいだ。

クイキニャークは息子に、「わたしは彼らを眠らせるから、太鼓とバチをどこへ置くのかをみていなさい」

と云った。〈宇宙〉と妻は急に眠くなり、太鼓とバチをそばにおいて眠った。クイキニャークが太鼓とバチをとると、太鼓には雨女の性器がついており、バチをみると、それは〈宇宙〉の性器だった。クイキニャークは太鼓とバチを火のうえで乾かして、元の所において、眠りの呪文を解いた。眠りから覚めると、〈宇宙〉は太鼓を打ちはじめたが、打てば打つほど天気がよくなり、雲は晴れた。

〈宇宙〉と妻は再び眠った。

クイキニャークと息子は家に帰ってきた。よい天気になったが、狩りはうまく行かず、海獣もトナカイも獲ることができなかった。彼らが飢えるのは、〈宇宙〉が眠っているせいだ。

クイキニャークは〈宇宙〉のところへいって、「今ではよい天気になったのに、飢饉に襲われている。食糧を獲ることができないのだ」と云った。「それは、わたしが子供たちの面倒をみなかったせいだ。これからは獲物が獲れるだろう。おまえたちの面倒をみることにしよう」と〈宇宙〉は云った。クイキニャークは帰った。それからは、息子たちが狩りに行っては海獣や野生トナカイを獲ってきた。

クイキニャークは地面から橇の犬をつなぐ杭を抜いた。すると、その穴からトナカイの群が出てきた。クイキニャークはたくさんのトナカイを〈宇宙〉に犠牲に捧げ、その後は狩りもうまくいった。

[Jochelson 1908: No.9]

このような〈宇宙〉はこの長雨の由来を説明する話だけに登場し、コリャク神話で世界を構成する本質的な存在とはなっていない。すなわち、〈宇宙〉とは自然界そのものであり、雨の神話的表象は人間の生理と結びつけられているということになる。この〈宇宙〉は地上世界に対する上界ではなく、現実的な天空であって、そのことは「クイキニャークの天空旅行」[Jochelson 1908:No.95]でも同じように明らかである。

あるとき、クイキニャークは妻と息子や娘たちに「空へ移動しよう、だが、途中で決して後ろを振り返ってはいけない」といった。みなは旅支度をして、いくつものトナカイ橇をつなげて空へ上っていった。息子のエメムクトは一番後ろの橇にのっていた。彼はまだとても小さかった。空の半分まで上ったときに、エメムクトは父親の命令にもかかわらず、振り返った。すると、前の橇に結んであった革紐が切れて、エメムクトは下へ落ちた。「落ちるよ」と云う声に、その前の橇にいた母親のミチは先頭の橇のクイキニャークに「エメムクトが落ちた」と告げた。クイキニャークは振り返らずに、「後ろにつないである二頭のトナカイの綱を切れ。一頭はわたしので、もう一頭はあなたのだ。エメムクトの道連れにしよう」と云った。中略

この二頭のトナカイは地上で人間の夫婦と化し、幼いエメムクトの養育者となる。やがて長じたエメムクトのために夫婦は根男の姪の野生ライムギ女(3)に求婚するが、貧しいために断られ、エメムクトは根男の娘の草女と結婚する。

クイキニャークは家族と空でかなり長い間暮らした。そこでは娘のイネアネウトを雲男と、もう一人の息子を雲男の妹の雲女と結婚させた。クイキニャークもミチも二人とも息子のエメムクトのことはすっかり忘れていた。あるとき、クイキニャークは家族に「家へ帰ろう。大地へ降りよう」といい、彼らは鉄の枝角のあるトナカイの群を引き連れて空を後にした。雲男が一緒だった。後略

天空の住人は雲であり、クイキニャークの娘や息子の相手は雲の男女である。このようにコリャクの神話世界は自然界そのものが擬人化され、あらゆる現象が人間関係に還元されて語られるところにもっとも大きな特徴があるといってよかろう。そして、このように自然界の現象を「ヒト」として語る例はコリャクより南、サハリン・アムール川地域、すなわち、アムールランドの諸民族でも共通して認められる。(4)

II アイヌの神話世界――二つの位相

アイヌの叙事詩のなかで創世神話に当たる領域は一つには昔話や伝説であり、もう一つには日高地方で採録されているオイナと呼ばれる叙事詩である。まず、伝説や昔話についていえば、この地上世界の生成がコタンカラカムイ（国造神）の所業として語られるが、この神は創造の役割をおえると、どこか天上世界へ帰ってしまうことになっている。アイヌの口承文芸のもっとも大きな特徴の一つはユカㇻという叙事詩であり、それは定型的な語り口をもっている。しかしながら、創世神話のなかでも国土の生成についての説話はこのユカㇻというジャンルから外れ、主として地名にかかわる伝説として伝承され、記録されている。このことはアイヌの創世神話の顕著な特徴として留意すべき点である。

さて、このコタンカラカムイは妹神とともに天上から大雪山に降り、犬やセキレイ、カワウソなどを助手に地上世界の創造に当たる。

大昔、この世がまだ無かった時、大海の表にただオプタテシケ（大雪山）だけが水から頭をだしていた。

コタンカラカムイはその妹と共にその頂に降臨し、雲を埋めて陸地を創った。その際、黒雲は岩となり、黄色い雲は土となり、そして山や川や島々や国々が出来た。だから、いまでも山頂の巨岩には雲がたなびくのである。［金田一　一九九二、一〇一～一〇二頁］

国造神（コタンカラカムイ）が世界を創造にかかったころ、地上は大きな湿地であって、何一つ生きているものもなく、深い霧に包まれていた。そこで国造神はまずセキレイをつくって下の世界へ降ろした。混沌とした湿地に降りたセキレイもあまりに寂寥としたありさまに、ただ翼を振るってそこら中をひょいひょい歩き、細い脚で湿地を踏みつけたり、尾羽を上下に動かして、打ちかためたりしているうちに、セキレイの歩いた湿地がだんだんと固く乾いて陸地ができ、水が一方に片寄って海になり、やっと水と陸とが分かれるようになった。［更科源蔵　一九七一、一一七頁］

コタンカラカムイは人間を石ではなく木で創造したことになっており、そのために人間は不朽の生命をもたず、後から後から生じ、かつ成長し、また増殖するのだという。また、クマ、クジラ、トドなどはコタンカラカムイの喫煙用の発火具から生まれ、水中の生きものなどは妹神が肌につけていたものから化成したことになっている［荻原　一九九七、三八〇～三八一頁］。

コタンカラカムイは国土の創造を終えると天へ帰ってしまうが(5)、それに続く地上世界と人間アイヌの生活の基盤づくりはアイヌラックルと呼ばれる文化英雄に帰せられ、その説話はまとまりのある神話サイクルとしてアイヌの口承文芸のなかに位置づけられている。日高地方でオイナと称されているのがそれである。

コタンカラカムイは巨人であるとか、妹神が同伴者であるというように伝えられているが、その造化神としての役割は一代限りである。アイヌラックルの出生は全く別様に語られ、一つの伝承では地上に立つ春楡の木の女神と天降った男神の結婚によって生まれたが、その養育者はやはり天から遣わされた女神ということになっている。アイヌラックルの功業は地上世界の魔物退治、人間生活を支える山野の獲物の生成、男女の担うべき手わざや文芸ユカㇻの由来などにかかわっている。アイヌラックルの神話はアイヌの口承文芸のもっとも大きな特徴である一人称叙述の形式で伝承されてきたが、そこに表出しているのは当然のことながら、現実的な地上世界であり、登場する魔神はアメマス、カワウソ、飛竜や小山の怪などである。

我が里川の川沿いに遡り行かば、我が里川の川沿いに遡り行かば、
その水源に大沼あり、その沼上は
目も遥かに仄見え渡り、沼の端は縹緲と
輝きわたりてあるなり。
沼の半ほどに巨鯇棲まいなし、
沼のはずれに川獺の妖魔棲みなせり、
沼の上には蛇体の魔物、
夏ならば言いも得ならぬ妖魔の禍神（沼上に）棲息せり。［久保寺 一九七七、聖伝三］

アイヌラックルが沼から引き上げた巨鯇すなわち大アメマスを切り刻むと、それらは「もろもろの虫けらとな

り、数多の鳥と化して」飛び散る。また、日の女神を幽閉するのは、「小山に手足をはやしたような」魔物であり、女神は「木の柵金の柵を六重の柵中へとりまわし、その中へ木の箱六重の箱、金の箱六重の箱、その中に岩の箱六重の箱、その中」に閉じ込められている。そこから女神を救出し、再び地上に太陽を取り戻すのであるが、その場所はごく単純に山中の岩窟として解されよう。すなわち、アイヌラックルの神話では殺された魔神の行方も、魔神の所在もこの地上の世界である。天界については天神が語られるが、天界はむしろ漠然としており、そこの住人やその役割について具体的に語られてはいない。たとえば、アイヌラックルの神話のなかにロマンティックな恋愛譚がある。天界から降ってたまたまアイヌラックルを見初めた天の乙女が恋煩いになる。それを知ってアイヌラックルは天界に上るが、乙女の父親である〈青空の神〉から難題を課せられる。

汝が仕わざゆえわれなんじらに試練を科して汝もしできなかったら、汝らいっしょになることできないぞ。まずさきに、六人のユカルクル—詞曲人にわれは詞曲をやらせる。六人のオイナクル—聖伝人にわれ聖伝をやらせる。そして少しでも笑うことを汝らせず、最後に六人のヤイカテカルクル—恋歌人に恋の歌を言っても、そこにも汝ら笑うことなくこらえ通したらその時こそ汝らをいっしょにしてやるぞ

［金成・金田一　一九七六Ⅱ、四〇六〜四〇七頁］

アイヌラックルと天の乙女が辛うじてこの試練をパスすると、父神は次には男が作るべき品々（臼、杵、箕、鞘、帯織機の道具一式）、女の作るべき品々（刺繍着、かぶり物、首飾りや針仕事）を一日で作ることを命ずる。こうして、今日までのアイヌの日常生活をなす品々がアイヌラックルと天女によって地上世界へもたらされたの

である。アイヌの創世神話でコタンカラカムイの説話と文化英雄アイヌラックルの神話がそれぞれ異なる位相にあることは明らかである。しかしながら、このいずれの説話にも超自然的要素は顕著ではなく、コタンカラカムイの造化もアイヌラックルのもたらした文化もこの現世にかかわり、両者の神話世界はこの自然界そのものであるといってよかろう。(6)

III 英雄叙事詩ユカㇻの世界——蘇る霊魂と勇者のシャマニックな特性

アイヌの叙事詩として次に挙げられるのはいうまでもなく、英雄叙事詩、すなわち、英雄のユカㇻである。(7) 日高地方におけるユカㇻの主人公はポイヤウンペという幼い少年ということになっているが、物語のなかではあたかも青年の如く勇壮な活躍振りを披露する。ユカㇻのテーマはかなり多様であるが、きっかけはともかく、共通しているのは不断に展開する戦いとそれに絡められるヒロインたちとの恋愛である。ポイヤウンペが生涯にはじめて自分の住む山城（チャシ）を出て向かう先はしばしば川口から海上であり、ある村での戦いが終わると、またその先の村へと突っ走るのである。そこで興味深いことは、その移動の様子である。「虎杖丸」の最初では次のように語られる。

浜のみち　みちのおもて
我そこを指して降りゆけば、
何の神の我に憑きてか

道の地の面てより
吹き起つ風
我を高々と吹きあげたり〔金田一 一九六七、二五六〜二五七頁〕

英雄の走行には憑神が一陣の風となって随伴し、また、その頭上を叢雲が轟音とともに流れゆくというのが常套的な表現である。また、凄まじい死闘の場面でもポイヤウンペは憑神によって庇護される。

我が憑き神が　いかれる風その大風が
国土のおもてへ落ち来る音　鳴りとよむ。
それとともに　山に神々（樹木）の折れたきものは
幹の真中より折れ摧《くだ》け、
折れまじとするものは　根元よりして掘りおこされ、
折れまじきものは　数多の蓬の如く
数々の蓬の如く　しなやかなる條《こえだ》の如く
烈風の間に　梢々が伏しなびき
梢のさきざき　数々の激しき唸りを
帯びたりけり。〔金田一 一九六七、三二六〜三二九頁〕

ユカㇻではこのような憑神は主人公のポイヤウンペばかりでなく、もっぱら男性の勇者にも共通しており、その憑神の動きによる轟音や叢雲が大きければ大きいほど、その勇者の強者振りが推されることになる。このように勇者の登場が天空の異変を前兆として語られ、また勇者たちの闘いが幾夏幾冬にもなり、それによって天地は鳴動、大地は破壊されて生きものたちが犠牲になるという例は、ヤクート（サハ）のオロンホにも共通する特徴である。理性ある勇者が闘いによる被害を避けるべく相手とともに地下世界に場を移して闘いを継続するという話もあり、また、天上の女神が果てしない勇者どもの闘いを見かね、地下への移動を命ずるという例もある。アイヌの主人公の勇者の動きに伴う憑神は天候の急変という形で語られるが、それ以外には憑神の実態は定かでない。なるほどこの憑神は闘いの場に随行して勇者を援護する上では大きな働きをするが、とはいえ、それはユーラシアの諸民族におけるシャマンにとっての守護霊のように具体的で個性的な存在ではない。ユカㇻのなかではポイヤウンペを指して「強力な巫者」であるという表現がみられるが、この「巫者」を特定の社会的な役割をもつユーラシア諸民族におけるシャマンと同一に考えることには問題がある。(8)

憑神の他にも、ポイヤウンペやその他の勇者たちにはシャマン的な能力がある。その一つは己の正体を霊気によってひた隠しに隠すことであり、また、その雲霧を透して相手の正体を見破る能力である。ポイヤウンペはある場面で老女にも変身する。しかしながら、ユカㇻではヒロインたちがより優れた透視能力や治癒力を発揮するシャマンとして登場する。酒宴の最中に敵の接近を察知したヒロインは次のようにして敵を後退させる。

折しも沖よりしてひた寄せ来るに
少からざる神々の　寄せ来るけはい　鳴りとよむ。

（略）
オマンペシカ媛　沖の国の妹、
何と云うことぞ、沖の国の兄が
その妹の　巫道に秀づること　につきて自負したるもの
なりしだけに、
沖の国の妹、彼女のみ
神々ののぼり来ることを　さとりたるものの如く　思われたり。
さればこそ　沖の国の妹
（略）
強き息吹《いぶき》もて　その唇の上をひゅうひゅうと鳴らせば、
登るけはいのありたる神々　みな悉く
四方の海のうな上《かみ》へ追いやらはれたり。
するや否やその後すぐに　そら打霽《は》れたり。［金田一　一九六七、三四四〜三四六頁］

息吹を吹くというのは、「husa! husa! といいながら口から息を吐くこと」で、「病魔などを祓うに今もやる」とある［金田一　一九六七、三四五　註］。ユカラの女性たちはこのように息吹を吐くことによって霊的な力を発揮するが、それは勇者の傷を治すばかりでなく、瀕死の勇者を蘇生させるほどの効力がある。(9)

さて、闘いでの敗者の運命はどうなるのであろうか。

我が太刀さきに　ズバと音たてて
死霊の　身をはなれてのぼりゆく音　鳴りとよもす。
生き返る神　にてあるらしく
真ひがしに　行くその音　鳴りとよむ。［金田一　一九六七、三三〇～三三一頁］

ユカㇻの世界では、勇者たちは想像を絶するような身体的損傷を蒙っても決して死に至ることはないかのようである。すなわち、身体を離れた霊魂は負け戦の現場から故郷の村へ帰り、追撃するポイヤウンペがそこへ行ってみると、首領たちは何事もなかったかの如くにその場に集っている。そのような復活が繰りかえされ、ポイヤウンペに敵対する村々の首領たちは幾度でも姿を現わす。また、ある場合には、「遥か沖の方をさして死にゆく魂の音鳴りとどろき、一つは山の方へ死んでゆく音鳴りとどろく」［金成・金田一　一九七六、II　九六頁］とか、殺した相手を「山の妖精草の妖精に我汝をくれてやるぞ」と云って、「遠い山の狩場　山の狩場の奥へ投げすてた」［金成・金田一　一九七六、VI　二六七～二六八頁］というようなこともある。この場合にはあたかも死者は蘇生しないかのように思われるが、そうでない場合もあって、ユカㇻにおける死は絶対的であるとはいえない。

さて、霊魂が離れて飛翔すると、空ろになった身体はその場に取り残されているはずであるが、にもかかわらず、また英雄は蘇って存在しつづける。このような霊魂観ないしは死生観はユカㇻばかりでなく、一般に「クマ祭」と呼ばれているクマの送り儀礼の根本的な観念とも共通していることは留意すべきである。この送り儀礼のなかでは、殺されたクマの霊魂は東天に放たれた矢によって開かれる道を辿って親元へ帰り、また、受肉して人間界へやってくるのである。そして、この観念はコリヤクをはじめ北東シベリアからオホーツク海沿岸、アムールランドの諸民族に共通する特徴でもある。すなわち、この地域では共通して送り儀礼とその観念が認められるのである。

しかしながら、送り儀礼に伴う霊魂の再生観とともに、アムールランドのトゥングース系諸族に広く行われてきた英雄説話「メルゲンとプジ」では、異なる霊魂観が認められる。すなわち、メルゲンが闘いに勝利するために必要なことは、敵対者の霊魂を見つけだして、それを破壊しなければならないのである。そのことで力となるのはメルゲンの姉妹である。彼女たちは鳥となって闘いの場に飛来し、探しだしてきた敵の霊魂をメルゲンに手渡す。その霊魂は小箱や卵のなかにしまわれて、たとえば、遥か遠い海の底や魚の腹のなかに秘匿されているのである。霊魂は卵や人間の形をしており、主人公のメルゲンはそれを直接敵に投げつけるか、もしくは手足や頭をもぎ取ると目前の敵は即座に倒れ死ぬのである。[10] モンゴルではこのような霊魂の容れものをオンゴンと呼ぶ場合がある。

アムールランドでは身体の外に隠されたこのような外在的な霊魂の観念はもっぱら英雄説話に特徴的であるように思われるが、こうした観念とアイヌの霊魂観との間には大きな違いがあることになる。アムールランドの英雄説話では滅びた霊魂が身体に蘇ることはない。したがって、主人公はユカㇻの場合のように、際限なく蘇る敵とどこまでも戦いを続けることにはならないのである。

V むすび

ある民族の口承文芸を全体として考察の対象とする場合、いくつかのいわゆるジャンルの関連がどのようにかかかわり合っているのか、いないのかということは一つの課題となろう。アイヌの口承文芸についてはもっぱら口承の形式に依拠して議論されてきている。すなわち、巫者の託宣における一人称叙述に起源する口承形式が一貫して神謡、英雄叙事詩に継承されてアイヌの口承文芸が成り立っているという論である。このような一系的な口承文芸の成立という議論はどこまで普遍性を持ちうるであろうか。

そのことを念頭に本稿では試みにアイヌの口承文芸における神話的宇宙と英雄の世界という観点から考えてみた。世界の創造にかかわる神話には、アイヌの場合、二つのおそらくは異なる由来の説話がある。すなわち、国造神と称されているコタンカラカムイの説話はいわゆるアイヌ文学の一人称叙述形式の範疇には入っていない。それに対して、地域的には限定されるが、文化英雄アイヌラックルによる創世神話は一人称叙述形式であり、さらには叙事詩ユカㇻ（神謡、英雄叙事詩）もまた同じこの形式をとる。ところで、コタンカラカムイ、アイヌラックルの神話の背景にある世界が現実のこの地上世界であるとするなら、英雄叙事詩ユカㇻの世界はそれとは異なり、現実と超自然界の狭間にあるように思われる。そして、そこに登場する主人公の英雄・勇者たちには確かにシャマン的な資質が付されている。

ここで留意すべきことは、このシャマン的な特質をもって、それを即シャマニズムという大きな枠組みで一義的に捉えることの危うさである。ユーラシアの諸民族におけるシャマニズムの現実は多様であり、シャマン自身の性格や社会的な役割も一様ではない。また、口承文芸に語られるシャマンやシャマニズムにもさまざまな特徴があり、それは地域的な違いや時間的、すなわちシャマンやシャマニズムの歴史的な展開における段階を反映している。さらにまた片やシャマンやシャマニズムの多様性、片や口承文芸の成立にはそれぞれ異民族・異文化との接触交流が影響し跡を留めている。ことほど左様にシャマニズムと口承文芸のかかわりの問題へのアプローチは容易ではない。
それだけにアイヌ文化について論じられてきたシャマニズムが果たしてどのような段階に比定できるものか、そして、それと叙事詩における英雄やヒロインのシャマン的な特徴とはどのようにかかわりがあるのかということが問われなければならない。つまり、本質的な問いは社会における現実のシャマンの役割と、口承文芸におけるそれとが果たして直接的にかかわりがあるのかという点にある。言い換えれば、儀礼としてのシャマニズム、すなわち、シャマンの存在とその役割を明らかにし、同時に口承文芸におけるシャマン、もしくはシャマン的な特徴を明確に捉えた上でアイヌ文化におけるシャマニズムの問題が論じられなければならないであろう。このような前提に立ちながら、アイヌの叙事詩における英雄やヒロインについてみるなら、そのシャマン的な特徴は明らかであり、特に、叙事詩のなかでは女性がより現実のシャマンに近い役割を帯びている。しかも、息吹によって生命の危機に対処するというヒロインたちの役割は現実にモンゴルにおけるシャマンたちの機能に呼応しているのである。(11)

文献

稲田浩二・小澤俊夫（編）
一九八九『日本昔話通観　第一巻　北海道（アイヌ民族）』同朋舎出版
大林太良
一九七一『神話学入門』中公新書
一九九四「アイヌ神話における文化英雄」『北海道立北方民族博物館研究紀要』第三号

荻原眞子
一九八九「鉄人とシャマン―神話から英雄叙事詩へ」(阿部年晴・伊藤亜人・荻原眞子編)『民族文化の世界(上) 儀礼と伝承の民族誌』小学館、五八四~六〇七頁
一九九〇「北東パレオアジア諸族の創世神話―その問題点」(小谷凱宣編)『北方諸文化に関する比較研究』名古屋大学教養部、一〇五~一二二頁
一九九四a「メルゲンとプジの物語―ナーナイの「英雄説話」」『口承文藝研究』第一七号
一九九四「オイナの神話」『アイヌ語の集い(知里眞志保を継ぐ)』北海道出版企画センター
一九九五『北東アジアの神話・伝説』東方書店
一九九七「アイヌの神話」『日本神話事典』大和書房、三七七~三八七頁
二〇〇六「人と動物の婚姻譚―王権神話から異類婚姻譚まで」『説話・伝承学』14
萱野茂
一九九三『アイヌの昔話』平凡社
金成まつ筆録・金田一京助訳注
一九七六(一九五九~七〇)『アイヌ叙事詩 ユーカラ集Ⅰ~Ⅷ』三省堂
一九七五『アイヌ叙事詩 ユーカラ集Ⅸ』三省堂
金田一京助
一九六七(一九三一)『アイヌ叙事詩ユーカラの研究』東洋文庫
一九九二「アイヌの神話」『金田一京助全集 第7巻』三省堂
久保寺逸彦
一九七七『アイヌ叙事詩 神謡・聖伝の研究』岩波書店
更科源蔵

一九七一『アイヌ伝説集』北書房
一九七一『アイヌ民話集』北書房

W. Bogoraz
1900 Материалы по изучению чукотского языка и фольклору, собранные в Колымском округе. СПб

W. Jochelson
1908 *The Koryak. Jesup North Pacific Expedition* vol.6. New York-Leiden

注

（1）コリャクのテキストでは大ワタリガラス（Big Raven）とその家族が主人公となる場合が典型的であるが、その外に自ら存在する者テナントムワン、至高神などが重要な登場者（神）である。

（2）チュクチの異伝では、創造神によって原初の闇に光をもたらす役割は最初ワタリガラスに与えられるが、天を覆う厚い氷を啄ばんでいるうちに嘴を傷つけるだけで、光は出ない。代わってセキレイがその任を果たすことになっている[Bogoraz 1900: 158-162]。

（3）Root-Manの妻はRiver-Woman、Root-Man' sisterの娘がWild-Rye-Womanである。

（4）ニブフではパルニグブン=山のヒト、トールニグブン=海のヒトなどと呼ばれ、その正体は熊やアザラシである。トゥングース系諸族では同様に「ニ」という人間を表す語が自然界の生きものにも当てられる。このことから、筆者は日本の昔話で語られる異類婚姻譚がこの北方地域では「人と動物=ヒト」の婚姻として解することができると考える。

（5）創造神が地上世界の創造を終えた後、天界へ帰るという話はコリャクの神話にも共通している。

創造神の父である「自ら創造された者」（Self-created）トムウォゲットはその妻ハナと秋になってクジラ送りの儀礼をしようとするが、クジラが帰ろうとしない。（骨占いがその兆候を表さない。）創造主は「これではわれわれは死んでしまう」

と云って、生まれたばかりの創造神（テナントムワン）を置き去りにして、天へ帰ってしまう［Jochelson 1908: No.20］。

（6）アイヌラックルがエンジュやクルミの簗杭をしかけて川水を汚した女魔神を成敗するために、その棲家のある「沖の国人の海と本州の海とのあわいの海底」へ行く話では、その大魔神との闘いで地上世界を荒らすことを憚って、「地下の国、六重の地下の国」へ行く。このポクナモシリとは下の世界、地下界のことであるが、その世界についての具体的な表象は定かでない。実生活においては、それは死者の国、他界とされている。

（7）英雄叙事詩のテキストは、近年では北海道の各地で新たに採録され、比較研究の素材は豊富になってきている。しかしながら、アイヌ文学の成立に関する金田一京助、知里眞志保、久保寺逸彦の学説が日高の資料に基づいていることから、本稿でもその同じ資料によって検討することとする。

（8）「巫者」（Tusu-kur）がすなわち「シャマン」であるという議論はアイヌ文学の一人称叙述が「巫者の託宣」に起源するという金田一の主張以来、ほとんど無批判に今日まで踏襲されてきている。問題はそのシャマンがどのような性格を具しているのかということにあるが、その検討にはより広い視野での比較が必要である。巫者即ちシャマンとしてアイヌのシャマニズムを論ずることはアイヌ文化史の理解に無理や誤解を招く虞がある。［荻原　一九九四参照］

（9）モンゴルの研究者の知見によると、今日もモンゴルのシャマンは息を吹きかけたり、白酒を口に含んで患部に吹きかける治療を行っている。

（10）「メルゲンとプジ」の説話については、［荻原　一九九四ａ］を参照されたい。

（11）シャマンの儀礼に不可欠な太鼓はサハリンのアイヌでは収集されているが、北海道からは例がない。北海道のアイヌのシャマニズムについては議論を裏づける民族学的な資料を確認できないところにも本質的な問題の一つがある。

羽衣説話と神の鳥

近藤久美子

はじめに

羽衣説話といわれている物語は、通常アアルネとトンプソンによる国際話型分類でＡＴ四〇〇番に分類されている白鳥処女と言われているもの、あるいはおおまかに天人女房譚といわれている異類婚姻譚のなかに含まれている。謡曲や能で知られる本邦の羽衣説話には、婚姻をともなわないものもあるが、呪物としての羽衣、天人の恩恵という共通のモティーフを有している。

本稿では『千一夜物語』に収録されているアラビア語で書かれた羽衣説話を中心に、物語の重要なモティーフである「鳥」についてもみてゆくことにする。

一 「バスラのハサン」

『千一夜物語』(1)の第七七八夜から第八三一夜にかけて、ひとつの挿話もはさまない物語として「バスラのハサンの物語」と称されるものがある。主人公ハサンの、空から鳥の姿で舞い降りてきた娘への恋、そして羽根の衣を奪うことによる婚姻、そののち故郷へ逃げ戻った妻を求めての旅という、異類婚姻と冒険というストーリーをもつ物語である。

ひとつの挿話もはさまないと述べたが、あえていえば、物語冒頭で語られるマギ教徒(2)のペルシャ人とハサンのやりとりや行動は、羽衣説話として捉えられる本編とはほとんど関係がなく、『千一夜物語』底流にあるイスラームの優越性を強調するためにわざわざ加えられた場面であると考えてよいだろう。このくだりには、ただの銅から純金をつくりだす妖術をおこない、イスラーム教徒を千人殺す誓いをたてたという、いかにも悪辣なマギ教徒を登場させることにより、単純にこの悪人を信じてしまう若く美しいハサンの愚かともいえる無邪気さが強調されている。また、話をきいたハサンの母親の「ペルシャ人などを信用してはならない」という言葉こそが、このくだりにおいて語り手が言いたかったことであろう。

さて、七人の姉妹の住む御殿にやってきたハサンが、そこで禁忌の扉をあけて水浴をしに飛来した鳥の乙女たちを見てしまう。飛来する鳥の乙女たちは十人の姉妹で、ハサンが恋をするのは最も美しい長女だと語られている。

この七人や十人、七や十という数字は、とくに何かをうつしたもの、象徴したものというふうにはここではとらえることができない。語り手が、昔話でよく使われる数字として深く考えることもなく用いたものと考えてよい。七人の姉妹たちのなかで、じっさいにハサンとの会話をし、ハサンにほのかな恋心を抱き、また鳥の乙女へのハサンの思いを遂げさせるべく助言するのは末の妹ひとりであるし、飛来する十人の乙女にしても、のちにはふたり姉妹という設定にかわってしまう。

羽根の衣を奪って乙女を妻にしたハサンは、バスラからバグダードの都へ移る。このくだりも非常に巧妙にできており、ハサンの不在中に妻に羽根の衣を取り戻させる手段として、カリフ妃[3]のズバイダ夫人を登場させている。すなわち、ズバイダ夫人を登場させるために、ハサン一家はバグダードに引っ越したことになるのである。こののち、バグダードという場所に、それが求める必要な意味もみられない。都でのハンマーム（公衆浴場）という風景を描き、ズバイダ夫人という史上の実在の人物を登場させることにより、『千一夜物語』にしばしば見られる「ふるいアラブの物語に見せかける」という仕掛けがほどこされているのである。主たるモティーフである羽衣説話じたいは確かにふるいものであるが、それがいつ『千一夜物語』に取り入れられたのかは、さだかではない。また後述する「ジャーン・シャーの物語」の中にも同様の羽衣説話のモティーフが見られることも併せて考慮しなければならない。しかし、得てしてわざわざアッバース朝初期の史実を語るあたりは、新しいものにふるい色づけをするための手法と考えてよいと思われる。世界の羽衣説話において、天女がその羽衣を取り返す手段はさまざまであるが、『千一夜物語』においては実在の人物を登場させており、これは非常に興味深い構成であるといえよう。

鳥の乙女であるハサンの妻が逃げ帰る故郷は、ワークの島々とされている。ワークあるいはワークワークと称される空想上の島は、『千一夜物語』のみならず、『インドの不思議』[4]などの中世紀行文学作品に見られるものである。それは数々の文献に見られるがゆえに、実在のどこかの島ではないかとながく言われて来た。その最有力候補地が、wāq wāq という綴りを読み替えたときに wāqōq となる倭国、すなわち日本である。『千一夜物語』のなかの「海のシンドバードの物語」は中世におけるイスラーム商人の、インド洋をめぐる東西交易がもとになって出来たものだと言われている。当時のイスラーム商人たちは、『千一夜物語』の話の中だけでも、東南アジアを越え、中国の泉州まで訪れている。日本も鎖国をする以前は、朝鮮半島や中国などの大陸、フィリピン諸島やインドシナ半島などとの交易を盛んにおこなっていた時代があり、あるいは倭冦といった海賊がその名をとどろかせていた時代がある。東南アジアや中国へ来ていたイスラーム商人たちが、「倭国」という名を聞いて知っていたとしてもそれは不思議なことではない。そして直接たどりつけなかったか、あるいはたどりついたとしてもその記録が保存できなかったかして、いつしかその島にさまざまな空想が結びつけられたのではないだろうか。女護ケ島、女性の形をした不思議な木のある島などとワークの島々については、あたかも蓬莱のように幻想的な描写が多くなされている。「バスラのハサンの物語」でもこの島々は女王が統治する女性たちの島であるとされている。

ハサンの妻はこの故郷に戻るのであるが、人間と結婚し子までなしたことを、姉である女王に厳しく咎められ、拷問を受け投獄される。ハサンはこの妻を、魔法の杖と頭巾を使って救出し、さらに追って来た女王軍をも破り、再びバグダードに戻るのである。鳥の乙女への思いをとげるために悩んだ場面や、ワークの島を訪れるときの苦難に比べ、妻の救出から帰還の場面はいともあっけなく展開して終わってしまう。これは、あたかも語り手が、早く物語を終えたくて「魔法の」杖や頭巾を出して一気に解決させたようにさえ思えるところである。いっぽうの「ジャーン・シャーの物語」では、妻の故郷である異界でも仲睦まじく暮らし、月日が経ったので再び人間界に帰ろうという話になっている。

バグダードに帰還したハサンと妻子は、そこで老母と再会をする。冒頭で「ペルシャ人などは信用してはならない」と言った母親である。彼女には、ハサンの妻に羽根の衣を返さざるを得なくなって困惑する場面があり、ハサンを再び送り出したあと、最後の場面にも登場する。ハサンの妻が当初は十人姉妹の長女とされ、ワークの島々では二人姉妹の次女というふうに最初の設定が忘れられているのに比べ、母親がまだバグダードで待っていたというのは筋が通っているところであろう。

そして、『千一夜物語』独特の結末、すなわち、すべての者が死んでしまうというエピローグが語られて、「バスラのハサンの物語」はその幕が降ろされる。

二「ジャーン・シャーの物語」

『千一夜物語』第四九九夜から第五三〇夜にかけて語られる物語で、「蛇の女王ブルキヤーの物語」の挿話になっている。ブルキヤーの前でジャーン・シャーが自分の身の上について語るもので、挿話といえども非常に長い物語である。空から飛来する乙女に恋をし、その衣を奪って妻にするという羽衣説話のモティーフはとるものの、全体的に冒険旅行や戦闘の場面が多く、既述の「バスラのハサンの物語」に比べて、ロマンスの占める割合はすくないものといえる。また、その戦闘場面も、猿軍と蟻軍の戦いといった、荒唐無稽ともいえる設定で砂塵舞う荒野をめぐる語りが長く続く。乙女の故郷「宝玉の国タクニー」を探す場面も延々と続くものの、最後の場面では、肝心のその乙女は海でサメに食べられてあっけなく死んでしまう。羽衣説話のモティーフを最大限生かしている「バスラのハサンの物語」と違い、同様のモティーフは有しているが、異界をとびまわり様々な異類が登場する冒険物語の趣がかなり強く出ているものといえよう。

この物語で、妻の故郷であるタクニーに辿り着いたジャーン・シャーは、そこで妻と仲睦まじく暮らすのであるが、やがて彼自身の故郷カブールの国に戻ることになる。そのとき、父王がインド王に攻められていることを知り、飛翔できる妻とともに上空からインド王の軍を攻撃して見事に打ち破る。そののちカブールで父王や妻とともに暮らすが、やがて妻が非業の死を遂げるのである。そしてブルキヤーの前で、ふたつの墓についてジャーン・シャーが、ひとつが今は亡き妻のものでいまひとつが自分のものであると話す場面で物語は終わる。

この物語で空から飛来する乙女については、その飛翔能力について、「地上を行けば○日行程のところをわずか○日で飛びました」というふうに、時間短縮を強調して語られる場面が多く続く。あたかも航空会社が「○○から××までわずか○時間」と宣伝するかのように、地上に比べて空の旅は速いのだという描写が続くのである。さらに、インド王との戦闘場面では、空からの攻撃で一気に形勢を逆転させインド王の軍を撃破するといった「空爆」の場面もあり、「ジャーン・シャーの物語」における空を飛ぶ乙女の能力描写というのは、まったく現代の航空機について語っているようである。そこには、「バスラのハサンの物語」でロマンティックに描かれたズバイダ夫人の前での姿や異界へ翔けゆく鳥への憧れのようなものではなく、空を飛ぶことができればこのように便利だろうという地上の人間の思い描く現実的な想像が表れている。このように同じ羽衣説話のモティーフを持ちつつ、このふたつの物語の趣は異なり、おそらく成立過程も異なっていると思われる。

三 神意の鳥

アラブの間に伝わる鳥をめぐる伝承が『コーラン』に見られる。

「かれらの上に群れなすあまたの鳥を遣わされ、焼き土の礫を投げ付けさせて、食い荒らされた藁屑のようになされた」(一〇五-三~四)

「象の章」と名付けられたこの章は、わずか五節しかないが、南アラビアの歴史を物語るものである。

イスラーム以前の西暦五二五年から五七五年まで、アビシニア人が南アラビアのヤマンを支配していた。彼らはキリスト教の教会をサナアに建設し、人々を改宗させ、メッカへ乗り込もうとしていた。アビシニア人の総督アブラハが象にのり、メッカをめざして進軍していたところ、鳥の大群が石を投げつけてアブラハの軍勢は壊滅させられたというのである。

このことについて、史家イブン・アルアシールはその著『完史』[5]のなかで次のように述べている。「神が彼らの上に海からツバメのようなアッビール鳥を遣わされた。鳥たちは、嘴にひとつ、両足に二つと、それぞれ三つの石を持っていた。そしてその石を投げたが、豆のように降る石から逃れられる者はいなかった。しかし皆が滅びなかったので、神は海から洪水を引き起こされた。なんとか逃れたものは、アブラハとともに来た道を逃げ帰った」

この鳥は、『コーラン』や『完史』では'abābīl とされており、アラビア語の大辞典である『リサーン・アルアラブ』[6]のなかでその名称がさまざまに議論されている。すなわち、'abābīl という語は複数形なのであり、単数形は'ibbīl である、'ibbawl である、'ibbīlat である、はたまた通常複数形しか用いないなどの議論である。言葉の問題であり、どのような鳥であるかはほとんど述べられていない。前述の『完史』で、ツバメのような鳥とされているくらいの描写である。神が遣わしたこれらの鳥によって、アビシニアのキリスト教徒たちからメッカは守られた。しかし、この時代のメッカはまだ多神教徒たちが偶像をカアバ神前に祀り崇めていたので、『コーラン』のこの章は、預言者ムハンマドを脅かす者は神意により滅びるのであると、「彼ら、多神教徒たちに」教えるものだと考えられている。この年を象の年と称し、預言者ムハンマドはこの年に生まれたとされている。

この事件はほぼ史実であり、アブラハが象に乗り、メッカをめざして進軍したことは事実である。しかし、じっさいは流行病（天然痘と考えられている）で進軍を中止し引き返さざる得なくなったようである。

神はアードやサムードといった背信の部族に対し、その威力でもって大地震や瓦礫の雨を起こして滅ぼされたが、神話的なこれらの逸話に対し、アブラハ軍が敗走した話は史実である。そこに、鳥が石を投げ落とし、海から洪水がわき起こるという神の奇跡が付されている。前章でみた「ジャーン・シャーの物語」において、ジャーン・シャーの父王がインド王との戦いをしているとき、鳥の乙女シャムサ姫率いる鳥の群が上空からインド王の軍を攻撃する様子は、『コーラン』のこの伝承を想起させるところである。

四　羽衣

謡曲「羽衣」では、天女が松にかけていたのは「羽衣」という衣であるが、「羽衣」という言葉は何処から来たのだろうか。空を飛ぶ衣であれば、飛び衣などと称してもよいだろうが、他に特徴的な描写がないふつうの衣のかたちのものを「羽衣」と呼んでいる。

「バスラのハサンの物語」では、thiyāb min ʼal-rīsh（羽根で出来た衣）という表現が使われ、乙女たちも飛来するときは鳥の姿であり、水に入るとその鳥のかたちを破ってなかから人間が出てくるというふうに語られている。昨今、ゆるキャラなどと言われる着ぐるみのキャラクターがはやっているが、ちょうど鳥の着ぐるみを着て飛来し、それを脱ぎ捨てた中の人間が水浴びをする、という情景である。「ジャーン・シャーの物語」のばあいは、「羽衣」のようにthiyāb（着物）としか原文には書かれていない。

日本の「羽衣」のばあいは、「羽」といいつつもなぜふつうの「衣」なのかを考えたときに、この羽衣説話の起源とされる七夕説話を思い浮かべることができる。織女は機を織り、それで神衣をつくっていた。神衣はまさに神の衣であり、地上においては天皇の着る衣であった。日本のばあいは、この神の衣という意識がつよく働き、「羽」と称しながらも鳥の着ぐるみではないのである。神性を帯びた衣であるから、飛翔能力がある。鳥の姿だから飛べるというのではない。

『千一夜物語』のばあいは、あくまで科学的に、鳥だから飛べるというりくつになっており、イスラームにおける神の性質は、神以外のものに決して宿ることはない。

また、「天」には神のいる場所という意味があるが、『千一夜物語』では鳥の乙女はあくまで異界や空から降りてくるもので、神のいる天からくるものではないということを確認したい。

五　神の鳥

ＡＴ四〇〇番型の物語は「白鳥処女（Swan Maiden）」と呼ばれており、ヨーロッパでは白鳥の姿で、空から降りてくる処女が語られている。空を飛ぶ鳥は、古より天と地の間を行き来するものとして、また天地の間のバランスをとるものとして崇める対象とされてきた。中東においても神話の時代に鳥が語られていたし、日本でも鳥を居させることによって聖域への境界としていた。中沢新一はブランコや蹴鞠などを例にあげてこのように述べている。「ブランコをこぎ続けている人は、天と地との中間状態に留まり続けることによって、天と地を媒介する存在となることができる。こういう媒介が存在するとき、天界と地上は離れすぎもせず、またくっつきすぎもしない。適正な距離を保つことができる」(7)。人はブランコや蹴鞠で天と地の媒介状態を作り出しているが、鳥は生きている場所自体がこの中間状態、すなわち中沢新一のいうところの宿神（シャグジ）空間なのである。それゆえ、鳥は神でありまた神の使いであると考えられた。前述のとおり、その神が境界を示すのがまさに鳥居である。

天と地の間を行き来するのは神だけではない。人もまた、地に生まれ死して天に上ってゆく。そして魂はまた天から降りて地に生まれる。こうした魂を鳥の姿であらわすことがある。よく知られた例だと、記紀におけるヤマトタケルの最期がある。すなわち「是に八尋白智鳥に化りて、天に翔りて濱に向きて飛び行でましき」（古事記）[8]、「時に、日本武命、白鳥と化りたまひて、陵より出で、倭國を指して飛びたまふ」（日本書紀）[9]というくだりである。ヤマトタケルの魂は白鳥の姿で天に昇っていった。

神の鳥であり、衣はまた神性を帯びたものである。こうして日本の羽衣説話は、天の神と地の人との交流を語っている。天の神は、その媒介者である鳥・羽衣天女をつうじて地にいる人間に恩恵をもたらす。「比治の真名井」では養蚕や酒造りを教えているし、天女の子孫と言われる一族が地域の豪族になったり神職として社を守ったりしている。婚姻はなかった謡曲の「羽衣」においても、天人は東遊の舞を舞いながら「ご願圓満、國土成就、七宝充満の宝を降らし、國土にこれを、施し給ふ」[10]と、人の住む地上に限りない祝福をもたらしている。

六『千一夜物語』の異類婚姻譚

最初にみてきた「バスラのハサンの物語」や「ジャーン・シャーの物語」における鳥乙女の意味をいま一度みてみよう。ハサンは鳥の姿でやってきたマナール・アッサナーイとの間にふたりの子供をもうけ、ジャーン・シャーのばあいは、子供をもつことなく、妻シャムサは死んでしまう。しかしどちらも「男女の交わりを引き離す死が訪れたのでした」という決まった表現が最後に語られ、至高至大なる神を讃える言葉で物語がしめくくられる。すなわち、それぞれの物語に登場する者たちは一代限りであり、子孫につづく系譜が語られることはない。これは、アラブ・イスラーム文化のなかで重要な学問領域のひとつである血統学が、『コーラン』や『旧約聖書』に出てくるほぼ神話的な人物をその祖として認めているのに対し、イスラーム的な神性―すなわち預言者たちのことであるが―につながらない異類と人間の婚姻などは完全なおとぎ話として処理し、物語の上で子供が生まれたことになっても、「死が訪れたのでした」と一代でその生命を絶つのである。これらはあくまで娯楽のためのおとぎ話であり、鳥の乙女と人間との間のロマンスを語り、乙女を追いかけてゆく主人公の冒険に心を躍らせたのなら、それでこの話の役割は終わりということなのである。話をきいてわくわくし、楽しんでもらえればそれでよい。付け加えるとするならば、「バスラのハサンの物語」の冒頭にかなり不自然なかたちで取り付けられた悪辣な非イスラーム教徒の逸話であり、ここでイスラーム教は異教徒の悪には必ず勝つと説いている。

一代限りの物語であるから、当事者である主人公たちは幸せになることはできるだろうが、日本の羽衣説話のように子々孫々のためになるような恩恵をイスラームの鳥乙女たちが地上にもたらすことはないし、一族の祖の由来を物語るものでもない。

おわりに

日本の羽衣説話をたずねて、三保の松原（静岡県）や余呉湖《よごこ》（滋賀県）を訪れてみた。三保は夏であったので、曇り空の向こうに黒い富士山がどっしりと影をうつしていたが、案内の看板には謡曲で歌われる春の、白と青のコントラストの美しい富士山と海、砂浜と松林の写真があった。うららかな春の日射しのなか、いかにもこの空を天女が、富士山を背景に東遊の舞を優雅に舞いそうな、そんな景色だった。また余呉湖も、山々にけぶる霧としずかに水をたたえる湖をみると、天女がいつ降りて来てもおかしくないと思える風景だった。すべての地域をまわったわけではないが、羽衣説話の残る地域には天女が降りてくる背景となるうつくしい景色があるにちがいないと想像できた。

アラブ地域もまた、趣は異なるが、うつくしい風景がたくさん描かれている。『コーラン』にはソロモンがホドホド鳥からシバの女王ビルキースの話をきく場面も語られる。『千一夜物語』ではブルブル（ナイチンゲール）が

余呉湖の遠景

三保の松原　天女が衣をかけた松

佐賀 吉野ヶ里遺跡の集落の入口「鳥居」

きれいな声で鳴き、巨大なルフ鳥は羊の皮にくるまったジャーン・シャーを軽々とダイヤモンドの谷まで運んでゆく。

イスラームのもとでは、神は唯一であり神性は神のみにあるとされるが、それ以前のふるい神話ではやはり、鳥は天地の間を行き来するシャトルであったし、神々の使いでもあった。悪魔は野獣のシンボルとしての猛禽類の翼と爪をつけ、天使は鳥の羽根を体につけている。

羽衣説話は天人女房譚として異類婚姻、白鳥処女として読まれ、七夕説話とのつながりが指摘されているが、天と地の間の媒介としての鳥、そしてその鳥のもつ羽根の意味について、人類学的あるいは民俗学的な一考を求められる説話であるといえよう。

注

（1）『千一夜物語』ʼalf layla wa layla 本論ではカルカッタ第二版を底本として用いる。邦訳版は平凡社東洋文庫『アラビアン・ナイト』第一～一八巻。

（2）マギ教徒　majūsī ペルシャの拝火教徒。『千一夜物語』の中ではイスラーム教徒の敵としてしばしば登場する。

（3）カリフ　イスラーム帝国の教王。元々は「後継者」という意味でイスラーム共同体における預言者ムハンマドの後継者を指した。この物語ではアッバース朝第五代カリフ、ハールーン・アッラシードの正室ズバイダ妃が登場する。

（4）『インドの不思議』kitāb ʻajāʼib al-hind ブズルグ・イブン・シャハリヤール（Buzurk ibn Shahriyār）著の旅行記・博物誌

（5）『完史』ʼal-kāmil fī ʻal-tārīkh イブン・アルアシール（ʼIbn ʼal-ʼathīr）著の年代記

（6）『リサーン・アルアラブ』lisān 'al-'arab　イブン・アルマンズール（'Ibn Mandhūr）編集のアラビア語の大辞典
（7）『精霊の王』中沢新一著、講談社
（8）『古事記』日本古典文学大系（岩波書店）
（9）『日本書紀』日本古典文学大系（岩波書店）
（10）『謡曲』日本古典文学大系（岩波書店）

インド神話における天空の至高神

――ヴァルナからヴィシュヌへの継続的発展について

沖田瑞穂

はじめに

『リグ・ヴェーダ』において、主権神群アーディティヤの筆頭の地位を占めるヴァルナは、天空の至高神として万有に君臨し、その峻厳のゆえに人々に畏怖された。彼は宇宙の支配者であり、天則（ṛta）と掟（vrata）を厳しく護り、それによって世界の秩序を保つ。目付を放って人間を監視し、欺瞞を暴き、縄索をもって縛める。彼の操る不可思議力マーヤーは人々の驚嘆と恐怖の的であった。デュメジルはこのヴァルナを、ミトラとともにインド・ヨーロッパ語族の第一機能を管掌する恐るべき呪術神であるとし、ローマのユピテルやゲルマンのオージンなどと比較した[1]。エリアーデはこのようなデュメジルの研究を引き継いだ上で、ヴァルナの至上権は、天空の超越性への直観より発展したものであると考え、ヴァルナの「天空の層」と「主権の層」は補い合う関係にあると論じた。[2] ヴァルナは他の地域の天空神と同様に、その偉大さの故に次第に人々の日常的信仰から遠ざかり、ヒンドゥー神話では単なる水の神として現れ、至高神としての姿はほとんど忘れ去られた。

中村元によれば、インド神話の特徴はその「継続的発展」にある。[3] 叙事詩のヒンドゥー神話はヴェーダ神話の継続的発展とみなすことができるという。それならば、ヴェーダにおける天空の至高神としてのヴァルナの機能は、ヒンドゥー神話にも受け継がれている可能性があるのではないだろうか。本稿では、ヒンドゥー主神の一人であるヴィシュヌにヴァルナの特徴が引き継がれている可能性を検討することで、天空の至高神の連続性を、インド神話に特有の宗教現象として考察していきたい。

1　天の水・宇宙の水

ヴェーダ神話において、世界は天・空・地の三層に分かれていると考えられていた。天界にはアーディティヤ神群をはじめとする主権を司る神々が住み、大気現象を司る戦士機能の神々は大気圏（空）で活動し、豊穣の神々は地上を主な活動領域としていた。ヴェーダ神話の至高の天空神であるヴァルナは、ミトラとともに天空の高みに座し、太陽を目として万有を支配し、降雨を司った。そのことは、『リグ・ヴェーダ』第五巻第六三歌において次のように歌われている。[4]

一　天則の守護者よ、その規範の必ず実現する〔両神〕よ、汝らは最高天において車に上《のぼ》る。ミトラ・ヴァルナよ、汝らがここに支援する者のため、雨は天の蜜〔液〕をみなぎらす。

二　最高の君主として汝ら〔両神〕は、万有を支配す、ミトラ・ヴァルナよ、配分に際して、太陽により見守りつつ。われらは汝ら〔両神〕に賜物を乞う、雨と不死〔活力〕とを。雷鳴は天地を馳せめぐる。

また、次の讃歌にあるように、ヴァルナの住む天には水が存し、そこから彼は一切万物を見そなわした（『リグ・ヴェーダ』第一巻第二五歌）。

十　固く掟を守るヴァルナは、水流の中に坐せり、賢明なる神は、完全なる主権を行使せんがために。

十一　そこよりして、彼は一切の不可思議なることを、知悉して観察す、すでに行なわれしことをも、これより行なわるべきことをも。

ヴァルナはまた、ヴァシシュタ仙とともに天の大海を舟で渡ったとされている。そのことは、ヴァシシュタを一人称として次のように歌われている（『リグ・ヴェーダ』第七巻第八八歌第三詩節）。

もしヴァルナとわれと舟に乗るとき、もし海のただ中を前進するとき、もし大水の波頭を越えゆくとき、われら両者は、鞦韆《しゅうせん》（太陽）の上において揺《ゆ》るがんと欲す、美観のために。

ヴァルナと水界との関連は、彼が天空の至高神としての地位を失った後にも残った。ヒンドゥー神話において、ヴァルナは水神として海に住むと考えられていた。『マハーバーラタ』に記されている、以下のような海の神話的描写の中で、海はヴァルナの住まいであり、同時にヴィシュヌの住まいでもあるとされている。[5]

水の宝庫である海は、大魚ティミンギラやジャシャ、マカラに満ち、何千もの様々な種類の生物に溢れ、恐ろしいものたちによっても克服しがたく、亀やサメがひしめいている。あらゆる宝石の鉱山があり、ヴァルナの住処や、最高に美しいナーガたちの住処がある。海底の火が住む場所でもあり、アスラたちの牢がある。海は、生物たちにとって危険で、常に揺れ動いている。輝かしく神聖な神々のアムリタの究極の源であり、計り知れず、不可思議で、神聖な水を有する。恐ろしく、水の生物たちの唸り声がすさまじく、物凄い音を立てている。深い渦に満ちていて、全ての生物にとって脅威である。潮に揺らされ、風に揺れ動き、波立ち、隆起する。いたる所で動いている波という手で踊っているかのようである。月の満ち欠けに応じて波が大きくなる。パーンチャジャニヤを生むものであり、最高の宝の源泉である。偉大な聖ゴーヴィンダが猪の化身によって大地を抱き上げた時に、かき混ぜられて、水は濁りを持つようになった。梵仙アトリは百年の苦行によっても不滅の海底に達することはなかった。海は、ユガの始まりの寝台であり、無敵の威光を有するヴィシュヌの、アートマンに関するヨーガの眠りを支えている。川の主である海は、雌馬の口から出る火炎に、水という供物を与えている。底知れず、向こう岸も知られることなく、広大で計りがたい。(1, 19, 3-14)

ヴァルナは『マハーバーラタ』においても水に対する支配力を維持している。「ナラ王物語」では、ヴァルナはニシャダ王に「望むところで水が現れる」という力を授けた。[6] ヴァルナの子とされる賢者バンディンの話も興味深い。バンディンは論争において学者たちを破り、彼らを水につけて溺れさせていた。ヴァルナが水中でサットラ祭を行うので、優れたバラモンを水に入れてそこへ送ったのだという。バラモンのアシターヴァクラがバンディンを論争で破ったので、水に入れられたバラモンたちは、ヴァルナに敬意を表されて戻って来た。ヴァルナの子バンディンは彼らに代わって水に入ったが、ヴァルナの子であるので恐れることはなかった（3, 132-134）。

ヴァルナはこのように天の水から海の水へと住処を移した。他方、ヴァルナとともに海を住処としているヴィシュヌは、ヴェーダ神話においては水とは重要な関連を持たなかった。しかしヒンドゥー主神としてのヴィシュヌは、水と切り離し難い関係にある。『マハーバーラタ』に記されている、マールカンデーヤ仙の語る次の話が、そのことをよく表している。

ユガの終末が訪れ、一切万物は火によって焼きつくされ、神々も悪魔も半神族も、人間も動植物も全てが滅んだ。その後、雲が湧き上がり天空を覆い、全地を豪雨で水浸しにした。世界は一面の大海原となった。マールカンデーヤ仙は大海原を漂いながら、何の生物も見つけることなく、長い間、避難場所を探していた。やがて彼は大海の中に一本の大きなバニヤン樹を見つけた。その枝の中に童子が座っていた。童子は驚くマールカンデーヤに語りかけた。「私の体内に入って住みなさい。」童子が口を開けると、マールカンデーヤはその中へ吸い込まれた。彼はその中で一切の世界の営みを見た。海があり天空があり、太陽と月が輝き、大地と森がある。四姓の人々は各々のダルマに従事している。神々と神々の敵対者たちがいる。彼は世界中を経巡りながら、百年以上も童子の胎内にいたが、その体の果てを見出すことができなかった。やがて彼は童子の口から外に吐き出された。マールカンデーヤは言った。「この最高のマーヤーについて知りたい。」ヴィシュヌは答えた。「水はナーラと呼ばれる。水は常に私の住処（アヤナ）であるから、私はナーラーヤナと呼ばれる。」そして彼は万物に遍在する自身について説いた（3, 186-187）。

マールカンデーヤは、終末についての別の話も語っている。

恐ろしい洪水が起こり、動不動のものが滅亡し、全ての生き物が死んだ時、万物の根源であり不滅のプルシャである聖ヴィシュヌは、量りがたい威光を有するシェーシャ竜の大きな体の上で、一人で水の寝台に眠っていた。世界を作る者、聖なる不滅のハリは、大きな蛇の体によってこの大地を取り囲んで眠っていた。その眠っている神の臍に、太陽のように輝く蓮が生じた。そこからブラフマーが生じた。太陽か月にも似た蓮に、世界の長老であるブラフマーが姿を現した。(3, 194, 8-11)

このように、ヴィシュヌの住む海は時間的にも空間的にも人々の世界を超越したところにある。インド人は、世界観を果てしなく膨張させ、複雑かつ壮大な規模の宇宙を考えた。ヒンドゥー教の至高神は天上世界ではなく、さらに遠く、計り知れない宇宙の彼方にいる。そのように宇宙観が拡大し変化しても、至高神の住処が人知の及ばぬ最高に遠い場所であること、そしてそこに水が存するという観念は、変化していない。天水に住むヴァルナの形象は、宇宙の大海に憩うヴィシュヌによって受け継がれたと言えるだろう。

2 マーヤー

ヴァルナとヴィシュヌは、もう一つ重要な特徴を共有している。両者とも不可思議力マーヤー(māyā)を操るという点である。

マクドネルはマーヤーを英語の craft とほぼ同義であると説明している。(7) その古い意味は「不可思議力（occult power）・魔術（magic）」であり、そこから「優れた技巧」、「詐術」などの意味が派生した。

ヴェーダ神話においてマーヤーを用いる神は、ヴァルナ・ミトラの他、インドラ、アグニ、ソーマなどがある。しかしヴァルナこそが最も優れたマーヤーの使い手であった。「マーヤーを使う者」を意味する māyin の語は、神々の間でも主にヴァルナに対して用いられる。ヴァルナのマーヤーはこの世界の秩序を作り出し、またその例外を作り出す。天則の監視者としてのヴァルナの職能と、マーヤーは強く結びついている。『リグ・ヴェーダ』第五巻第六三歌の以下の詩節に歌われているように、ヴァルナはミトラと共にマーヤー（幻力）によって雨を降らせ、太陽を運行させ、その太陽を雨によって隠す。両神はマーヤーによって掟を守護する。

三　最高の君主・強力なる牡牛・天と地との主宰者として、ミトラとヴァルナとは諸民を統《す》ぶ。汝ら〔両神〕は、〔雷光に〕輝く雲を伴い、咆吼《ほうこう》（雷鳴）に近づく。汝らは天をして雨降らしむ、アスラの幻力によりて。

四　汝ら〔両神〕の幻力は、ミトラ・ヴァルナよ、天界に安立す。太陽は光明として、輝く武器として運行す。そを汝らは、雲により、雨によりて天界に隠す。パルジャニア（両神）よ、汝の雨滴は蜜に満ちて降りきたる。

七　霊感の言葉を解するミトラ・ヴァルナよ、〔みずからの〕規範に従い、汝ら〔両神〕は掟を守護す、アスラの幻力によりて。天則により汝らは万有を支配す。汝らは、光まばゆき車として太陽を天界に安置す。

中村元によれば、māyā は -mā（測る）という語根から作られたため、「つくるはたらき」と解せられることもある。[8] 中村はこのような māyā の用法に関して、次のような『リグ・ヴェーダ』の用例を挙げている。

「術策（マーヤー）を有する者どもは次々と別のかたちをつくった。」（3, 38, 7）

「術策ある者どもは、洞察力に満ちて、二人の姉妹をつくった。」（1, 159, 4）

（括弧内筆者）

このような「つくる」という意味のマーヤーはヴァルナに対しても用いられているという。

「ヴァルナの偉大な霊力を、私は告げる。かれは、縄尺をもってするかのごとく、太陽をもって、大地を測量した（＝つくり出した）。」（括弧内ママ）（5, 85, 5）

ヴァルナのマーヤーは、創造の働きそのものでもあるということになる。

ヒンドゥー神話においては、アスラやラークシャサなどの魔類がしばしばマーヤーを用いる。それは主として戦の場で幻を現出させる力である。例えば『マハーバーラタ』に記される、アルジュナとアスラのニヴァータカヴァチャ族との戦いの様子に、アスラたちがどのようにマーヤーを駆使するかがよく表わされている。

アルジュナはインドラの御者マータリの操縦する戦車に乗り、アスラのニヴァータカヴァチャ族と戦さを交えた。アスラたちは最初は武器によって応戦したが、アルジュナとマータリの猛攻に意気消沈し、次はマーヤーにより戦った。そのことを、『マハーバーラタ』でアルジュナ自身が以下のように説明している。

その時、いたる所から巨大な岩石の雨が生じた。山に似た恐ろしいその雨は、私をひどく苦しめた。私はその戦闘で、インドラの武器から発射されたヴァジュラのような高速の矢で、何百回も、岩石を一つ一つ粉砕した。岩石の雨が砕かれると、火が生じ、そこに岩の粉末が落ち、火の塊のようになった。岩の雨が撃退された時、私の近くに、車軸ほど太い恐ろしい大雨が生じた。空から鋭く勢いのある水流が幾千と落下し、天空と四方四維をくまなく覆った。落下する水流と、風の唸り、アスラたちの怒声によって、何も識別されなくなった。水流は天地を完全に結合してしまうかのようで、絶えず地上に落ちて私を混乱させた。私はインドラに教えられた神聖な燃える武器ヴィショーシャナ(「乾かす」)を放ち、恐ろしい水を干上がらせた。私が岩の雨を打ち砕き、雨を干上がらせると、アスラたちは火と風のマーヤーを放った。私は、水の武器で火を消し、岩の武器で風の勢いを押し止めた。そのマーヤーが撃退された時、戦いに酔ったアスラたちは、様々なマーヤーを同時に作り出した。身の毛のよだつような大粒の雨が降った。それらは、恐ろしい火や風や岩の形をした武器であった。幻術の雨は戦場で私を苦しめた。そして、深く恐ろしい闇があたり一面に広がった。恐ろしい濃い闇が世界を覆った時、馬たちは顔を背け、マータリもよろめいた。(15–29略)ニヴァータカヴァチャ族を滅ぼす戦いが行われている時、突然、すべてのアスラはマーヤーで姿をくらました。(3, 168, 1–30)

アスラたちは姿を消したまま、マーヤーによって戦った。私は武器の力によって、見えない彼らに対して戦った。正しく武器により推進された、ガーンディーヴァから放たれた矢は、いたるところで彼らの頭を切り落とした。私が戦場でニヴァータカヴァチャ族を殺していると、彼らは突然、マーヤーを収めて自分たちの都城に入り込んだ。(3, 169, 1-3)

このようにアスラたちは、マーヤーによって岩石の雨や車軸のように太い大粒の雨を降らせ、火と風をつくり出し、火・風・岩の武器を雨として降らせ、闇で周囲を覆い、姿を消す、というような戦い方をしている。このような幻を現出させるマーヤーは、神々が用いることもある。例えばアスラの兄弟スンダとウパスンダが大苦行を行い神々を恐れさせた時、神々は彼らの苦行をやめさせるために、マーヤーを用いて、彼らの妹や妻たちが羅刹に苦しめられている幻を作り出した(1, 201, 5-15)。

至高神としてのヴィシュヌが用いるマーヤーは、このような単なる幻とは性質が異なっている。それは世界存在の本質に関わるマーヤーである。先に取り上げたマールカンデーヤ仙の話において、マールカンデーヤは童子の姿で原初の水に憩うヴィシュヌに、「あなたについて、この最高のマーヤーについて知りたい(3, 186, 122)」と願う。ヴィシュヌはそれに答えて次のように世界に遍在する自身について説く。

水はナーラと呼ばれていた。私がその名をつけた。常に水こそが私の住処(アヤナ)であるから、私はナーラーヤナと呼ばれる。私がナーラーヤナである。万物の根源であり、永遠にして不滅である。万物を創造するものであり、破壊するものである。私はヴィシュヌである。ブラフマーである。神々の王インドラである。私はヴァイシュラヴァナ王である。私は配置者ダートリである。制定者ヴィダートリである。私は祭祀である。火は私の口である。大地は両足である。月と太陽が両眼である。空と方位は私の身体である。風は私の心に存する。（8-9略）四つの海に囲まれ、メール山とマンダラ山に飾られたこの大地を、私はシェーシャ竜となって支える。かつて私は猪の姿を取って、水に沈みつつあるこの大地を力まかせに持ち上げた。私は牝馬の顔をした火となって、波立つ水を呑み、また吐き出す。バラモンは私の口である。クシャトラは両腕である。ヴィシュは両腿である。シュードラは両脚である。その力と順位において、このように配される。『リグ・ヴェーダ』、『サーマ・ヴェーダ』、『ヤジュル・ヴェーダ』、『アタルヴァ・ヴェーダ』は私から現れ、私に入る。（15-16略）私は劫火の光であり、劫火の死神であり、劫火の太陽であり、劫火の風である。空に星々の形で見えるもの、それらは私の姿であると知れ。全ての宝の鉱脈と、海と、四方位は、私の衣服、寝台、住処であると知れ。（20-28略）神々、人間、ガンダルヴァ、蛇、羅刹、及び不動のものを創り出してから、私は自己のマーヤーによりそれらを回収する。行為のときが来ると、私は再び姿を持つことを考え、人間の体に入って、道徳の規範を保つために自己を創造する。（31-32略）私は三界を跨ぐ者であり、一切のアートマンであり、全世界に幸福をもたらす者であり、超越者、遍在者、不滅の者、感官を制御する者であり、大股で闊歩する者である。私ひとりが時の輪を転じる。私は姿なきものである。一切万物を静止するものであり、全世界を始動させるものである。このように私のアートマンは一切万物に浸透している。そして誰も私を知らない。（3, 187, 3-35）

このようにヴィシュヌのマーヤーは、世界を作り出し、世界を維持し、それを滅亡させて回収する力である。同じ考えが、「バガヴァッド・ギーター」の次の詩節にも表れている。万物はヴィシュヌの意のままである。

主は一切万物の心の中に存する。からくりに乗せられたもののように、万物をマーヤーによって回転させながら。(6, 40, 61)

ヴァルナのマーヤーが世界を作り出し、天則を護るものであったように、ヴィシュヌのマーヤーも世界の創造とその維持とに結びついている。

マーヤーは、言うまでもなくヴァルナやヴィシュヌの専有ではない。しかし単なる幻術としてではなく、世界存在の本質に関わるマーヤーを用いるという点は、両者の特筆すべき類似点と言えるのではないだろうか。[9]

3 アヴァターラ

ヴィシュヌの主要な特徴に多くの化身、アヴァターラを持つということがある。その数は時代や文献によって様々である。『マハーバーラタ』12, 337, 36 にヴィシュヌのアヴァターラのリストが示されているが、そこでは、猪(ヴァラーハ)・人獅子(ナラシンハ)・小人(ヴァーマナ)・人間(マーヌシャ)の四種である。[10] 一般的に知られているのは、『バーガヴァタ・プラーナ』で挙げられる十種、猪・人獅子・亀・小人・魚・ラーマ・パラシュラーマ・クリシュナ・仏陀・カルキである。これらのうち、小人の化身は『リグ・ヴェーダ』におけるヴィシュヌの三重の闊歩の神話を継承している。[11] また、小人の姿もすでに『シャタパタ・ブラーフマナ』(1, 2, 5, 5)において示されている。そのほかの化身のうち、ここでは特に猪・亀・魚に着目したい。これらの化身は、ヴィシュヌと結び付けられる以前は創造神プラジャーパティ(ブラフマー)の姿であるとされていた。

猪のアヴァターラとしてヴィシュヌは、水中に没した大地をその牙で救い上げた。この猪は『シャタパタ・ブラーフマナ』14, 1, 2, 11ではエームーシャという名で現れ、プラジャーパティであったと述べられている。

亀の化身は、乳海攪拌の神話に現れる。神々とアスラたちが乳海を攪拌した時に、攪拌棒としていたマンダラ山が海に沈み始めたので、ヴィシュヌが亀の姿を取って海に潜り、その背で山を支えた。『マハーバーラタ』では、この役割をする亀はアクーパーラという名で、ヴィシュヌの化身とはされていない。『ラーマーヤナ』ではすでにヴィシュヌが亀になったとされている。この亀は、『シャタパタ・ブラーフマナ』ではプラジャーパティであり、亀の姿で一切生類を創造したと説かれている。

魚のアヴァターラとして、ヴィシュヌは人祖マヌに洪水を予言し、船を建造させて洪水から救った。魚がマヌを洪水から救った話は『シャタパタ・ブラーフマナ』1, 8, 1, 1-10に記されているが、そこでは魚の正体については言及されていない。『マハーバーラタ』では、魚はブラフマー神であり、生き残ったマヌに生類を創造するように告げた（3, 185）。

水中から陸を引き上げた猪も、乳海攪拌の際に攪拌棒としての山を支えた亀も、大洪水からマヌを救った魚も、いずれも水からの創造行為に関わっている。先行する神話においては創造神の姿とされていたこれらの動物を、その創造行為とともに、次第にヴィシュヌが吸収していったのである。

エリアーデによれば、天空の至高神が創造神でもあるという例は、世界の多くの地域で認められる。[12]すでに述べたように、ヴァルナにもその側面が認められた。オーストラリアの至上神バイアメは「自己を創造し」、またすべてを無から創造した。アンダマン諸島の至上神プルガは世界を創造し、トモという名の最初の人間を創造した。インディアンのポーニー族は、天空の雲のはるか上に存するティラワ・アティウスという創造者・生命の分配者を認めている。マラッカ半島のセマング族は、天に住み怒りとして稲妻を投げる至上神カリ（カレイ）をもっているが、この神は大地と人間を除く全てのものを作った。大地と人間は、カリに従属するプレーという神の創造物である。このセマング族の例はヴィシュヌとの比較において特に重要である。ヴィシュヌは創造の究極の源であるが、実際に創造行為をなすのはヴィシュヌの臍から生まれたブラフマーであり、猪・亀・魚などのヴィシュヌのアヴァターラなのである。エリアーデによれば、このような間接的な創造は、ザラトゥストラの宗教改革以前のアフラ・マヅダにも認められる。彼は直接に創造するのではなく、スペンタ・マインユ、「よき精霊」を媒介として創造した。

奴隷海岸のヨルバ族はオルロンという天空神を信じているが、この神は世界創造の仕事をなしとげると、それを完成し管理する仕事を下位神のオバタラに委ねた。この至高神の形態は、アヴァターラによって世界の秩序を護るヴィシュヌに通じるところがある。彼は、人獅子・小人・ラーマ・クリシュナなどに化身し、地上の悪を滅ぼすのである。この観念はまた、ヴァルナが目付によって人びとを監視していたことにも通じるように思われる。どちらも「間接的に」被造物に干渉している。アヴァターラを降すヴィシュヌは、目付を放って被造物を監視するヴァルナの発展した形態と捉えることができるかもしれない。

ヴィシュヌはなぜ多くのアヴァターラを持つのかという問題に対し、Deborah A. Soifer は、ヴェーダ神話において多くの「変身」をするインドラとの関係を主張している。ヴィシュヌのアヴァターラはヴェーダ神話におけるインドラの「変身」を受け継いだものであり、ヴィシュヌはインドラの神話的後継者であるという。(13) インドラは確かに多くの変身をする神である。そしてヴェーダ神話においてもヒンドゥー神話においても、両神は強い友情を結び、戦闘において協力関係を築いている。しかし、単に自身の姿を変えるインドラの変身と、自らの一部を様々な姿で地上に降下させるヴィシュヌの化身は、異なる性質のものではないだろうか。

ヴィシュヌの多くの化身は、彼の天空の（宇宙の）至高神としての性質に伴って発展したものではないだろうか。彼は、あまりにも被造物から離れたところに存するために、世界の営みに関与するために、自身が赴くには遠すぎるのである。彼の真の姿は宇宙の水の中にあるとされる。あるいはヴィシュヌは、マンダラ山に住むとされるが、そこはブラフマーの居所よりもさらに遠く、常に光に包まれており、「最高のブラフマン（paraṃ brahma）」と称される。ヴィシュヌの天国はヴァイクンタと呼ばれ、そこには梵仙（バラモン出身の聖仙）や大聖仙でさえも達することができず、ただ感覚器官を完全に制御し、妄執を離れた行者ヤティのみが達しうる。[14] いずれにしても、彼の住まいは地上の営みからは遠く離れている。このようなヴィシュヌのあり方は、人間界から隔絶したヴァルナのあり方を彷彿させる。

おわりに

以上に見てきたように、ヴェーダ神話の至高神ヴァルナと、ヒンドゥー神話の主神ヴィシュヌは、幾つかの重要な特徴を共有している。両神とも天の水／宇宙の水を住処とし、世界の創造と維持・監視に関わるマーヤーを操り、被造物に対しては目付や化身によって間接的に干渉する。ヴェーダ神話におけるヴァルナとヴィシュヌの間には、ほとんど類似する性質がなく、[15] ヒンドゥー神話におけるヴィシュヌのこのような発展を、そこから予測することはほとんど不可能である。両神の類似はいかにしてもたらされたのであろうか。

本稿の冒頭で触れたように、この現象は、中村元が指摘した「神話の継続的発展」というインド神話の特徴によって説明が可能となるかもしれない。
中村によれば、叙事詩神話はヴェーダ神話の継続的発展であり、プラーナの神話は叙事詩の神話を継承している。したがって近代インド人は、結局これらの諸神話を受容している。そこで、神話の継続的発展ということをインド神話の特徴のひとつとして見出すことができる。中村はそのことを以下のように述べている。

実にインドでは、リグ・ヴェーダ時代以来今日にいたるまで三千年以上にわたって、神話が同一源泉から継続的に発展している。インドは絶えず他民族の侵入来寇を受け、他信仰が移入されたにもかかわらず、神話自体はそれによって少しも中断されることなく、固有の神話は恒久に存続して新しい神話を生み出しつつあった。この事実は、ヨーロッパ諸国において、往昔の先住民族の神話がキリスト教普及のために滅亡してしまったのとは、著しい対照をなしている。(16)

インド神話の恒久的な継続的発展の要因として、中村はインドの風土・社会の特殊性を指摘している。三千年の昔から今日まで、インドの住民の大半を占める農民は、豊穣な土地と酷熱多雨の気候のおかげで、他の土地の民族に比べて、生活への努力は少なくてすんだ。衣食住に苦労することが少なく、他の地方の住民と生活必需品を交易する度合いも僅少であった。このような生活様式は、武士や商人による社会的結合を微弱にした。インド人を社会的に統一していたのはバラモンであった。インドの農民は武士や商人をそれほど重視しなかったが、バラモンに対しては「地上の神」としてこれを尊崇していた。バラモンと農民の結合は三千年余の歴史を通じて牢固たるものがあり、その密接な結合は、いかなる歴史的動乱によっても微動だにしなかった。インドの神話は様々な民族階級の人々によって作られたが、ひとたび確定された神話を後世に伝承したのは主としてバラモンであった。インド神話の保持者であったバラモンの社会的地盤が歴史を通じてほぼ安定していたために、インドは有史以来絶えず政治的軍事的動乱に悩まされたにも関わらず、インドの神話は常に継続的に、断絶することなく発展したのだという[17]。

ヴェーダ神話のヴァルナと、ヒンドゥー神話のヴィシュヌの間には、第一に、それぞれの神界の「至高神」であるという共通点がある。三千年の歴史を通じてインド神話を伝承してきたバラモンたちの間に、「至高神」に対する、ある程度確定された属性が存在したのではないだろうか。彼らは、ヴェーダ神話から継承した至高神としてのヴァルナの属性を、ヒンドゥー神話の巨大な宇宙観に沿った形に発展させ、ヴィシュヌに付与したのではないだろうか。

このように考えると、ヴァルナとヴィシュヌの性質の類似は、おそらく偶然に起こった現象ではない。他方で、至高神としてのヴィシュヌのあり方は、宗教改革者が強力な意思のもとに古の天空神を復権させ、その至上権を極限まで高めたヤハウェやアフラ=マヅダとも異なる。至高神としてのヴィシュヌのヴァルナ的特徴は、非常に長い期間に、ほとんど無意識的に継承され、再現されていったのではないだろうか。

注

（1）Georges Dumézil, *L'idéologie Tripartie des Indo-Européens*, Latomus (Bruxelles), 1958, pp.62-64.（松村一男訳『神々の構造』国文社、一九八七年、一〇三〜一〇六頁。）

（2）エリアーデ著、久米博訳『太陽と天空神』宗教学概論1、せりか書房、一九七四年、一二六～一二七頁。

（3）中村元『ヒンドゥー教と叙事詩』中村元選集〔決定版〕第30巻、春秋社、一九九六年、五一八頁。

（4）『リグ・ヴェーダ』の引用は、辻直四郎訳『リグ・ヴェーダ讃歌』（岩波文庫、一九七〇年）によった。以下の引用も同様である。

（5）『マハーバーラタ』のテキストはプーナ批判版を用いた。*The Mahābhārata*, 5vols. text as constituted in its critical edition. Bhandarkar Oriental Research Institute (Poona), 1971-1975.

（6）apāṃpatir apāṃ bhāvaṃ yatra vāñchati naiṣadhaḥ// (3, 54, 31cd)

（7）A. A. Macdonell, *Vedic Mythology*, Trübner (Strassburg), 1897, p. 24.

（8）中村元『ヴェーダの思想』中村元選集〔決定版〕第8巻、春秋社、一九八九年、三三六頁、三三八頁。

（9）エリアーデは、ヴィシュヌのマーヤーを説明する、ラーマクリシュナによって現代語で語られた以下のような神話を紹介している（エリアーデ著、前田耕作訳『イメージとシンボル』せりか書房、一九七四年、九七～九八頁）。

ナーラダ仙が苦行の果てにヴィシュヌの恩寵を得て、ヴィシュヌにマーヤーを示し賜えと願う。ヴィシュヌはナーラダを従え、太陽が照りつける荒漠とした道に出て、喉が渇いたから近くの村から水を汲んでくるように頼む。ナーラダは村へ行き、一軒の家で水を請う。家から一人の美しい娘が出てくる。その娘を見つめているうちにナーラダは本来の目的を忘れる。時が流れ、ナーラダはその娘を娶り、結婚の喜びと生活の苦しみを味わう。十二年の歳月が流れ、ナーラダには三人の子がある。ある日洪水が起こり、一夜にして家は水に流される。ナーラダは片方の手で妻を支え、もう一方の手で二人の子を抱え、一番小さな赤ん坊を肩にかつぎ、濁流と戦いながら道を切り開く。しかし彼が足を滑らせたとき、赤ん坊は濁流に落ちる。彼が赤ん坊を探しているうちに、残った二人の子と妻も濁流に呑まれる。ナーラダも流され、岩の上に打ち上げられ、あまりの不運に泣き崩れる。その時、聞きなれた声が彼を呼ぶ。「私が頼んだ水はどこにあるのか。私は三十分以上もおまえを待っているのだ。」ナーラダが振り返ると、濁流が渦巻いていた場所には、ただあの荒漠たる地があるのみ。ヴィシュヌは言う。「わたしのマーヤーの秘密を理解したか？」

エリアーデは、ここに語られるヴィシュヌのマーヤーを、「時間を通して顕れるもの」と解釈したようである。しかしこのマーヤーは、時間に関するというだけでなく、世界そのものを「つくりだす」というはたらきと、幻を見せる、というマーヤーの二つの側面の両方を表しているように思われる。幻として一人の人間の人生とそれを取り巻く世界をつくりだした、ということではないだろうか。

（10）vārāhaṃ nārasiṃhaṃ ca vāmanaṃ mānuṣaṃ tathā/ Suvira Jaiswal, *Origine and development of Vaiṣṇavism*, 2nd rev. and enl. ed., Munshiram Manoharlal (New Delhi), 1981, p. 120.

（11）ヴィシュヌの三重の闊歩については、拙著『マハーバーラタの神話学』（弘文堂、二〇〇八年）において、トリックスターとの関連から考察を試みた。

（12）エリアーデ『太陽と天空神』八五～九四頁、一三〇頁。

（13）“Toward an understanding of Viṣṇu's Avatāras”, *Purāṇa* 18. 1, 1976, pp.128-148.

（14）中村元『ヒンドゥー教と叙事詩』四〇九～四一〇頁。

（15）ただし、マクドネルが指摘しているように、ヴァルナとヴィシュヌは『リグ・ヴェーダ』において一つ同じ行動を取っている（Macdonell, *Vedic Mythology*, p.11）。『リグ・ヴェーダ』では世界の創造を語る際に建築の比喩が用いられる。特に「測量する（measuring）」という行動がしばしば言及されている。ヴァルナは「太陽をもって大地を測量した」（5, 85, 5）。同様に、ヴィシュヌも「大地の領域を測量した」（1, 154, 1）。両神とも大地を「測量する＝つくりだす」と歌われている。

（16）中村、前掲書、五一八頁。

（17）中村、前掲書、五一八～五一九頁。

スラヴ神話の再建に向けて
——中世ロシアの異教神ヴォロスは月神か

中堀正洋

一　はじめに

スラヴ民族は、東方正教会のキリスト教を受容するまでは、長いあいだ無文字社会であった。中世ロシアにおいても、修道院や教会において文字を用いる聖職者など一部の階層を除き、民衆の多くはキリスト教受容以後も文字を持たず、二十世紀に入っても都市部から遠く離れた辺境の地方においては無文字社会の地域さえ存在した。キリスト教受容以前の原始宗教およびその体系は、文字として記録されなかったため、ギリシアやインドのように物語としての内容を持つ神話は伝承されていない。しかし、民衆が崇拝した神々は民衆の手によって記録されることはなかったものの、年代記や教会文献に記録されることとなった。ところが、これらの記述は断片的に民衆の異教的観念を伝えるにとどまり、客観的な視点からは記録されていない。

たとえば、十二世紀初頭の編纂とされる『過ぎし年月の物語』や十三〜十四世紀の編纂とされる『ノヴゴロド第一年代記』には、民衆のあいだに異教信仰が広く存在していたことを示唆する断片的な記録が残されているが、異教そのものに関する記述を見出すことはできない。また、十二〜十四世紀には「教訓」と呼ばれる教会側からの一連の説教文献が登場するが、そこでは異教がキリスト教に対する悪しき宗教として糾弾の対象となったことは記録されているものの、やはり異教が客観的に記録されているわけではない。このように、スラヴの神話体系が文字として残存していない以上、スラヴ神話は、中世の年代記文献や外国人旅行者の記録などの資料をもとに、比較神話学や比較言語学の理論を援用し、考古学的調査の結果や民俗資料の分析による物質文化の検討などをとおし、複合的な視座から再構築されなければならない。

十九世紀ロシアの神話学派を代表するA・N・アファナーシエフは、その著『スラヴ人の詩的自然観』において、キエフの丘に建てられていた異教の神々に対する考察を行い、自然の諸力や天体との観点からシンボリックな研究結果を導き出した。しかし、二十世紀に入ると、スラヴ神話の全体像の再建を目指す神話学派の一連の仕事は、E・V・アーニチコフ、N・M・ガリコフスキイ、L・ニーデルレらにより、徒に異教的観念を飾り立てようとする危険性を孕むとして批判の対象となった。[1] 一九六〇年代以降には、V・V・イヴァーノフとV・N・トポローフが言語学的方法による神話テクストへのアプローチにより、新たな視点からスラヴ神話の再構築を試みた。そして、一連の研究の結果、イヴァーノフとトポローフは七四年の『スラヴ古代の領域における研究』において、雷霆神ペルーンの性格や機能がキリスト教の聖者に習合しながら民衆信仰に根強く生き続けてきたことを示した。[2] 八二年にはB・A・ウスペンスキイが、その著『スラヴ古代の領域における文献学的研究』において、アーニチコフらの立場を取りながら、スラヴ神話を研究する際の相互補完的な方法論を呈示した。ウスペンスキイは、これまでの印欧語族の神話学的な研究を基礎とし、文献資料を比較神話学的に解釈する再建方法をプロスペクティブ、後代に採録された民俗資料を用いてキリスト教の聖者に変容した異教の神々を民間伝承のなかから抽出する再建方法をレトロプロスペクティブと名付け、その方法論を用いながら、周到な資料の博捜により、キリスト教の聖者のなかに異教神ヴォロスの痕跡が残存することを見事に明らかにした。(3)

我が国においても、スラヴ神話は栗原成郎や伊東一郎らによって、その一部が既に紹介されている。(4) 神話の再構築に関していえば、栗原が緻密な文献の渉猟から、異教の神々とキリスト教の聖者との混淆現象について、さらには異教神ヴォロスについての詳細な研究を行い、(5) 伊東も西スラヴ圏の文献を駆使し、西スラヴの神話に登場するスヴェントヴィトの考察を行っている。(6) スラヴ古層の神格ロードとロジャニツァ信仰に関しては、三浦清美がその全体像の解明を目指し、スラヴ異教研究における問題点を指摘しながら、ウスペンスキイの提唱する方法論に基づく文献の博捜により得られた資料の分析を通して、緻密な論を展開し、その信仰の姿を描き出した。(7)

このように、スラヴ神話の再建作業はこれまでにも行なわれてきたが、神話学派への批判以降、異教神ヴォロスを天体との観点から論じた研究は散見されず、既に忘れ去られたかのような印象さえ受けかねない。本論は、ウスペンスキイの提唱する方法論に倣いながら、異教神ヴォロスを天体との観点から再検討し、ヴォロスが月の神かを再考するものである。(8)

二　中世文献に現われるヴォロス

『過ぎし年月の物語』の天地創造暦六四一五年（西暦九〇七年）の項によると、ノルマン人の首長リューリックの死後、その子イーゴリと一切の政事を託されたオレーグは、船二千隻と大軍を率いて、ビザンツ帝国の首都コンスタンティノープルを攻撃した。彼らはギリシア人を大量に殺戮し、多くの宮殿を破壊し、教会を焼き、残虐の限りを尽くした。ギリシアはオレーグの下に使者を遣わし、和睦を申し入れている。

レオン（六世）はアレクサンドロス（三世）と共に貢税を支払い、互いに誓いを交わし、〔自ら〕十字架に口づけしてオレーグと和を結んだ。またオレーグと彼の家臣が誓いをするようにさせた。彼らはルーシの掟に従って自分たちの武器、自分たちの神ペルーン、および家畜の神であるヴォロスにかけて誓い、和平を確認した。(9)

ここで文献上初めてルーシ（ロシアの古名）の異教神ペルーンとヴォロスの名が登場する。オレーグの死後、リューリックの子イーゴリは、公としてキエフに君臨し始めると、九四一年、九四四年と二度にわたってコンスタンティノープルを攻め、九四五年には、ギリシアとルーシの双方が使者を送って和を結んでいる。異教徒たるイーゴリとその家来たちは、ペルーンの神像の建っている丘の上に来て、武器を供えて宣誓し、またキリスト教徒たるルーシの人々は、聖イリヤー教会において宣誓したという。

九七一年には、イーゴリの後を継いだスビャトスラフがギリシアを攻撃し、コンスタンティノープルに進軍して条約を結んだ。ビザンツ皇帝は、この条約を結ぶ際、スビャトスラフの言葉を羊皮紙に書くよう書記に命じている。『過ぎし年月の物語』には、この条約の第四条に次のような一文が記録されている。

もしもこれら前述の（条約）そのものを、我および我と共にある者たち、ならびに我が下にある者たちが守ら〔ない〕ならば、我らが信ずる神ペルーン、および家畜の神ヴォロスから呪われ、黄金のごとく黄色くされ、己が武器により斬られるであろう。(10)

九〇七年、オレーグがギリシアとのあいだに条約を結んだ際、オレーグとその家来たちは雷霆神ペルーンと家畜の神ヴォロスに誓い、九四五年の条約締結時には、イーゴリとその従者たちはペルーンの神像の前で誓い、九七一年にスビャトスラフがギリシアと和を結ぶ際には、スビャトスラフとその従士団たちがペルーンとヴォロスに誓った。

また、九八〇年にはウラジーミルはキエフ大公として君臨し、治世を始めるにあたって異教の偶像を建立した。『過ぎし年月の物語』には、キエフの万神殿《パンテオン》に六体の神々の偶像が建てられていたことが記されている。

ウラジーミルは一人で公としてキエフを治め始め、丘の上の塔邸の外に偶像を立てた。頭が銀で口髭が黄金の木製のペルーン、ホルス、ダージボーグ、ストリボーグ、セマルグルとモコシである。（人々は）それらを神と呼び、生贄を捧げ、自分の息子や娘を供えていた。（人々は）悪魔たちに生贄を捧げ、自分たちの生贄で大地を汚していた。ルーシの大地とその丘は血で汚されたのである。(11)

これらの記述から、ルーシでは異教の神々が広く信仰されていたことが容易に窺える。これら六体の神々に関しては諸説あるものの、ペルーン Perun はバルトの雷神ペルクーナス Perkūnas やスカンディナヴィアのフォルギン Fjörgyn（雷神トールの母）と関係する雷霆神、ホルス Chors は輝く太陽を意味するペルシア語 xuršēt や雄鶏を意味する xurōs と関係する太陽神、ダージボーグ Dazh'bog は幸福や物的豊かさの施与者と考えられる太陽神、ストリボーグ Stribog は至高神を意味するイラン語＊Srībaya からの借用とされる風の神、セマルグル Semargl はイラン系の鬼神スィーモルグ Sīmorg や神話的な鳥セーンムルウ Senmurv に関係する不明な点の多い神、モコシ Mokosh' は湿潤を意味するスラヴ語の語根＊mok- との類推から大地に実りをもたらす豊饒の女神や大地母神などと考えられている。[12] 九八〇年の項に記録されたキエフの万神殿に建つこれら六体の神々のなかにヴォロスの名を見出すことはできないが、九〇七年と九七一年の項では、ギリシアとの和睦を結ぶにあたって、公とその従士団がペルーンとヴォロスに誓っていることから、ヴォロスは他の神々よりもその起源が古いと推測できるとともに、他の神々と同様、民衆のあいだで広く崇拝の対象となっていたと考えられる。

九八八年、キエフ大公ウラジーミルは、東方正教会のキリスト教に改宗し、これをキエフ・ルーシの国教と定めた。ルーシにおけるキリスト教化は、ウラジーミルとビザンツの皇女アンナとの婚姻がルーシのキリスト教受容を前提とした政略婚であったため、結果として性急な上からの改革となった。当時、キエフの万神殿には、民衆に崇拝される六体の神々の偶像が建立されていたが、ウラジーミルはキリスト教受容の示威行為として、自らの手で建立した異教の偶像を即座に破壊するように命じた。神々の偶像は、ルチャイ川に引きずり下ろされ、民衆は涙を流し、嘆き悲しむとともに、従来の信仰を一夜にして捨てなければならなかった。

狩猟採集文化を経て農耕民となったスラヴ民族は、自然の諸力に対する畏怖の念を抱き、それを崇拝してきた。つまり、自然の諸力を擬人化した神々を信仰の対象としていたのである。古代スラヴ人たちにとって、折りにつけ猛威を振るう自然の諸力にあがなうことは難しく、生活を守るためには異教祭祀や呪術行為を行なければならなかったが、それは生活と切り離すことのできない非常に重要な宗教的意味を持つ儀礼的な行為であり、民衆意識のなかに生き続けた。

ウラジーミル公の性急なキリスト教への改宗は、このような民衆の伝統的な異教信仰の上に、突如としてキリスト教が覆い被さり、異教とキリスト教が混淆した状態、つまり「二重信仰」の状態を生み出してしまった。それゆえ、キリスト教が漸次浸透していくにもかかわらず、民衆の意識のなかには異教信仰が根強く残存していった。そして、民間暦に基づく異教習慣が教会暦に取り込まれ、あるいは異教の神々の性格や機能がキリスト教の聖者たちに反映されていくこととなるのである。

三　ヴォロスと聖ヴラーシイ

ヴォロスが家畜の守護神と考えられていたことは、既に見てきた『過ぎし年月の物語』の記述から明らかである。現代標準ロシア語で「家畜」を意味するスコト skot という語は、I・I・スレズネフスキイの『中世ロシア語辞典のための資料集』（以下『中世ロシア語辞典』と略記する）などを見ると、中世ロシアにおいて「富」の象徴であり、「財産」や「金銭」を意味していたことが分かる。[13]「家畜」は商取引の対象となり、民衆にとって「財産」を意味していた。それゆえ、ヴォロスは富を守護する神として「家畜の神」と呼ばれ、人々から崇められたのである。

キエフでは、ヴォロスの偶像は、町から北に向かってドニエプル川に注ぐポチャイナ川河畔の、侯たちの居住区から外れた地域に建っていた。[14]ヴォロスの偶像が丘の上の万神殿ではなく、その下に位置する地域に立っていたのは、ヴォロスが富の神であり、それが商業に通じると考えられていたからであろう。中世ロシアの人々が、ギリシアと条約を結ぶ際にヴォロスに誓ったのも、その和睦を商取引と捉えたゆえと考えてもおかしくはない。

十一世紀のキエフ・ペチェルスキイ修道院の修道僧ヤコフによって書かれたとされる『聖ウラジーミル伝』には、九八八年のウラジーミル公のキリスト教受容時に、ヴォロスの偶像がポチャイナ川に捨てられたことが記されている。[15] 他の写本にはウラジーミル公が破壊した偶像のなかにヴォロスの名を見出すことができないことから、内容の真偽は定かではないものの、雷霆神ペルーンとともにその名が現われるほど、キエフではヴォロス崇拝が盛んであったことが窺える。

九八八年にキエフの万神殿が取り壊されたことは既に述べたが、その跡には聖ヴァシーリイ教会が建てられ、他の都市においても同様のことが起こった。つまり、ヴォロスの偶像を祀った祠堂の跡にも、教会が建てられていったのである。

このことは、十一～十二世紀にかけてロストフの神現修道院の礎を築いたとされる聖アヴラーミイの奇蹟を描いた『ロストフの聖アヴラーミイ伝』に伝えられている。この聖者伝は、一般に十五世紀以降の編纂とされ、幾つかの写本が存在するが、そこにはロストフに残存した異教残滓としてのヴェレス（ヴォロスの異なる語形）信仰と聖アヴラーミイとの戦いが記されている。聖アヴラーミイは、キリスト教徒でありながら依然ヴォロス崇拝を保持している民衆を正しき信仰の道に導くために、彼らのなかに残る異教信仰、つまりヴォロス崇拝を止めさせようとした。そして、ヴォロスの偶像を破壊し、その跡に教会を建立した。[16]

また、『ノヴゴロド第一年代記』の記録によると、ノヴゴロドでは、ヴォロスの名を冠した通りが存在し、ヴォロスの名を持つヴォロス・ブルドゥキニチやスビィシカ・ヴォロソヴィチという人物さえいたことが分かる。[17] さらに伝説によれば、ヴォロスの偶像が建っていた場所には、聖ヴラーシイ教会が建立された[18]。

モスクワの北東に位置し、キエフに次いで十二〜十四世紀に栄えた古都ウラジーミルにも、同様の伝説が存在した。ウラジーミルから十六露里（約十七キロメートル）離れたコロチカ川を見下ろす、かつてヴォロスが祀られていた高台には、ヴォロス・ニコラ修道院が建立され、またかつてのヴォロスの祀堂の跡には、ニコラーエフ修道院が建立された[19]。

このように、キリスト教受容後も、ヴォロスは民衆のあいだに篤く祀られ、ヴォロス祭祀はキエフからロストフ、ウラジーミル、ノヴゴロドへと広がり、その後ロシア北部地方において特に根強く残った。このことは逆に言えば、ヴォロスを祀った祠の跡に、わざわざ教会を建立しなければ教会の教義に民衆を従わせることができないほど、既に民衆のあいだにヴォロス崇拝が深く定着していたことを意味している。しかし、結果的には、ヴォロス崇拝は教会信仰のなかに取り込まれ、キリスト教と混淆しながら、ヴォロスの機能が聖者へと受け継がれていくこととなる。

ヴォロスの役割を果たした聖者の一人として、聖ヴラーシイ（ラテン名ヴラシウス）の名を挙げることができる。聖ヴラーシイは、アルメニアのセバステ（現シヴァス）出身の主教で、ディオクレティアヌス帝とリキニウス帝の時代に迫害を受け、アルゴス山中に逃れたものの、囚われの身となり、キリストの教えを棄てなかったために、三一二年に首を刎ねられて殉教し、聖人に列せられた。伝説では、聖ヴラーシイは、人里離れた彼の隠れ家にやってきた獣を祝福し、その病を癒したことから、家畜の守護聖人として崇められたという[20]。また、十世紀のビザンツの詩人ヨアン・ゲオメトルが記したところによると、聖ヴラーシイは「牧童」あるいは「偉大なる牡牛の守護者」と呼ばれていたという[21]。このように、聖ヴラーシイは古くから家畜の守護者としての性格を持っており、そこに機能面におけるヴォロスとの同一性を見出すことができる。

さらに、両者には、別の特徴における共通点も見出せる。聖ヴラーシイはロシア語名 Vlasij というが、民衆のあいだでは俗語でヴラース Vlas とも呼ばれた。ロシア語では、子音間の流音 l/r を同一の母音 o あるいは e で重複する充音現象が起こり、それぞれ -olo-、-oro-、-ele-、-ere- となるが、同時に la あるいは ra という形をとる語も存在する。前者は口語的で、後者は文語的かつ雅語の意味を持つ。ゆえに、Vlas は Volos の文語的表現となり、雅語となる。[22] このような名称の同一性も、民衆のあいだで異教神ヴォロスと聖ヴラーシイが同一視される一因となった。

家畜の守護者としての聖ヴラーシイの機能を象徴的に現わしているのはイコンであろう。一般に、聖ヴラーシイのイコンは、ヴラーシイの周りに家畜が配置される構図を取る。ノヴゴロドのイコンでは、周囲の家畜が聖ヴラーシイの方を向き、[23] また別のイコンでは、聖ヴラーシイが馬に乗り、周囲を牛や羊、馬が取り囲んでいる。[24]

聖ヴラーシイの聖祝日は二月十一日だが、人々はこの日に牝牛を教会に曳いて行き、乳の出がよくなるように祈禱をささげ、聖水をかけ、特別に用意した儀礼用の餌を与えた。[25] そして、聖ヴラーシイのイコンの前に牛酪（バター）を供えたが、ノヴゴロドではこの牛酪を「ヴォロスノエ volosnoe」や「ヴォロトノエ volotnoe」と呼び、[26] ここから「ヴラーシイの鬚はバターまみれ」という諺風成句が生まれた。[27] このように、ロシアでは聖ヴラーシイがヴォロスの役割を担い、中部および北部地方を中心に家畜の守護聖者となって民衆のあいだに広く尊崇されていった。

四　ヴォロスと天体

ヴォロスと聖ヴラーシイが家畜の守護者となることは既に見てきたとおりであるが、ヴォロスは天体とも関係していたと考えられる。アファナーシエフは、インド神話のヴェーダ聖典において雷神とされるインドラが雲を空に放つこと、ギリシア神話において太陽神とされるヘリオスが雲の牛と羊を放牧に出すことなどの幾つかの例を挙げて、神話表象において放牧が太陽と結びつくことを指摘するとともに、ロシアでは月が太陽と交替し、放牧は家畜の守護神ヴォロスと結びつくとの見解を呈示した。[28]

ロシアでは、三日月は角の形をした月と捉えられたので、ロシア語で「角」を意味するローグ rog から派生した形容詞ロガートゥイ rogatyj を修飾語として持つロガートゥイ・ミェーシャツ rogatyj mesyats という表現で呼ばれることがあった。また、牧童は家畜の群れを追う際に角笛を吹くが、角笛はロシア語で rog と呼ばれ、その特徴的な尖った形状と音韻の類似性から、民衆のあいだでは牧童と三日月が象徴的に同一視されたと考えられる。たとえば、民衆のあいだに伝わる謎々は、このことを示している。

野原は測れず、羊は数えられず、牧童には角がある、これなあに。（答えは、空、星、月）[29]

このように、民衆の観念において月は牧童の形象と混淆しながら、家畜の守護者としての性格を有するに到った。そして、月は空に浮かぶ星々を見守るように、実際の家畜の守護者ともなった。次の慣用的表現が、そのことを示している。

月よ月、銀色に輝くお前の角よ、金色に輝くお前の足よ！　わたしの牝羊を養い守れ、空の牝羊、無数の星を養い守るように！[30]

これらの点から、三日月が牧童となり、家畜の守護者としての機能を獲得したことにより、そこに家畜の神ヴォロスとの共通点が現われ、ヴォロスは天体における月の神となりえたのではないか、との考えが浮かび上がってくるのである。

ヴォロスと天体とを結びつける資料は他にも存在する。たとえば、十五世紀、ロシアの商人アファナーシイ・ニキーチンが、ペルシアとインドに商業を求め、カスピ海、インド洋、黒海の三つの海を越えて旅をした際の見聞を自ら記録した『アファナーシイ・ニキーチンの三つの海の彼方への旅行記』では、ニキーチンが一四七二年の復活大祭時に見たプレアデス星団のことを「ヴォロスィヌィ volosyny」と呼んでいる一文が留められている。[31]

わたしは復活大祭の前夜から朝にかけて、プレアデス（ヴォロスィヌィ）やオリオンの星座が朝焼けの空に沈む様を、大熊座が東の空に昇る様を見ていた。[32]

スレズネフスキイの『中世ロシア語辞典』や『十一～十七世紀ロシア語辞典』などを見ると、「ヴォロスィヌィ」という語は、中世において牡牛座に散開するプレアデス星団を意味しており、「ヴォロソジャルィ volosozhary」「ヴラソジェリシチ vlasozhelishchi」「ヴラセジェリシチ vlasezhelishchi」「ヴラソジェリツィ vlasozhel'tsy」「ヴラソジリツィ vlasozhil'tsi」という異なる語形でも知られていたことが分かる。[33] これら一連の語彙は、音韻的類似性から明らかにヴォロス Volos の名称から派生しており、ヴォロスと星との密接な関係性を示している。また、教会史家ゴルビンスキイは、二十世紀初頭に上梓した大著『ロシア教会史』のなかで、ヴォロスをスカンディナヴィアにおける牡牛の神Valassと同一視しているが[34]、プレアデスが牡牛座に散開する星団であることを踏まえたうえでこの説を支持すれば、ヴォロスとプレアデス星団との関係性はより説得力を持つこととなる。

『アファナーシイ・ニキーチンの三つの海の彼方への旅行記』では、プレアデス星団と大熊座という二つの星座が同時に現われるが、ユーラシアとアメリカ大陸では、この二つの星座の名称が相互に入れ替わることが知られていることから、プレアデス星団と大熊座との密接な関係が窺える[35]。また、ロシア北部と沿ヴォルガ地方においてはプレアデス星団の輝きが熊狩りの成功を予兆したが[36]、これは呪術的性格を帯びたヴォロス祭祀の名残であろう。これらのことは、プレアデス星団と異教神ヴォロスとの結びつきを明示するものである。

さらに、月とプレアデス星団の関係性を考える際には、実際の天体現象を思い起こさなければならないだろう。それは、月によるプレアデス星団の星食である。星食とは、月が背後の星を覆い隠す現象のことをいうが、そこから、月が星を庇護する、つまり家畜の神であるヴォロスが家畜を守護するという意味に転じたと捉えることもできよう。プレアデス星団を意味するヴォロスィヌィなどの一連の語彙が、ヴォロスと関連する語形となるのは、プレアデス星団が月の神であるヴォロスに護られている星であるからだと考えられるのである。

以上のように、ヴォロス信仰は、キリスト教受容以後もロシアにおいて数世紀に渡り民衆のあいだに根強く残存した。ゆえに、ヴォロスが聖ヴラーシイへと混淆される過程において、ヴォロスの機能や性格がより色濃く聖ヴラーシイに反映され、さらに民間信仰においては、ヴォロスが家畜を守護することから、天空における月の神として崇拝されるに到ったと考えられる。しかし、年代記などの古文献には、ヴォロスが月の神として崇拝された痕跡を伝えるような記述を見出すことができないことから、月神としてのヴォロスは、古代スラヴの神格の原始の姿というよりも、後代、具体的には『アファナーシイ・ニキーチンの三つの海の彼方への旅行記』に記録されたように、中世文献に記録された前後の十四〜十五世紀頃に付与された機能の一側面といえるであろう。

注

（1）スラヴ異教研究における問題点に関しては、以下の研究を参照せよ。*Аничковъ Е. В.* Язычество и Древняя Русь. СПб., 1914. С.12; 三浦清美「中世ロシアの異教信仰ロードとロジャニツァ 日本語増補改訂版（前編 資料）」『電気通信大学紀要』第十七巻、二〇〇五年、七三‐七五頁。
（2）*Иванов В. В., Топоров В. Н.* Исследования в области славянских древностей. М., 1974.
（3）*Успенский Б. А.* Филологические разыскания в области славянских древностей. М., 1982.
（4）森安達也編『民族の世界史十 スラヴ民族と東欧ロシア』山川出版社、一九八六年、三三八‐三五九頁（「神話と民間信仰」は伊東一郎が執筆）、川端香男里ほか編『スラブの文化 講座スラブの世界第一巻』弘文堂、一九九六年、三三一‐六六頁（「スラブ人の神話的表象世界」は栗原成郎が執筆）。
（5）栗原成郎『ロシア民俗夜話』丸善株式会社、一九九六年、伊東一郎編『ロシアフォークロアの世界』群像社、二〇〇五年、十三‐三二頁（「ロシアフォークロアと神話」は栗原成郎が執筆）。
（6）伊東一郎「中世北西スラヴの異教（一）―スヴェントヴィトの周辺」『なろうど』五八号、二〇〇九年、一‐十六頁。
（7）三浦清美「中世ロシアの異教信仰ロードとロジャニツァ 日本語増補改訂版（前編 資料）」『電気通信大学紀要』第十七巻、二〇〇五年、七三‐九六頁、同「中世ロシアの異教信仰ロードとロジャニツァ 日本語増補改訂版（後編 分析）」『電気通信大学紀要』第十八巻、二〇〇六年、五九‐八八頁。
（8）諸般の事情により出版の順序が逆となったが、筆者はロシア語の方言資料を用いて、本論を補完する論文を既に発表している。そこでは、ヴォロスと天体の関係がより密接であることを明らかにし、ヴォロスが農耕の守護神となり、豊鏡のシンボルとなったこと、そしてそこから死者の世界の守護神であったことを論究した。拙論「ロシアの異教神ヴォロスと天体 方言・民俗語彙を中心に」(『天空の神話 ― 風と鳥と星』楽瑯書院、二〇〇九年、五四九 - 五六三頁)を参照せよ。

(9) Повесть временных лет. Подготовка текста, перевод, статьи и комментарии Д. С. Лихачева. СПб., 1996. С.17; 國本哲男ほか訳『ロシア原初年代記』名古屋大学出版会、一九八八年、三三頁。固有名詞の一部に手を加えた。

(10) Повесть временных лет. С.34-35; 國本哲男ほか訳、前掲書、八四頁。翻訳の一部に手を加えた。

(11) Повесть временных лет. С.37; 國本哲男ほか訳、前掲書、九三頁。

(12) *Фасмер М.* Этимологический словарь русского языка. Т.1. М., 1986. С.482; Т.2. М., 1986. С.640-641; Т.3. М., 1987. С.246-247, 622, 777; Т.4. М., 1987. С.267; Славянская мифология. Энциклопедический словарь. М., 1995. С.357; *Jakobson R.* Marginalia to Vasmer's Russian Etymological Dictionary (Р-Я) // International Journal of Slavic Linguistics and Poetics. I/II. 1959. Amsterdam. 1977. P.270. 日本語で読めるものとしては次の文献を参照せよ。栗原成郎「スラブ人の神話的表象世界」『スラブの文化 講座スラブの世界 第一巻』弘文堂、一九九六年、五六 - 五九頁。

(13) *Срезневскій И. И.* Матеріалы для словаря древне-русскаго языка по письменнымъ памятникамъ. Т.3. СПб., 1912. С.388; Словарь русского языка XI-XVII вв. Выпуск 25. М., 2000. С.7.

(14) *Аничковъ Е. В.* Язычество и Древняя Русь. СПб., 1914. С.311; Исторія Государства Россійскаго, сочиненіе Н. М. Карамзина. Изданіе пятое. Книга I (Томы I, II, III, IV). Примѣчанія къ I тому. СПб., 1842. С.107.

(15) *Макарий (Булгаков), митрополит Московский и Коломенский.* История Русской Церкви. Кн.2. История Русской Церкви в период совершенной независимости ее от Константинопольского патриарха (988-1240). М., 1995. С.531.

(16) *Ключевскій В. О.* Древнерусскія житія святыхъ какъ историческій источникъ. М., 1871. С.27-30.

(17) Новгородская первая летопись старшего и младшего изводов. Полное собрание русских летописей. Том 3. М.-Л., 1950. С.41, 69, 234, 276, 360.

（18）*Фаминцин А. С.* Божества древнихъ славянъ. СПб., 1884. С.33; *Шеппингъ Д. О.* Русская народность въ ея повѣрьяхъ, обрядахъ и сказкахъ. Т.1. М., 1862. С.201.

（19）*Фаминцин А. С.* Божества древнихъ славянъ. СПб., 1884. С.34.

（20）*Коринфскій А. А.* Народная Русь. М., 1901. С.149.

（21）*Бернштам Т. А.* «Слово» об оппозиции Перун - Велес / Волос и скотьих богах Руси // Полярность в культуре (Альманах «Канун». Вып.2). СПб., 1996. С.114.

（22）この点は、既に栗原も指摘している。栗原成郎『ロシア民俗夜話』丸善株式会社、一九九六年、三四-三五頁を参照せよ。

（23）*Иванов В. В., Топоров В. Н.* Исследования в области славянских древностей. М., 1974. С.46.

（24）*Афанасьев А. Н.* Поэтическія воззрѣнія славянъ на природу. Т.1. М., 1865. С.696; *Терещенко А. В.* Быт русского народа. Ч.VI-VII. М., 1999. С.25.

（25）*Афанасьев А. Н.* Поэтическія воззрѣнія славянъ на природу. Т.1. М., 1865. С.696.

（26）*Терещенко А. В.* Быт русского народа. Ч.VI- VII. М., 1999. С.24; *Шеппингъ Д. О.* Русская народность въ ея повѣрьяхъ, обрядахъ и сказкахъ. Т.1. М., 1862. С.201.

（27）*Даль В. И.* Пословицы русскаго народа. Сборникъ пословицъ, поговорокъ, реченій, присловій, чистоговорокъ, прибаутокъ, загадокъ, повѣрій и проч. М., 1862. С.973.

（28）*Афанасьев А. Н.* Поэтическія воззрѣнія славянъ на природу. Т.1. М., 1865. С.690-691.

（29）Там же, С.692.

（30）*Коринфскій А. А.* Народная Русь. М., 1901. С.45.

（31）Хождение за три моря Афанасия Никитина. 1466-1472. Предисловие, подготовка текста, перевод, комментарий Н.И.Прокофьева. М., 1980. С.67, 109, 196; Хождение за три моря Афанасия Никитина. Подготовка текста М.Д.Каган-Тарковской и Я.С.Лурье, перевод Л.С.Семенова, комментарии Л.С.Лурье и Л.С.Семенова. // Памятники литературы

Древней Руси. Вторая половина XV века. М., 1982. С.466-467.

（32）この作品は既に全訳されている。邦訳は以下の文献を参照せよ。中沢敦夫「『アファナーシイ・ニキーチンの三海渡航記』翻訳と注釈（一）」『人文科学研究』第一〇三輯、新潟大学人文学部、二〇〇〇年、二五 - 四二頁、同「『アファナーシイ・ニキーチンの三海渡航記』翻訳と注釈（二）」『人文科学研究』第一〇五輯、新潟大学人文学部、二〇〇一年、一 - 一八頁、同「『アファナーシイ・ニキーチンの三海渡航記』翻訳と注釈（三）」『人文科学研究』第一〇八輯、新潟大学人文学部、二〇〇二年、四三 - 六五頁。

（33）*Срезневскій И. И.* Матеріалы для словаря древне-русскаго языка по письменнымъ памятникамъ. Т.1. СПб., 1893. С.294-295, 270; Словарь русского языка XI-XVII вв. Выпуск 2. М., 1975. С.216, Выпуск 3. М., 1976. С.9; Толковый словарь живого великорусскаго языка Владиміра Даля. Третье, исправленное и значительно дополненное, изданіе подъ редакціею проф. И. А. Бодуэна-де-Куртенэ. Т.1. СПб.-М., 1903. С.577; *Фасмер М.* Этимологический словарь русского языка. Т.1. М., 1986. С.343.

（34）*Голубинскій Е. Е.* Исторія Русской Церкви. Т.I. Вторая половина тома. М., 1904. С.843.

（35）*Gibbon, William B.* Asiatic Parallels in North American Star Lore: Ursa Major // The Journal of American Folklore. Vol.77. No.305. 1964. P.236-250.

（36）*Иванов В. В., Топоров В. Н.* Исследования в области славянских древностей. М., 1974. С.49. ヴォロスと熊信仰に関しては、以下の文献を参照せよ。栗原成郎『ロシア民俗夜話』丸善株式会社、一九九六年、二〇 - 六二頁。

北米先住民の天空神話――アリカラ神話から

木村武史

はじめに

本論では、北米大平原文化地域に住むアリカラ族の間で伝承されてきた天空に関する神話を幾つか取り上げ、そこで語られている内容は一体何であり、どのように解釈ができるのかという問題に触れてみたい。北米先住民と一口で言っても、広大な北米大陸の自然環境の多様性に応じて作り上げてきた文化・宗教は多様であり、言語学的にも多様な集団が共存している。長い年月をかけた移動や他部族との交易や戦争などの歴史資料には残されていない様々な交流も行われていただろうが、基本的な生活を行っていた空間の環境的特質は重要である。例えば、極文化地域に住む人々の自然環境は、その地域の先住民の文化・宗教の特質を規制する要素の一因となっている。同様に、森林文化地域に住む先住民は木から作った仮面などを用いる儀礼を発達させた。このような文化・宗教の大枠の中で神話語りの形成は多様な影響のもとで成立したものと考えられ、隣接の部族と共有される要素もあるだろうし、遠く離れていても言語学的に共通であれば、共有されている神話伝承も見られる。それゆえ、レヴィ＝ストロース的な「構造分析」が極めて有効な側面があることも確かである。しかし、本論では頁数の制約もあることから、あまり知られていないアリカラ部族の神話を紹介しつつ、神話の主人公のジェンダーに着目しながら、男性・女性という役割あるいは意義がアリカラの天空神話でどのように語られ、そのジェンダーの対称性が天空の神話で何を意味しているのかについて考察を加えてみたい。

一　アリカラ族

ここで参照するのは、言語人類学者のダグラス・R・パークスが一九七〇年代に収集したアリカラ神話群の一部である。アリカラは、ダコタ両州にここ二世紀以上に渡って住んでいる大平原地域の先住民である。大平原文化地域の先住民は一般にバッファローを狩猟した遊牧民という印象があるが、アリカラはトウモロコシ、スクワッシュ、豆を主として栽培した農耕民である。というのも、アリカラは言語学的にカド語族に属していることからも分かる通り、ミシシッピ川沿いのテキサス州に住むカド部族の一部が北へと移動した人々の末裔であるからだ。それゆえ、大平原文化地域東側にはテキサスからダコタまでカド語を話す人々が広まっている。アリカラが今日住んでいる場所に定着するまでには紆余曲折があったことが知られている。一九世紀半ばにはアメリカ合衆国によって保留地が定められ、一旦落ち着いた生活をしていたが、後にダム建設のため、別の村に移住しなくてはならなくなった。

アリカラが栽培する野菜の中でトウモロコシは特に重要な意義を持つ。神話時代、アリカラの祖先はまだ地下世界に住んでいた。アリカラの主神である「上なる首長」は人々のもとに「母なるトウモロコシ」を送った。「母なるトウモロコシ」は多くの動物の助けを借りて、人々を地上世界へと導き出した。人々は地上の世界で北の方向に向かって移動し、そこで「母なるトウモロコシ」は人々に伝統的教えを授けた。彼女を通して、「上なる首長」は部族の長を任命した。この部族の長の権威は父系で継承され、宗教的教えと権威は祭司を通じて受け継がれた。他方、村の日常生活は母系の拡大家族によって運営されていたことからも分かるように、男女ともに重要であった。

他の多くの研究者同様、パークスも指摘しているが[1]、西洋の文化的カテゴリーにおいて「実際に起きた出来事」は歴史に属するが、アリカラにおいては、西洋の文化的カテゴリーでは「神話」に相当する伝承も「実際に起きた出来事」に含まれる。そして、アリカラの伝承には、「聖なるもの」あるいは過去の不思議な出来事について語る聖なる物語とそのような超自然的な要素を欠いた聖なるものではない物語との二種類がある。アリカラ自身は両者の間に区別をつけている。前者の聖なる物語には幾つかのタイプがあることが知られている。第一のタイプは、かつてはアリカラの間で伝承されていたが、合衆国の西進のために二〇世紀初めにはほとんど喪失されてしまった各村の起源についての伝承である。今日では、そのような神話伝承はほとんど知られていない。第二のタイプは、通常、神話と呼ばれる物語で、大地が今の形になる前に起きた出来事についての聖なる物語である。そして、第三が、特殊な儀礼や伝統の起源神話であり、しばしば、人間と動物霊などとの超自然的な出会いについての聖なる物語である。通常、神話に相当するのは第二のタイプであることが多いが、神話という言葉が現在ではかなり拡大解釈して用いられていることから分かるように、第二のタイプに限定する必要もないのかもしれない。

パークスが伝統的伝承の聞き取りを行ったのは一九七〇年代のことである。パークスが聞き取りを行った時の語り手達は六〇歳代より上の長老格の人々であった。本論で参照するアリカラ神話を語ったのは、アルフレッド・モーセット・シニア（一九一一～八九）、エラ・P・ウォーターズ（一八八九～一九八四）、エレノア・チェイス（一九〇六～八〇）の三名である。(2)

アルフレッド・モーセット・シニア（アリカラ名は「敵を恐れない」）はアリカラ語が母語で良く話しただけではなく、伝承や歌などもよく知っていた。子供の頃から親戚の人から多くの話を聞き、成長するにつれて太鼓と歌の名手としても知られるようになった。また、儀式等にも良く参加していたようで、様々な機会を通じて、アリカラの伝統的な世界に通じていた。パークスがモーセットについて感心するのは、モーセットのアリカラ文化に対する敬意である。アリカラの文化や規則を大切に守り、真摯にアリカラの伝統を語ることを重視していた。それゆえ、モーセットはアリカラの神話についてもできるだけ正確に語るように努めた。

エラ・P・ウォーターズ（アリカラ名は「黄色い鳥女」）は若い時にアルバート・シンプソンと結婚した。二人はアリカラの伝統的な生活に大変関心をもっていた。夫のシンプソンは、植物民族学者メルヴィン・ギルモアの通訳をし、妻とともにアリカラの長老から伝統的な療法について学んだ。エラも若い頃から「メディスン・ロッジ」に通い、断食をし、供物を捧げ、祈祷師に力を与えてもらっていた。エラはパークスと出会い、アリカラ語を保存するのに力を注ぐようになった。

エレノア・チェイス（アリカラ名は「白バッファロー女」）の父親は、一八七〇年代の合衆国軍人カスター中佐の遠征に歩兵として参加し、後に、部族の裁判官となった。母親のジュリア・レッド・ベアは人類学者ギルモアやプレストン・ホールダーの調査の手伝いをした。エレノアは、アリカラ文化に強い関心を持ち、ビーズの織物を良くし、インディアン・ダンスにも良く参加した。本論で取り上げるのは、このような背景のある人々が語った神話である。

さて、アリカラの天空に関わる神話には、他の北米先住民神話と共通して、天上にもう一つの大地があり、その天上の大地にはもう一つの世界があるという世界の二重構造が前提になっている場合が多い。そして、地上の世界と天空の世界との間を行き来する人物が伝承の主人公となる場合、男性か女性かによって、若干、神話の仕組みに違いが見られるようである。以下で取り上げる神話は、スティッス・トンプソンが星の夫神話群としてまとめた神話に属し、レヴィ＝ストロースが『食卓作法の起源』で詳しく取り上げた神話の類型に属している。[3] この二人が研究を行った後の時代にアリカラの間で調査を行ったパークスが極めて類似した神話を報告していることは特筆に値するだろう。特に、現代のアメリカ先住民社会においては近代化・西洋化の流れの中で、伝統的な神話・儀礼を特に重視し、保持し、実践してきた人々によって記憶され、語られる種類の物語として神話が語れるようになっていることは、現代先住民社会における神話の文化的・社会的位置づけが従来のように部族社会の誰もが知っている神話として見なすことが困難になってきていることをも示している。そして、パークスが述べるように、「本当の物語」としての神話を語り終える際に「これは誰それから聞いた話である。」と、語り手は神話の権威・根拠を示すのである。物語りとしては明確な結末のない神話も多いが、その場合でも、語り手が神話から何かしらの教訓を導き出して結論に加えるということがある。パークスは、神話語りの終わりにそのような道徳的結論が導かれている際には、語り手の世界観・道徳観と密接に結びついたものとして読む必要があると考えている。レヴィ＝ストロースはそのような語り手の意識的な道徳的解釈の意義はあまり認めないかもしれないが、アメリカ化の波の中で、意識的に伝統を維持しようと努めてきた伝統主義的な先住民の人物が語ったという神話の意義については思いを馳せる必要があるだろう。そして、現在の我々からすると、一つ一つの神話の内容は詳細に記述する必要もない稚拙な物語と思えるかもしれないが、語り手にとっては一つ一つが伝統的世界を表す言語的表象であるということを考慮するならば、個々のエピソードが何らかの意義を持つものとして語られ伝えられてきたという点を心に留めておく必要があるだろう。本論では、このような歴史的な語り手が語った神話として、登場人物のジェンダーの側面に着目しながら、アリカラの天空神話について考えてみたい。

二　女性が主人公の天空神話

まず、女性が主役の神話について見てみよう。これはアルフレッド・モーセット・シニアが語った神話である。[4]「月と結婚した若い女性」という神話伝承は、多くの男性が結婚を申し込んできたがすべて拒否したので、親族の男性に嫌味で「月のように美しい男とでないと結婚したくないのか」と言われ、家を出、やがて月の元に辿り着き、月と結婚し、子供をもうけた女性の話である。この女性には小さい頃から身に付け、大切にしていた玉がある。この玉は事あるごとにこの女性を助け、守護の役を果たしてきた。女性が家を出、進んでいくと、次から次へと動物の姿をした神霊が現れ、結婚を申し込むが、玉が助言をし、女性は難を逃れる。次に夜の神霊に出会う。この夜の神霊は女性に、四晩寝ないで我慢できるか競争し、勝ったら先に進んで行って良い、と言った。玉は娘に、夜の後には太陽も女性を自分のものにしようとしてくるが、月が待っているので負けないようにと告げる。夜の神霊と女性が寝ずの競争を始めた。四日目の夜、女性は大変眠くなってしまい、うとうとし始めた。その時、この女性を守ってきた玉が人間の姿を取り、女性を寝かせて代わりに一晩中目を覚まして、夜の神霊と我慢比べをした。夜の神霊はついに眠くなってしまい、うとうととした。朝が来た時、負けを認めた。そして、女性はついに月に出会い、月と女性は結婚した。星たちが女性の食べ物として鹿の肉を持ってきた。やがて月と女性の間に男の子が生まれた。男の子が四歳（四回の冬を過ごした）の時、月は二人を地上の世界に連れて帰った。家族の元に戻った女性は、親族の男性たちに彼らが言ったように自分は月の元に行き、結婚して、子供ができたのだと告げた。そして、自分についてもう勝手なことは言わないようにと忠告した。

この神話の主人公は人間の女性であり、月は二次的な役割しか果たしていない。しかしながら、女性が目指して困難を耐えていくのは月（男性）に出会うためであり、その意味では、月が持つ魅惑的な力が前提として語られていることが分かる。興味深い点は、人間世界の男との分離が天空の世界の男（月）との結びつきへと展開していく過程であり、その結果は、月との間にできた息子を人間世界に連れて帰るという結末である。地上においては、女性が結婚しないため親族の男性と女性は分離され、そして、女性と天上の月とが結ばれることによって、女性と月の間にできた息子を連れて、元の村に戻るという再結合が果たされることになる。この一連の分離・結合・再結合の過程を通じて、女性は成長し、親族の男性と同等の立場を獲得することになる。

この神話は、編者のパークスによれば、月の神話としては通常のジェンダーと異なっているという。というのも、普通、アリカラの神話では月は女性であるからである。しかし、人間の女性が天空に赴き、結婚するという動きに着目するためには有効である。最後の結末については、次の神話を取り上げてから考察してみたい。

次にエラ・ウォーターズが語った「星の夫とお婆さんの孫」と題された神話についてみてみよう。[5] この神話は、星と結婚した女性についての神話と、この女性が天空から落ちて死んでしまった後、星との間にできた男の子と、この子を養育した老女についての神話の二つが結び付いて出来上がった神話である。ここでは前者の部分だけを見てみることにする。

ある時、二人の若い女性がどんな男性が好きかと話し合っていた。一人の女性が若い男性が好きだと言うと、もう一人の女性は空に輝く星が好きだ、もし、夜空に輝く星が地上に降りてきたら結婚するのに、と言った。

ある日、二人の女性は水汲みに出かけた。するとヤマアラシを見つけ追いかけた。ヤマアラシは川岸に生えていたハコヤナギの木の上に登った。一人の女性が斧を取りに戻ると、もう一人は木に登り始めた。ヤマアラシがどんどん上に登っていくので、少女は追いかけて登り続けた。すると、いつの間に自分が別の世界の辿り着いてしまったことに気付いた。少女が泣き始めると、ヤマアラシは姿を変えて、男の姿になった。そして、少女に話しかけた。「なぜ、泣くのです。あなたは昨晩、もし星が地上に降りてきたら結婚するのに、と言っていたではないですか。私はその星です。」この男性は若くはなく中年であったが、見かけが良かったので、少女はその男性とともに生活を始めた。しばらくすると、しかし、男性が夜になると出かけてしまうので少女は寂しくなり、下の世界のことを想って泣いてしまった。この男性は夜になると星になり、夜空の星として立ち続けていたのである。

やがて、女性は星の子供を産んだ。それは男の子で、額に星の印が付いていた。母親は星に、「この子はカブを食べたがっている。」と言った。星は、地面の高いところを掘っても良いが、地面の低いところは掘ってはならないと妻に言った。女性はカブを掘りに出かけることにしたが、なぜ星の夫が地面の低いところを掘ってはいけないと言ったのか、いぶかしく思い、地面の低いところを掘ることにした。枝で穴を掘ると、突き抜けて無くなってしまった。女性が土を取ると穴が空いたので、下を覗くと、人々が動き回っているが見えた。女性は自分の部族の人々を目にして、また悲しくなってしまい、泣きながら家に戻った。すると蜘蛛老女が女性に呼びかけ、下の世界に戻る方法を教えた。蜘蛛老女が語ったのは次のような内容であった。女性の主人である星にバッファローを殺して、バッファローの腱を取って持ち帰ってくるように頼み、それらの腱を蜘蛛老女の元へ持ってくれば、バッファローの腱で紐を作ってあげるというものである。女性はその紐で下の世界に降りることができる。女性は蜘蛛老女に言われた通りにし、バッファローの腱をたくさん集めた。蜘蛛老女が十分な長さの紐を作り上げると、女性は五歳になった男の子を背負って下の世界へと降りて行った。しかし、紐の長さは十分ではなく、一番高い木のてっぺんにやっと届いただけであった。その頃、ちょうど、夫の星は妻と子を探していた。そして、妻がカブを掘りに行くと言っていたことを思い出し、カブを掘ったと言っていた場所に行った。するとそこには穴が開いており、夫の星はその穴から下を覗いた。紐の先にぶら下がっている女性の姿が見えると、夫の星は親指ぐらいの大きさの石を手に取り、女性の頭めがけて落とした。女性の頭に石がぶつかり、女性は下に落ちて死んでしまったが、男の子は無事であった。

最初の神話と類似しているが、最後に女性が地上の人間世界に辿り着く前に死んでしまうところが異なっている。色々と解釈を試みたいところだが、前者が困難を乗り越えて月の元に行くのに対して、後者は、星がヤマアラシの姿に化けて地上に遣ってきて、ある意味では天上に女性を誘い出したといえる。ヤマアラシ神話についてはレヴィ=ストロースが詳細に考察を加えているところである。ここでは簡単に次のように述べるに留めよう。レヴィ=ストロースによれば、オジブエの神話を中心に解釈をすれば、ヤマアラシは男性である月を表象している。また、ヤマアラシの針は女性の織物と忍耐と密接に結びつく象徴でもあるという。更に、女性の動きに着目してみると、一方では、女性はヤマアラシの導きで星のもとに容易に辿り着いているといえるが、他方では困難に打ち勝って天上に赴く。その違いのゆえに最後の結末が異なっているのか、あるいは女性が結婚する相手が月か星の違いが関係するのかははっきりしないが、ともに星あるいは月との子供を地上世界にもたらすことになる。最初の神話では月との関係がむしろ平等の関係であり、そのような月との間にできた子供を地上の人間世界に連れてくることにより、女性の社会的地位は親族男性のそれと等価になる。それに対して、第二の神話では女性は地上に辿り着くことなく、死んでしまう。それは夫である星の命令に従わなかったからであろうか、その意味では、この女性は（天上界のであれ）男性に従属的な立場のままであるといえる。

さて、女性達が主人公のもう一つの神話を見てみよう。それは、エレノア・チェイスが語った「星になった若い女性たち」と題された神話である。(6) この神話のバリエーションでは、星になるのは女性とその兄弟であるが、最初に女性たちが星になる物語から見てみることにしよう。

この神話は、アリカラにとっての聖地でもあるワイオミング州にある「悪魔の塔（Devils Tower）」の起源とスバルの起源を述べる伝承となっている。七人の娘たちが岩の廻りで遊んでいた。すると、熊が突然襲い掛かってきた。少女達は家に戻ることができず、岩の上によじ登った。熊も岩に登ろうとすると、突然、岩が隆起し始めた。熊は鋭い爪を立てて岩にへばりついたが、やがて落ちてしまった。少女達の家族は戻ってこない娘たちを探しにやってきて、今や高く隆起した岩の上に少女達がいるのをみつけた。一人の少女が何が起きたかを説明したが、どうすることもできなかった。やがて少女達は死んでしまった。ある晩、少女達の父・母の夢に出てきて、自分たちは夜空の七つ星になったと告げた。熊が襲ってきたので、可哀そうに思った岩が少女達を助けてくれたのである。

さて、次に少女と彼女の兄弟達が星になるバリエーションを簡単に見てみよう。この神話は「熊になった少女」と題されている。(7)

ある時、子供たちが遊んでいた。熊の振りをして追いかける遊びであった。他の子よりも年上の十四歳になる上の少女が熊になる番になった。十歳になる妹に子犬のいる穴に隠れるようにと言い、茂みに身を隠している間に、本当に熊に変わってしまった。熊は子供達を襲い、自分の兄弟も殺してしまった。そして、村を襲い、自分の姉妹、父親、母親、祖母を殺してしまった。大勢の人を殺して満足したのか、犬の穴から出てくるようにと妹を呼んだ。二人は丘の上に登り、熊の姉が穴を掘って、その中に二人は入り込んだ。そして、熊の姉は妹に火をおこすよう命じ、村から乾燥した肉を持ってくるように言った。兄弟たちを見かけたら必ず言うようにと命じた。

しばらくして、妹は村では全てのものが腐り始めていると熊の姉に言うと、熊の姉は別の所に行って、食べられる果実を取ってくるようにと命じた。妹は出かけ、果実を探していると、兄弟達に会った。そして、兄弟たちに姉が熊になってしまったこと、姉が家族全員を殺してしまったことなどを話した。兄弟たちは妹に熊の姉の弱点を見つけ出す質問を教えて、熊を殺す方法を見つけようとした。妹は熊の姉から弱点を聞き出した。それは、つま先を切られることであった。兄弟たちは熊の姉を殺す準備を始めた。棘の生えた草を集め、妹にこれを持って帰り、寝ている熊の姉の廻りに置くようにと渡した。妹は穴に戻り、寝ている熊の姉のまわりに敷き詰めた。準備ができると、妹は敵が来た、と大きな声を出した。熊の姉は起き上がり走り出したが、棘の草の上を走り、待ち伏せしていた兄弟たちにつま先を切られてしまった。そして、兄弟達は熊の姉を殺し、素早く木を集めて、熊の姉を焼いた。妹と兄弟はその場から逃げ出した。しばらくすると、一度、殺された熊の姉が追いかけてきた。妹と兄弟は慌てて逃げ出したが、途中、フクロウ、ナイフ、櫛を投げて熊の姉の気をそらそうとしたが、長くは続かなかった。熊の姉はどんどん近付いてきた。もうつかまりそうになった時、妹と兄弟たちが立っていた丸い形をした岩が突然隆起し始めた。熊は岩を飛び跳ね、岩を蹴り倒そうとしたが、上手くいかなかった。岩は妹と兄弟たちに「心配することはない。熊はもうあなたたちに危害を加えることはない」と話しかけた。熊の姉は言った。「あなたたちは勝った。もう安全だ。あなたたちにはもう二度と会わないだろう。私は反対の方に行く。」

そして、岩は天上にまで届いた。やがて妹と兄弟は天空の五つの星になったという。

この神話は、熊によって襲われた女性（と男性）が隆起する岩によって救われるが、地上世界から分離されてしまい、ついには天空の星になる、という物語である。前二つの神話との違いは明らかである。この神話では女性（と兄弟）は死んでしまい、夜空の星になるが、前二つの神話では生きたまま天上のもう一つの世界に赴き、月あるいは星と結婚し、子供をもうける。（二つ目の神話では、女性は最後に地上に戻ることなく死んでしまう。）どれも共通しているのは、地上世界から天上世界へと移動するのは、人間の女性である、という点である。

三　男性が主人公の神話

さて、次に、男性が主人公のアリカラの天空神話を見てみよう。まず、アルフレッド・モーセット・シニアが語った「動物が人間を殺すのを止めさせた聖なる少年」と題されたアリカラの天空神話を見てみる。(8) 主人公は天空の星である「聖なる少年」である。この神話の舞台は、巨大な動物や鳥が人間を襲い、人間を食べている神話時代である。

ある時、天空から一人の少年が地上に降り立ってきた。地上に降りてくる前に次のように語った。「これらの動物たちが下の世界で行っていること、惨めな人間をいたぶっているのはよくない。私は下に降りていって、動物たちを懲らしめてやる。」

少年は地上を旅し、行く先々で草むらにめがけて矢を射り、獰猛な動物たちを倒した。空にめがけて矢を射れば、空飛ぶ鳥たちを射落とした。

すると、動物たちは怒って、次のように言った。「私たちを射落としているあの聖なる少年は我々の仲間の多くを殺している。喉の渇きで死なせてしまえ。」

すると、地上のすべての水がなくなってしまった。少年は水を求めてあちらこちら歩き回ったが、どこにも水は無かった。河の岸辺にたどり着いたが、泥があっただけであった。少年はカエルがいるのに気付き、次のような歌を歌いながら、カエルを突っつき始めた。

「水がどこにあるかを言え、そうすればお前を叩いたりはしない。
水がどこにあるかを言え、そうすればお前を叩いたりはしない。
水がどこにあるかを言え。
水がどこにあるかを言え、そうすればお前を叩いたりはしない。
水がどこにあるかを言え。」

怖がったカエルは立ち上がって、泥がたまっているところに前足を突っ込み、引き抜いた。すると、水が溢れ出した。少年はその水を飲むと、「私にこんなまねをした連中に復讐してやる。」と言った。

矢を幾つも放つと、多くの動物に当たり、死んだ。「もう二度とこんなまねをするな。今度戻ってくるときはもっと酷い目に会うぞ。」そういうと、空に向けて矢を射、多くの鳥を射落とした。「人間をいたぶるのもやめろ。今度戻ってくるときはもっと酷い目に会うぞ。」

こう言って、少年は天空に戻って行った。こうして、動物は人間をいたぶるのをやめた。

この神話では、星の少年は天空から動物の悪しき行動を監視する役目を負っている。

さて、次に、アルフレッド・モーセット・シニアが語った「隠された男と二人の聖なる男」という神話を見てみよう。(9)

この神話の主人公は祖母と一緒に住んでいる貧しい少年である。祖母と少年は、他の人々が集まってい生活しているのに、そこから離れて住んでいた。二人は犬一匹しか飼っておらず、ウサギなどの小動物を取って貧しく暮らしていた。冬が来て、バッファローの群れを追って移動をすることになった。村人とともに旅を始めたが、途中で嫌になり引き返すと、もう一組の家族が残っているのに気付いた。その家族には父親と娘がいたが、父親は足が麻痺してしまい動けなくなっていた。少年と祖母はこの家族と冬を過ごすことにし、足が麻痺した父親は自分の娘の婿にこの少年を迎えることにして、自分たちのために狩りをするように頼んだ。

ある時、この少年が狩りに出かけたとき、二人の男性に出会った。この二人の男性は少年に「隠された男よ、お前は今や結婚した。私たちは義理の娘に会いにきたのだ。」と話しかけた。(これらの二人の男性が実は星なのだという。)二人の男性は「トウモロコシとスクワッシュを食べたい」と少年に伝えた。少年は二人に次の日に会いにくるように頼むと、二人の男性は「私たちは犬を恐れる。犬に紐を付けておくように。セージの草を敷き、私たちが座る場所を整えるように。そして、火は低く焚くように。」と少年に命じた。

次の晩、二人の男性は少年を訪れ、食事を食べ、タバコを吸った。そして、少年の義理の父の足が麻痺しているのを聞き、一人ずつ麻痺した足を調べ、それぞれ麻痺の原因である蛇を取り出し、治癒した。

しばらくして、少年が狩りをしている最中に、この二人の男性にまた出会った。二人の男性は二本の矢を渡し、何か困ったことがあったら、そのうちの一本の黒い矢を射るように、と諭した。

また、しばらくして、少年が狩りをしているときに、二人の男性にあった。二人の男性は少年に、動物の群れを追って旅に出た村人たちが戻ってくると言った。そして、こちらに向かってバッファローの群れがくるから、急いで戻って矢を沢山作って用意しておくようにと教えた。少年は急いで戻り、家族にできるだけ沢山の矢を作ってもらい、バッファローの群れがくるのを待ち構えた。しばらくするとバッファローの群れがきたので、少年たちは出来るだけ沢山の矢を射、多くのバッファローを殺した。そして、肉を乾燥させ、戻ってくる村人を迎える準備をした。

少年は回りを歩いていたが、しばらくして、息も絶え絶えの男が歩いてくるのに気付いた。その男性は村人たちの先兵隊として派遣された一人で、動物の群れを求めて歩き回ったが動物には行き逢わず、子供たちは餓死し、大人たちも飢餓状態であると少年に話した。少年はその男性を家に連れて行き、少しずつ食べ物を与え、力を回復させた。そして、後からくる残りの先兵隊に肉を持っていくように伝え、村人にここには沢山の肉がある、食事を用意している、と伝えるようにと言った。こうして、少年は飢餓状態の村人たちを救ったのである。

しばらくして少年が狩りに出かけると、向こうからバッファローが走ってくるのを見つけた。木が二本立っているのに気付き、少年は木の陰に隠れてバッファローがくるのを待っていた。バッファローが近づいてきたら、少年は矢をバッファロー目掛けて射たが、殺すことができず、ずっと追いかけた。するとバッファローは地の果てにある小屋の中に入っていった。その小屋の中に入ると、バッファローは「隠された男をここまで導いてきた。」と言った。

少年がその小屋の中に入ると、彼がずっと追いかけてきたものがそこに座っていた。それは大星(Big Star)という名の牡牛であった。もう一人いたが、そちらは腕があり、口があり、長い歯をしていた。また、もう一人いたが、そのものの心臓は壁に掛けられていた。この二人は隠された男に、自分たちのために狩りをするようにと命じた。少年は仕方なく男たちのために狩りをしに出かけては、獲物を取ってかえってきた。男たちは少年に獲物の肉を食べるなと命じた。少年が獲物を持って帰ってくると、喉が渇いた、水を汲んで来いと、男たちは命じた。このような日が続いて、隠された男は空腹のため弱り始めた。そうしているうちに、ある時、隠された男の二人の星の父親が隠された男を捜しにきているのに会った。二人の星の父親は少年を捕まえて奴隷のように扱っている二人に対してどのように振舞うかを少年に教えた。つまり、獲物を取ってきて、水を汲んでくるようにと命じたら、男たちに目掛けて水をかけるようにと。

隠された少年は獲物を狩って、小屋に戻った。命じられる通りにすると、二人の星の父親が小屋に入ってきて、壁に掛かっていた心臓を火に投げ入れ、殺した。長い歯をした者もその長い歯を突き刺して殺した。残ったバッファロー・大星は、「私は生きたい。」と声を上げた。一人の星の父は、「さあ、行け。人々を助けるときにお前を呼ぶから必ず遣って来い。さあ、行け。振り返るな。殺すぞ。」と言った。

こうして隠された男は助けられ、自分の家に戻ることができた。

さて、この神話では「隠された男」を巡って相対する二種類の「星」が登場する。隠された男を導く星の父と隠された男をいじめる「バッファロー・大星」である。星が「二人」一組で現れる理由ははっきりしないが、少年を見守り導いているという点では、守護的な役割を果たしているといえよう。また、この星の父たちがトウモロコシとスクワッシュしか食べないというのはどういうことなのであろうか。栽培農耕が導入されて以降の星の神話なのか、だが、隠された男に矢を託しているということから狩猟文化とは無関係ではなさそうである。

また、バッファロー・大星が人間である隠された男をいじめるという点では、前の神話と同じであるが、人間は動物に食われるというテーマまでは出てこない。それゆえ、星は人間にとって善悪の両方を象徴しているといえ、しかも、星とバッファローが結びついたときが人間にとっての悪であるということは興味深い。というのも、平原地域の先住民はバッファローをしばしば聖なる動物として崇めていたからである。逆転しているといえる。おそらくアリカラが南から北上してきた農耕民であったことと無関係ではないだろう。

結び

さて、最後に、主人公のジェンダーについて着目して、簡単に考察を加えてみよう。

神話時代か人間の時代かという違いはあるが、男性である星（二人の男）が地上に来るのは人間をいたぶるバッファローから人間を救うためであり、女性が天上に赴くのは月か星と結婚（性的結合）し、子供をもうけるためである。女性が上昇で男性が下降という反対のベクトルを持つのは明らかである。悪魔の塔の岩が隆起し、星になるのも女性（と男性）である。岩の隆起によって地が天に近づくというのは女性が天上に赴く、というのと同じ上昇の志向性を持つ。しかし、女性が夫である星の同意なく天上の世界から下降しようとすると、それは女性の死を意味する。そして、天上の世界で、星の夫にバッファローを殺させ、その腱で紐を作るという点は、星がバッファローを操るという後の神話と同じである。しかも、バッファローは星としても登場する。

しかし、女性と星の子がカブを食べたい、カブを掘ろうとしたら天上の世界の地面に穴が開いた、星の父たちは穀物しか食べない、というのは、天上から下への方向性を持つ時、星が何らかの形で農耕の起源と関連しているということを示唆していると言ってもよいだろう。しかも、星はバッファローを制御する。星は、また、バッファローと人間の食うか食われるかの関係を逆転させてくれる力を持つものである。バッファローとは異なり日常的に食べることはない熊との関係では、熊の襲撃から逃れるために岩が隆起し、襲われる・食われるという難を逃れる。しかし、その結末は女性（とその兄弟）が餓死し、星となることであり、食の欠如が人間を星へと変容させることになる。大地の隆起は食を与えることはない。最後の神話でも、男性は命じられて狩りをするが、食べ物は与えられず、餓死しそうになる。

このように見ていくと、アリカラの天空の神話においては、食物と食べるという行為が非常に重要な要素になっていることが分かる。それは、人間にとっての食べ物である動物や穀物・野菜の起源はどこにあるのか、という問いに対する一つの神話的な答えなのかもしれない。

注

（1） Douglas R. Parks, *Myths and Traditions of the Arikara Indians* (Lincoln and London: University of Nebraska Press, 1996), pp.48-56.

（2） Ibid., pp.31-47.

（3） クロード・レヴィ＝ストロース、渡辺・榎本・福田・小林共訳『神話論理III　食卓作法の起源』みすず書房、二五六～二五八頁。

（4） Alfred Morsetts, narrated 9"The Young Woman Who Married the Moon,"Douglas R. Parks, *Traditional Narratives of the*

Arikara Indians, Stories of Other Narrators: English Translations (Lincoln and London: The University of Nebraska Press, 1991), vol. 3, pp.174-179.

（5）Ella P. Waters, narrated, 85 "The Star Husband and Old Woman's Grandson,"Eleanor Chase, narrated, 151 "The Young Women Who Became Stars," Douglas R. Parks, ibid., pp.575-579.

（6）Eleanor Chase, narrated, 151 "The Young Women Who Became Stars," Douglas R. Parks, *Traditional Narratives of the Arikara Indians, Stories of Other Narrators: English Translations* (Lincoln and London: The University of Nebraska Press, 1991), vol. 4, pp.775-777.

（7）Alfred Morsette, narrated, 7 "The Young Woman Who Became a Bear," op.cit., Douglas, v.3, pp.146-152.

（8）Douglas R. Parks, *Myths and Traditions of the Arikara Indians* (Lincoln and London: University of Nebraska Press, 1996), pp.125-127.

（9）Ibid., pp.184-196.

天空の神話の実態と観念

篠田知和基

はじめに――「天空神」という虚構

エリアーデは世界の神話（宗教）に、本来、「天空神」観念があり、しかし信仰・祈願の対象となることがすくなく、神々の機能分化がすすむにつれ、天空の諸要素を分担するほかの神によって地位をおわれ、「暇な神」になってゆくという（『太陽と天空神』、あるいは『世界宗教史』）。そしてその裏付けとしてアボリジニ、アフリカ、中央アジアの神話の例をあげている。また、「インド土着民」における宗教を調査したリスレーの「どんな礼拝も捧げられない、受動的な至高存在[1]」の観念も紹介する。

この「天空神」とはどんなものかというと、その機能は世界をつくりだす創造の技と、雨をふらせて大地を豊饒にすることであるという。天の高みにいる「天空神」が世界をつくり、豊穣をもたらす「至高神」だという観念は一見したところでは、たしかに世界的に通用しそうにおもわれる。しかし、その神が、「だれにも崇拝されない神」「なにもしない神」だとなると、はたしてそんなものだろうかと疑問に思われる。そしてそのような、「天空神が世界の神話に普遍的に存在する」[2]となると、それでは日本ではどうなのだろうと思われる。

天に神がいるという、一般に人が漠然といだいている観念にはそれは合致しているようにも思われる。しかし、空をあおぐだけで、宗教的な感情をおぼえるとエリアーデがいうのは[3]、本当にそうだろうか。世界には天というものが必ずしも最高のものとされない文化もあるだろうし、空をあおぐ習慣のない風土もあるだろう。実は日本人は「空をみない」とブルーノ・タウトは言っているのである（『日本美の再発見』一九三九、ほか）。たしかに日本人は姿勢もわるく、いつもうつむきがちで、西洋人のように轟然と鼻を空にむけて歩いてはいない。そんなことをすると人ごみで人にぶつかってしまうのである。それに日本人は一般に忙しく、空をみる余裕があまりないし、目先のことにかかずらわって空をあおぎみることはすくないのである[4]。

神が天にいて、天地創造をしたあとは人事にかかわらず超然としている。しかし死後はひとは天にのぼってその神のもとへゆくという、この一般的な観念は実はキリスト教のみの観念で[5]、世界のひとびとの普遍的な神観念とはかならずしも合致しないのである。ヘブライの神が「光あれ」といって世界をつくったことはたしかに「創世記」に書かれている[6]。しかし世界神話ではこの種の世界の誕生はけっして普遍的ではない。卵がわれてそこから空と大地ができたなどという神話がおおいが、そのとき、「神」の意志がはたらいたとはいわないのである。ギリシャ神話でも混沌から大地ガイアがうまれ、ガイアから天空神ウラノスがうまれるのである。けっして天空神が最初に存在して世界をつくったのではない。

キリスト教の神ヤーヴェは、世界をつくったあと天空の高みに去って、人間の日々の悲しみ、苦しみには耳をかさないかわりに、仲介者として、また人間をすくう存在としてキリストを下した。これは、天空神が地上のことに無関心になって、かわりに人間たちの祈願をききとどける「別の神」が登場するという筋書きに合致するが[7]、それはキリスト教の特殊な構造で、世界の神話に共通するものではない。

それにキリスト教の神にしても本当に「天空神」なのか[8]、彼のすまいが「天」にあるのか[9]、ひとは本当に死後、「昇天」するのかというと、じつは問題なのだ。「昇天」[10]のばあいに象徴的であるように、そこにおける「天」はアレゴリーで、「空」ではない。これはもちろん言葉の問題でもあり、エリアーデも「天空神」ということばを一般的な概念で「至高神」という意味でつかっており、海の神が海という物質世界を支配するように、天空の神が空、あるいは大気圏（あるいはもっと上の宇宙）を物質的に支配しているという意味では使っていない。これはアボリジニーの神話で、「天空」の神が子供たちである日月を支配し、昼と夜、風や雨を支配しているというの[11]とは別で、そのような物質的世界とは関係のない、いわばどこにもない「天」を支配している神という意味である。

物質的な空は、まず鳥が飛び、風がふく低層の大気圏であり、ついで、雲がたなびく中層の大気圏があり、ギリシャや西欧で考えられた「エーテル」が充満しているというその上の、いまでいえば「成層圏」のような上空があって、さらにその上に星のまたたく空（天蓋）がある。宇宙空間という観念は古代の人にはなかったから、その程度の上中下の空が物質的な空として理解されていた。ギリシャのウラノスはそのうち、夜の星空をあらわしている。精神的な「天」はこれらとは別である。

天文観測が発達していた文化では、星の世界が七つの惑星が回る七層の「天」とそのうえの恒星圏とにわけられ、同心円的に理解されることがおおかったが、これは物質的な「惑星圏」で、大気圏の「空」とは区別されるとともに、さらにその上にあるとされた精神的な「天」とも区別された[12]。

人が死んで「昇天」するというのも、いわば言葉のあやか、誤用で、肉体を地にほうむった後、魂がそこを離脱して神のもとへゆくことを「昇天」するとはいっても、すぐに「天」にのぼるわけではなく、どこでも地獄ないし地下的な死後世界の観念があって、人が死ねば地下の冥界なり、閻魔庁なりへ行って、そのあと地獄なり、六道なりをまわって、選ばれたものは最終的に上のほう、すなわち「天」へゆくとみなされることがおおいが、ここで仮に「天」といったものも、どこか海のかなたの理想郷であるかもしれず、あるいは地上の楽園であるかもしれない。いずれにしても、死者がすぐに神のもとへゆくわけではないことはだれもが承知している。[13] おさない子供に、死んだ父親が星になって空でまたたいているのだと言い聞かせるときにも、だれもそれが本当だとは信じていないし、宗教的な寓意でもそれはただしくないことは承知している。昇天ということが、星になることとおなじく、字義どおりの意味はもたない寓意で、キリスト教の教理でも、人の魂がすぐに昇天するわけではなく、神や死後世界を「天」といいかえることがあっても、その「天」はどこにもない天であることははっきりさせておく必要がある。

くりかえしていえば、キリスト教で言う「天」は地球上の上空の「天空」ではない。[14] 大気圏をぬけでて、宇宙空間へ行った宇宙飛行士が「神」はいなかったといったという。[15] もっとも宇宙空間をすべて踏査したわけではないから、ちょっと大気圏外へでただけで「神はいない」というのは早計ではあるが、「神」というものが、そのような物質的空間にいるわけではないのはいうまでもない。「神」はごく一般的な理解では、精神的な意味での「天」にいるとしても、その「天」に宇宙船でいけるとはだれもおもわない。それに、精神的な「天」すなわち、神の住まいとしての「天」を厳密に規定した教理はじつは存在しないのである。

エリアーデが「天空神」が世界の神話でみとめられるといったときも、一般の人がきわめて厳密ならざる言い方で神を「天」と同一視し、さらにそのどこにもない天を、現実の天空と混同している誤解をふまえて言っているのだが、さらに言えば「宗教」あるいは「信仰」と物語としての「神話」の意図的な混同もある。というのは「みえないもの」の表現の問題があるからで、いかに精神的、観念的なものであれ、それを絵で描けば抽象画の観念のない時代は具体的に造形せざるをえず、「神」は人の姿で、かつ上空の雲間にいるように描かれるのがふつうであり、それを物語で描写するばあいも、多分に具象的にならざるをえなかった。そしてそのばあいは、精神的な「天」と物質的な「天空」を同一視するか、あるいはさらに神が雲にのって飛ぶとすれば、それは星空よりずっとひくい大気圏の空であっても仕方がなかった。「神話」物語や絵画では神が往々にして空にいる。しかし「神話」は「宗教」ではなく、宗教的な「神観念」が物語においてただしく記述されるわけではない。

ふつうの世界の人々は神（あるいは神々）を「天」と同義に考え、本来、別なものである「天」と物質的な「天空」を混同する。絵や物語では「神」あるいは「神々」が空に描かれる。しかし、それは祈願をささげる神ではない。宗教的な、あるいは、実効的な神は天空にはいない

「天空」はギリシャでは「ウラノス」といい[16]、あるいは、高度によっては「アイテル」[17]とよぶ。しかしそれはほとんど物質の名前である。ハリケーンにジェニーとか、メアリーという名前をつけて呼ぶようなもので、実効神でもなければ人格神でもない。神話的な役割をもたない自然神で、自然をすべて神とよぶなら神であるという程度の神なのである。海の神を「オーケアノス」と呼ぶというのは、「海」は「オーケアノス」すなわち「オーシャン」と呼ばれる物体であるということで、ものの名前である。「海」にはポセイドンという神がいて、海流や潮汐をつかさどり、あるいは海中の生物たちをしたがえているということとは別である。[18]

エリアーデが規定したような「天空神」で、「世界を創造し」、同時に「雨を降らせる」神は、[19] いわゆる大神話にはどこにもない。ゼウスも、ラーも、ヴィシュヌも、アマテラスも創造神ではない。[20] 雨神でもない。「天」（すなわち抽象的な「神」）がはるかな高みにいて、地上のできごとには無関心であるというのはそのとおりである。しかし、まさにそのために、それを「神」と認識することはまれである。実効神ではないので、祈願の対象にならず、したがって信仰世界の神ではない。そこにいるというだけで、なにもしないものを「神」というかどうか、「どんな祈願もささげられない」ものが「神」なのかということである。「信」「義」「徳」「忠」といった観念はもちろん神ではなく、それとほとんど同義の「天」という観念も神ではない。

ヘブライ一神教の系統では漠然と「天にましますわれらが神」というが、天にむかって祈りをささげることはなく、「かつて「神」が世界をつくり、「天」というどこかわからないところへしりぞいてしまった」というだけのことだ。そもそも空をふりあおいで、そこにいると想定した「神」にむかってなにごとかを祈願しはじめれば、キリスト教の神父も牧師も、そんなところへむかって祈りをささげるものではないというだろう。下手をすれば異端扱いされかねない。おおむね祈願の際にはうつむいて、内なる神にむかって語りかけるのである。あるいは宗派によるが、教会に飾られたキリスト像やマリア像にむかって祈るのである。「天空」にいる神をたずねてゆくというのは昔話の世界のことで、信仰の形ではない。それに「物語」でも、神話では「神」はおおむね地上に顕現する。

ここで興味深いのは保坂幸博が『日本の自然崇拝、西洋のアニミズム』（新評論、二〇〇三）であげた例だ。十八世紀にアメリカ先住民の宗教をしらべたラフィトーがあるとき、原住民が「空をあおいで天空にいる神をあがめる」（一三五頁）ことに気付いたというのである。しかしそれはどんな神かというと「目には見えず」「さわってみることも」できない「神」である。もちろん、ここで西洋風の「神」観念をアメリカ原住民の宗教感情の対象と混同し、まったく「神」とは異なるものを「神」と言っているのであり、また「天空」という西洋の観念も「空」と混同してつかっているのだが、とにかく、ラフィトーが観察したアメリカ原住民はそのとき「空」をあおいで、宗教儀礼をおこなっていたということだ。

本書では「神話」を論ずるので、宗教を論ずるのではないのだが、とにかくこのとき、ラフィトーにはアメリカ原住民が「天空」の「神」を崇拝しているようにみえたというのである。これは保坂が終始言っていることだが、西洋風の神観念、宗教観念で異文化のそれにちかいようにみえるものを定義し、西洋風に理解するあしき習慣のあらわれだが、はたしてそのときアメリカ原住民は「天」を崇拝していたのだろうか。彼らの神話にはその痕跡はない。[21] 彼らの神話をみても唯一神の観念はみられない。西洋風の「天」の観念もない。彼らが空をあおいで祈願のジェスチュアをし、なんらかの祈願の言葉を口にしたとしても、その対象が「天」や「神」である蓋然性はすくないし、ましてや、それが「唯一神」であるべき理由はいささかもない。ラフィトーは「天」に「神」がいる以上、それは「唯一神」だとおもっただけである。[22]

これは翻訳の問題もあり、まず英語で、そしてつぎにキリスト教の宗教語彙でアメリカ先住民の宗教感情を翻訳するのだから、エホバをさす言葉や、聖書における「天」の概念に相当する語彙が不用意にもちいられてしまうのである。アメリカ先住民は目にみえない精霊が空のうえのほうにいることは知っていても、それは森の中にもいるし、夜中に小屋のなかにいるなにかの気配でもあるのである。

そもそも「天」はもとより、「空」からして、実は言語、文化によって一定しないつかみどころのないものなのである。樹木、それもどこにでもあるモミのようなものなら、それをさす言葉を文化ごとにひろって対応表をつくることはできる。もっともそれでも生態のちがいがあり、また分類の違いがあって、同一種でも緑葉と青葉、裏白などの違いがあったり、トーヒをモミと同一視したりすることもある。しかし、だいたい、樹木という観念はおなじようなものだ。それにたいして「空」は具体的に捕まえることも計測することもできない形のないものだけにその範囲や規定は文化によってさまざまである。地上や海と対比させ、その上にひろがっているものとしても、鳥がとぶ空間、雲がうかぶ空間、そして日月が移動するように見える空間、そのうえの星空、さらに西洋で神がいると考える「領域」があり、それも「上のほう」とか、「高いところ」という規定のほかに、雨がふってくるところ、風がふいてくるところ、光がやってくるところといったさまざまな規定がされるだろう。でかけるまえに今日は雨がふるだろうかと思って空をみあげる人は、べつにそこに神をみているわけではない。

「天をあおぎみるだけで」といっても、空気の乾燥した晴天のおおい地帯で見上げる空と、湿気がおおく星もほとんど見えない地域でいまにもふりだしそうな空をみあげて、雨を心配するようなときと同じにするわけにはいかない。日本は湿気がおおく空が晴れ渡ることがすくない。晴天といっても乾燥地帯の晴天とはちがっていることは夜になって空をあおいだときに歴然とする。モンゴルの草原へいって夜空をあおいだとき、満天の星がぎらぎらと輝いているのを見て、恐怖におそわれたというひとがいるが[23]、日本のすくなくとも都会では星はほとんどみえないのである。北欧神話でも青空はあまりでてこないのだが（天空をかける唯一の存在は雷神トールだが、山羊のひく車にのって雲をかきわけて走る。雷雲にとざされた空に雷鳴がとどろくイメージである）現実に高くは晴れわたった空がすくない地域だからであろうかもしれない。日本では雲ひとつない青空はめずらしいが、逆に大砂漠の上空には雲がうかぶことがすでにめずらしい。乾燥地帯を移動していた遊牧民族の空と、多雨多湿地帯の農耕民族の空はおなじではないのである。

観念的な「天」と現実の「空」がちがう以上に[24]、日本の空と砂漠の空も、地中海の空とロシアの空もちがうのである。観念的な「天」を「高いところ」「神々しいところ」と考えれば、「天」すなわち「神」であり、世界中に「天空神」の観念があるということになるが、そのばあいの「天空神」とはたんに「神」と言ってもほとんどかわりがなく、そこに付された「天空」という言葉は現実の空をさすものではないのである。

現実の「空」を神格化し、神話として物語を形成する文化となると、これはほとんどしられていない。インドに天空の神ディヤースがいたが、ヴェーダにはでてきても、祈願をささげる神でも、具体的な行動をする神格でもない。ヌーメンとかデヴァとかデマとかマナという神観念である。漠然たる畏敬の念をもって「空には神がやどっている」というときの「神」であり、「深い森には神がやどっている」というのと同じことで、それがどんな顔形をしてどんな行動をする神かというと、そういう人格神ではないのだということになる。

「天空神」は人格神ではない。エジプト神話では天空（星空）はヌートという名前の牝牛である。これは星空をヌートとなづけ、牝牛であらわしただけで、神話も構成しないし信仰もささげられない。「神」ではない。ギリシャのウラノスも「天空」、それもとくに夜の星空である。ウラノスは天地創造にも関わらない。混沌からガイア（大地）がうまれ、ガイアからウラノス（天空）がうまれたのである。大地の上空を物質的なおおいと考えて、大地がそれを分離したと考えたのである。けっして「実効神」ではなかった。ウラノスは創造神でもなかったし、雨降らしの神でもない。

それではつぎのクロノスはどうだろうか、彼はウラノスを去勢し、ガイアからとおざけた。そして天下に号令する至高神になったつもりでいた。しかし、だれも彼にしたがってはいなかった。それに創造はしなかったし、風雨も支配しなかった。妹のレアを無理やり言うことをきかせて交わって、巨人たちを生み出しただけである。ゼウスによって駆逐されると、地上へおりて、農耕の神になった。ここではじめて役にたつ実効神になった。地上に農耕の神サトゥルヌスとして黄金時代をつくりだした。そのあとは、杖にすがってあるく「時の翁」となり、死神ともみなされた。土星が彼の名前（サトゥルヌス）をとっているが、これはいまでも新発見の星にだれかの名前がつけられるのと同じで、名前だけのことである。クロノス（＝サトゥルヌス）は天空とはまったく関係がない。[25]

ゼウスはどうだろう。彼も創造はしない。雨はふらさない。天空にすんでいるわけではない。オリュンポスに一族の館があって、そこを支配している。それだけである。雷を手にしているが、これはキュクロープスにもらったもので、本来の持ちものではない。「至高神」ではあっても天空神ではない。[26]「天」と同じであるとされ、創造をおこなったのは旧約聖書の神ヤーヴェだけである。しかし彼も物質的な意味での「天空」を支配しているわけではなく、雨風をつかさどるわけでもない。なにもしない神で、創造をおえたあとは、洪水をおこしただけである。「創造神」とはそんなもので、それを「天」とよんでもいいが、「天空」ではない。

実際の「天空」、とくに夜になって星がまたたいているようにみえる天空は、いかなる神話でもまず人格神ではない。物神・自然神である。あるいは物質である。

そのしたを日月がとおってゆく。風がふき、雨をふらせる雲が神話ではそのあたり、日月の下あたりにいることになる。神話でも、雨は雲と関係づけて理解されており、星空から雨がふるとはされない。[27]ギリシャでは雨神はあまり認識されないが、たいていのところには、雨をふらせる神か竜か雷神がいる。ゼウスは雷神というが、雨をふらせる機能はもっていない。ふつうの雷神は下級神で、死後天神になって雷をおとしたという道真にしても天空神や至高神とよばれうるものではない。

至高神というのは、北欧ではオーディンだが、神々の議会の議長のようなもので、実際の支配権はなにもない。インドでは至高神がインドラ、ヴィシュヌ、シヴァ、ブラフマと変化したというが（上村勝彦『インド神話』ちくま文庫、二〇〇三、ほか）、そのつど、もっとも影響力をもったものが大きな顔をしていただけで、職務として神々の長というような職を占めていたわけではない。固定した職務、地位ではなかったから、つねにくるくるとかわったのである。そしてそのどれも天空の支配者ではなかった。

神は天にいて、天とその下の世界、すなわち「天下」を支配していると、一般には想像する。また農耕社会の大地母神信仰にたいし遊牧民の「天空神」信仰があるという。この大地母神と天空神をエリアーデはむすびつける。[28]天空神が大地母神と一緒になって、その性格を吸収するという。しかしそのおおもとであるはずのインド神話にははたして「天空神」というものがいたのだろうか。ディアウスという昔の神がそれだったが、このヴェーダの神は消え去ってゆく。[29]そのかわりにヴァルーナが登場するが、ヴァルーナはのちには水神となる。天にある太陽はスリアである。風はヴァーユである。雷はインドラである。しかし「天空」はいなかった。最高神は時代によって変遷したが、ヴィシュヌでもシヴァでも「天空」をつかさどる神ではなかった。

ギリシャでは「天空」のウラノスの絶対権は息子のクロノスによって奪われたが、天空としては終始そこにいる。天ではあるが、天下の支配権はもっていない。

エリアーデは最初の創造神と、実際の天空神と、雨神や財宝神など、到底同じにならないものを同じにしている。そしてそれが「縁遠い」「暇な」神であるという。しかしゼウスはあらゆる神々の愁訴をうけたり、自分自身地上の女たちを誘惑しにはしりまわったりする忙しい神である。そしてオーストラリア・アボリジニーの神は、漠然たる「神格」で、とくに天でもなければ、地でもなく、そのすべてである。アメリカ先住民の「グレート・スピリット」はいたるところに偏在する目にみえない力である。世界神話に共通して見られるものは「天空神」ではなく「至高神」である。（もちろん céleste という語をその意味につかっているのだが[30]）、創造神の観念と現世利益信仰はどこでもわけられている。

エジプトではどうだろうか。天空はヌートで、牝牛であらわされる。星ちりばめた大空で、大地ゲブがこれとまじわろうとするが、ほかのときはおおむね、なにもせずにそこにいる。ウラノスもヌートも天空という自然をあらわしたもので、山や川と同じである。神というのにはいささか抵抗がある。すくなくとも人間たちをまじえて戦争をしたり、女を誘惑して子供をうませたり、あるいはときに正義感を発揮して罪を罰したりという神話的行動はウラノスやヌートは行わない。北欧の主神オーディンは鷲になって空をとぶが（エリス・ディヴィッドソン『北欧神話』一九九二、青土社）、天空をつかさどる神ではないし、その息子のトールはヤギのひく車にのって空をかけるが、これも「天空神」とはいいがたい。中国には天帝がいるとされるが、これはどうもよくわからない神で、天帝という以外は固有の名前がない[31]。有名なものでは西王母という女神がいるが、それに対しては東王父がいる。東西南北に高い山があり[32]、その山のいただきに君臨する神や女神がいる。そのほかに天空に天帝とその役所があるというが、これは多分に地上の王権を空に投影したもので、なかば影のようなものだ。具体性にかけるのである。[33]

アニミズム

アニミズムであれば、太陽と月をそれぞれ擬人化し、名前をあたえて、神話を物語る。太陽と月が仲がわるいので、一緒には空にでないのだなどという。人文神話だと、物体としての太陽や月を支配する神を考えて、ヘリオスが太陽の馬車を運行するなどという。ヘリオスと太陽は別物になる。さらにそこにアポロンなどというより進んだ神があらわれる。アポロンは太陽をつかさどるというが、そして時代と解釈によってはヘリオスのかわりに太陽の馬車を御することもあるが、ふつうは、太陽とあまり関係のない行動をする。ダプネーという少女をおいかけて手篭めにしようとしたときには、彼は太陽の性格はすこしももっていなかった。[34] 太陽神殿があってアポロンをまつっているということはあまりないのである。彼の妹のアルテミスが月と関係があるというのとおなじく、「関係」があるというくらいである。アレスも火星と関係があるが、これになると、その「関係」ははるかに抽象的になり、中国で木星の化身である東方朔が地上にいたあいだ、天では木星がみえなかったなどというようなものではない。[35] その中国でも、東方朔がなにか木星らしいことをしたかというと、西王母の桃をぬすんだという孫悟空みたいなことをしているくらいで、木星とは関係がない。

アニミズムでは日月以外にも風、雨、雲、雪、雷をそれぞれ擬人化して名前をあたえ、神話をつむぐことはあるが、それもだんだんと、そうやって形成された神と、起源の自然現象には距離がおかれてゆく。それでも、そのあたりの大気現象には神格化の傾向があるが、それを超えた星辰世界となると、擬人化も神話化もずっとすくなくなる。星座を動物になぞらえ、それぞれの神話をあてることはすくなくともギリシャ神話の応用としてはよくあるが、これは本来の神話ではない。まず地上の物語としてオリオンとか、大熊座と小熊座の起源のカリストの物語があり、それを星空に投影して、さそりがオリオンに噛み付こうとしているなどという。本来は地上の物語である。

アボリジニーほかの神話

エリアーデがアボリジニーの神話として紹介するバイアメは天の神だろうか。『アボリジニー神話』（ラングロー・パーカー、青土社、一九九六）では、巻末の「アボリジニー用語集」で「バイアーメ（偉大なるもの）」と出ているが、本文には直接の記述はない。雨師であるウイリーヌンは呪術によって雨をふらせる。バイアーメはそのウイリーヌンのうち最強のもので、大規模な成人儀礼を組織し、その後、永遠にいきつづけている。地上の強力な呪術師である。エリアーデがひいている東部のダラムルン、クリン族のブンジルとなるとまったく不明である。アンダマン島のプルガ、コンゴのンガメなども検証がむずかしい。ほとんどが自然現象をあらわす一般名詞である。たとえばテュイ族のニャンクポンについてはエリアーデ自身、前出書九〇～九一頁で、「天空や雨を意味する」ことばだといい、「ニャンクポンがやってきた」というのは「雨がふる」という意味だという。

アメリカ先住民のうちスノホミシュ族には創造者が作った空がひくすぎて窮屈なのでみんなで空をおしあげた話がある。(36) アコマ族では創造主につくられて地下にすまわされた姉妹が上の世界へでて、父親にもらった籠の中身で世界をみたすものをつくりだす。動物や山々や木々である。やがて姉妹のひとりはかごから土をとって精霊や神々をつくった。そのうち最初にできた神を神々の支配者にし、次にできた神がみを雨の神々にした。人間の女が世界と世界を支配する神々をつくったのである。これはいわゆる「天空神」とはかけはなれた存在である。ヤキマ族では世界の最初が水だけだったと語る。「偉大なる天上の長」が一人で空の上にすんでいた。彼は水の浅いところへ降りて、泥をすくい、山を作り、木々をはやし、人間たちを作った。モドック族では、「古い時代の老人」が娘とともに地下の精霊の世界から骨をひろってきて、人間たちをつくり、動物や山川をつくって、「自分の役目を終えた。その後、娘を連れ、世界の東の端にある、太陽の昇る場所までゆく。そして、太陽の道に沿って進むと、やがて空の真中に到着した。そこに自分と娘のための家を建て、二人は今でもそこで暮らしている」。

これらの神話では創造主が空にすんでいたか、現在、空にひきこもっているかである。創造をおこなったものはばあいによると人間の娘である。あるいは創造主はできそこないの世界しかつくらない。つまり、創造主はアメリカでは至高神ではなく、しろうと大工のようなものでしかない。それが人間界をはなれて空にすんでいてもだれも彼を崇拝もしない。その点はエリアーデのいうとおりだが、彼が雨をふらせるとはかぎらない。つまり創造神と天空にすんでいる（あるいは引きこもっている）神は一致しえても、それと至高神はたいていは異なり、雨神はより特化した専門の神であり、豊饒は大地のもたらすものである。全部をかねそなえた神はいない。[37]

オセアニアではランギとパパがぴったりだきあっていたのをその子のタネが押し上げて、ランギを空にした。[38]兄弟たちのうちタウヒリはその仕打ちに怒り、天にくっついてのぼってゆく。そして風、雲、雨を起こす。子どもたちはその後、たがいに反目しあう。クロノスがウラノスをガイアからひきはなす神話を思わせる。[39]しかしタネは至高神にはならない。マウイ神話ではタネが地上の「万物の神」とされる（アルパーズ『ニュージーランド神話』青土社、一九九三）。泥からヒネをつくったのも彼である。ヒネは人間たちを生んでから死の国へゆき、「暗黒の女神」になる。タネは天空ではなく大地を支配する。彼に対立する風と嵐の神がこちらではタフィリである。タンガロアは海神で、ほかに戦いの神ツ（トゥ）がいるとされるが、精神だけで肉体はなかったともされる。タネ、タンガロア、タフィアがそれぞれ、大地、海、空を支配するのである。マウイはタネたちとは別なところからうまれた文化英雄で、これがオセアニアの全域で活躍する。そして時代がくだると、マウイが陸地をつりあげたりして、万物をつくった創造者になり、天と地をおしわけたのも彼ということになる。しかし、ここでは天はランギで天蓋におしあげられてなにもしなくなり、地上で万物をつくったのが、その子のタネか、あるいはマウイだということになる。そしてこの創造者は天空とは関係しない。

すなわち天空「神」が「ひまな神（Deus otiosus）」であることはたしかだが、彼が創造主であるとはかならずしも限らず、それより地上を支配する文化英雄のほうが主権者になる。また雨をふらせる神は「暇な神」ではありえないが、この神が至高神として敬われるということもかならずしも普遍的ではない。

シベリアでも至高神や創造神がかたられるが、いずれも天空には関係がない。「創造神とミチ」という話[40]では、創造神が「自ら創造したもの」の子供である。「創造神がカラウと戦う」では、「創造神」が食べ物をもとめて小屋へ入って、カラウたちにとらえられるが、脱出し、至高神に助けてもらう。その至高神は「至高神はいかにして雨をつくるか」ではペニスで太鼓をたたき、太鼓につりさげた妻の陰部から水をだしている。シャーマンが太鼓をたたいて神おろしをするのと同じで、きわめて地上的である。至高神も創造神も、ふつうの人間で、ふつうの家にすんでいる。天空の神ではない[41]。

「天空神の交代」の理論

大林太良はメソポタミアいらい、ギリシャでも「天空神」の交代が見られるという。たしかに『エヌマ・エリシュ』では、マルドゥクが天の覇権を確立するまでは、原初の神アンシャル、その子のアヌ、あるいはエア、エンリルなどが交代していたようにも見られる。しかしマルドゥクは実際は水神のティアマトと戦うのである。これが最初から世界に存在していた破壊ないし闇の原理で、それにたいする真水と天の原理である神々が対抗し得なくなり、マルドゥクに依頼してティアマトを打ち破ってもらう。[42]そしてその報奨として天下の支配権をマルドゥクにゆだねるのだが、マルドゥクが天空を支配する神であるかどうかは疑問である。世界の支配権の交代はある。ギリシャでもウラヌス、クロノス、ゼウスと交代するのである。これは地上の王が年老いて力が衰えてくると若い英雄に殺され、地位を奪われるという論理に即しているのである。サルの群れでも、年老いたボスサルはいずれ若いサルによって駆逐され、ボスの座は交代する。しかし自然神としての「天空」が交代するわけではない。ウラノスは永遠に天空でありつづける。天空神が天下を支配するわけではなく、(たとえばエジプトのヌートはたんにそこにいるだけで、すこしも天下を支配しようとはしない)[43]、また天下を支配するものが天空をつかさどるわけでもない。ただし絶対的な主権をにぎった神は、「天」にすまいして「天下」を支配するという観念があるので、主権神=天空神という観念が生じやすい。そのばあい「天」とはなにかが問題になる。世界という意味の天か、即物的に天蓋として想像されていた空かである。また神が天にすまうといっても、ゼウスはオリュンポスに住まうので、天ではない。オリュンポスから地上へおりてくるときは、おおむね雲にのって天がけるが、天空を自分の領域として鳥のように飛んでいるわけではないし、星の世界まで飛んでゆくわけではない。

それ以上に、世界の宗教世界では、観念的な天地創造と、その後の人文神話、そして後代の現世利益信仰があきらかに分化しているので、カオスの海にただよっていた宇宙卵に商売繁盛、受験合格を祈願するわけにはいかないから、第一段階の天地創造神が退場したあとで、地上、空中、海中に生物を配置する造化の神があらわれ、そしてその神も退場したあとに工芸だの、農耕だのをつかさどる神があらわれ、人間とまじわり、半神をつくりだし、さらにずっと下世話な職務をつかさどる商売の神だの、出産の神だのがあらわれる。交代するのは天空神だけではなく、創世神や造化の神で、日本でいえば天之御中主などである。ギリシャのばあい、ちょっと特殊なのは、天地創造のあとに掟とか、争いといった抽象観念の神があらわれて人間の葛藤をつかさどったことだが、これも「至高神」とはあまりかかわらない。「天上の存在者の超越性と受動性が、もっと力動的で効験があり、そして近づきやすい宗教形態に移行する」(エリアーデ一〇一頁)。

これはボスざるの交代という意味と、天体、大地、動物、人間という創造の諸段階に応じた創造の技の段階性にかかわるものの双方の意味であり、かならずしも「至高神の交代」という観念でまとめられるものかどうか疑問である。つまり巨人が天地をおしわけて、世界をつくったとする。その巨人の仕事はそれでおわって、その後、彼がおしあげてささえている天地のあいだに日月がうまれ、海にも空にも大地にも生物がうまれたのを、それぞれを生んだ造化の神の技とし、その後、そこに世界に秩序をあたえる神々があらわれて掟を定め、農耕や技術をおしえたとするのがふつうで、創造神、自然神、人文神と役割が交替するのである。唯一神教の観念をもってすれば、最高の神が交代したとしなければ説明がつかないが、多神教で、万物に神霊がやどっている世界では、それぞれの発展段階でそれぞれの神が表面にでてくることに何の不思議もないのである。ウラノスは空であり、それを高いところへ遠ざけたのがクロノスで、彼が地位をおわれてサトゥルヌスとして農業の神となり、地上に黄金時代をきずいたというのはそれなりに論理的であり、さらに黄金の時代のつぎに鉄の時代がきて、人々が剣をもって戦いをするようになると、戦や掟や裁きの神があらわれ、商業や産業がおこると、財宝や多産豊穣の神がうやまわれる。

人間世界に対する神々の世界

人間は地上の生物である。主として大地のうえに住み、船にのって海上を移動することはあっても、空はとべないものとされていた。空をとべるのは神霊で、人間ではない。ただ、ゼウスたちが翼をつけて空を飛ぶわけではなく、ギリシャの神々でも翼をもったものは勝利の女神ニケや、神々の使者ヘルメスくらいで、のちに有翼の子供として想像されるエロスはギリシャではまだ翼をつけていない。死者のたましいが翼をつけて想像されたくらいである。ゼウス、アテナ、アレス、デーメーテールら、主要な神々には翼はなく、ゼウスは馬車にのって天がけることもあるが、おおくの神は忽然と地上に現れる。普段は「天上」にいて地上をみおろしているとされる。すまいはオリュンポスだが、昼間は空中にういて地上の人間の行動をみまもっているようである。そのような意味では彼らは天空の神ともいえなくはない。またオリュンポスというのもはるかな高山と想像され、人間には到達できない雲の上と考えられていた。しかし、オリュンポスは実際には三〇〇〇メートル弱の山で、それほど高いところではなく、神々がたとえばトロイアの戦場へおりたってひいきの英雄を救おうとおもえば、瞬時に飛び降りることができる距離である。

もっとも天から地上まで一〇日かかり、地上から地下のタルタロスまでやはり一〇日かかるともいうが、鍛冶神のヘーパイストスが天からなげおとされたときは丸一日落下したと本人が言っている（『イーリアス』）。そして、このヘーパイストスが地上の火山のしたの鍛冶場から天にのぼってゆくときはディオニュソスが仲介してロバにのせてゆく。これが何日もかかる旅程とはおもわれない。昔話では人間たちもよく天にのぼってゆく。豆の木を伝ってなどという。二階か三階の高みであれば可能だろうし、昔話の誇張でもせいぜい二～三〇階の高さでも十分なのである。昔、人のすむ家としてはせいぜい二階か三階だてしかなかったころは、二～三〇階分ものぼれば大変なもので、そのあたりに神々が住んでいて、地上をみおろしていると想像してもよかった。二～三〇階ではなく二～三〇〇階でもいいので、オリュンポス山といっても二九一七メートルである。昔は人は用もないのに山に登ったりはしなかった。ある程度以上の高山は神々のすまいでよかった。崑崙山、[44]スメール山などでも同じことで、樹木であれば、世界樹は四～五〇メートルでも大変な大木だった。諏訪の御柱は一六メートルである。神話の「天上界」はかなり低いところに想像されていた。

それにたいして、新プラトン派からルネサンスのオカルト理論では、宇宙は七層、ないし九層の複数の天（とそれに対応する複層の地獄）からなっており、大気圏のうえに日月の層があり、惑星の層、恒星の層があり、獣帯がばあいによるとそれをとりまいていて、その全体を「神」の観念が取り囲んでいるように想像されていた。そこでは、神の領域は七つの天のどれかではなく、それを超えたものだった。ということは、地球のうえにみられる「天」は神の領域ではなかったのである。

神々は「天」にいるという観念はかならずしもどこにでもあるものではない。折口はまれ人は海のかなたに住まいしていると考えたし、神々と祖霊が分離しない形では、蓬莱がすなわち海のかなたの常世だった。たしかに高天原が天界にあると一般には思われているが、その描写をよむと、川がながれ、畑がつくられているところで、高原状のところであっても、けっして空中ではないようである。[45] 須弥山でも崑崙山でも、その高いところが「天」とされたが、地理的には高山の上のほうの居住地で、すなわち地上である。そして鳥が歌い、花がさく。

そのような神々の世界がしかし、かならずしも地上の桃源郷ではなかったようで、オリュンポスは草木のはえない岩山のようである。しかし、そこでは神々は不死の食べ物と不死の飲み物をとっていて、そのネクタールとアムブロシアはどこからでてくるのかわからないが、天上で畑をつくって生産しているものではなさそうである。日本の高天原ではアマテラスが畑を三箇所にもっているが、ギリシャでは穀物神のデーメーテールでも自分で耕作はしていない。

ギリシャは奴隷制社会だったから、「市民」は労働には従事しなかったので、ましてや神々がみずから生産作業をするなどということはありえなかった。農作業をおこなわないなら、天上でも、高い山の上でもかまわなかったが、畑、それも水田となると高天原は地上の高原でなければならなかった。日本では高天原からおりてくるときは雲をかきわけても、足元は山道か石段のようなものを踏んできたようだし、天の浮橋から下へ棒をおろしたときもそう高いところではなかっただろう。北欧では神々の国アスガルドでも大石をもってきて城壁を築き、巨人たちの来襲にそなえたり、不死のりんごの木がはえていたりする。また神々も狩の獲物やパンやワインといったごく普通の食べ物をたべているように描写される。もちろんオーディンがのむ霊感の蜜酒といったものはあるが、例外である。

もうひとつは、地球を中心にして、そこからみあげる空に天があると考えるばあいと、宇宙にはもっとほかの天体があって、たとえば手じかなところでは月は、地上からはちいさな円盤としかみえないが、これは距離がとおいからで、実際にはそこには月宮殿があり、山川があって、草木がはえ、鳥がうたうのだと想像するばあいの違いである。地上からみあげた上空に「天界」があるというと、どうやって建物が宙にういているのだろうとか、どうして、それが地上から見えないのだろうかという疑問が生じる。しかし、月やあるいはほかの天体に天の神の世界があるとすれば、その問題は氷解する。アメリカ先住民の物語にでてくる星の世界も後者の例で、そこへのぼってみれば野原がひろがっている。ただし、その世界は球体ではなく、円盤で、地面に穴をほると、下界がみえる。(46) 彼らの「複層」の世界観も上の世界は下の世界を完全におおっているのではなく、上空にうかぶ天体なのだと考えれば、上にも下とおなじような山川の世界があってもふしぎではない。そうではなく、地上と同じおおきさで第一天があり、その上にまた同じ大きさで第二天があり、それぞれは下の世界からは「天」だが、上の世界からは「地」であるという観念のばあい、上空に上の世界の地面がみえるのだろうかということが問題になる。それを解決する方法のひとつが、上の「天界」は地上からはちいさな星としてみえる天体であるが、そこへいけば地上とおなじ山川があるという観念であり、もうひとつは、遠近法とは無関係に上の天も空一杯のおおきさで存在するのだが、きわめて遠いので、地上からは日月や空のかなたの青空としかみえない。しかしそこにも別な日月があり、別な青空があるという観念であろう。それと絵画的・物語的表現との整合性はまた別の問題になる。空中にうかぶ雲のうえに神々の宮をえがき、あるいは瓜の蔓をつたってのぼってゆくと天につき、地上の竹がぐんぐんとのびて天の糞だめをつきやぶる中国の「花咲爺」である「狗耕田」といった「表現」は、はるかに遠くて、肉眼ではただの青空にしかみえないか、あるいは一点の星としかみえない本当の「天」を一枚の絵に描きこむ便宜的な技法なのだと考えるかどうかであろう。

「昇天」の観念、「天国」について

人が死ぬと「昇天」するという観念が問題であることは先述のとおりである。現在のキリスト教では人は死ねば冥府（地獄）へ下る。直接、天へのぼるのは聖母であり、一部の聖人のみである。キリストも直接、天にはのぼらなかった。復活後にのぼるのである。Ascension（昇天）はキリストだけ、assumption（聖母被昇天）は聖母だけである。日本のカトリック教会では人の死については「召天」、天に召されるという言い方をするが、天というより、神の世界に召されるということで、そのばあいにまずゆくのは冥府である。そこで最後の審判をまつ。

カトリックでは一般に土葬がされる。肉体は地に帰るのである。墓地などでは魂を天使たちが上方（おそらく天）へ運んでゆく様子が描かれるが、これは「天国」が「天」にあって、正しいものが地獄ではなく、天国へみちびかれるという信念からでているが、天国へ直接魂が赴くという観念はただしくないようである。「天国」はあくまで民間信仰の楽園であり、それがどこにあるのかもはっきりはしない。天国が天にあるというのは日本語、中国語の感覚で、パラダイスという言葉には「空」も「天」もふくまれていない。また「天」にしても具体的になにをさすかははっきりしないのである。

土葬ではなく、火葬のばあい、神に犠牲をささげるときの様態のひとつである燔祭と同じく、煙にして天に帰すという観念がありうるが、実際には近代的な火葬施設では煙が上空へのぼるというイメージはないし、インドなどでいまでも行われる野外の火葬場での薪の山のうえでの火葬は、大量の燃料を必要とするために、ときには完全に灰にするかわりに適当なところでおわりにしてあとは川にながすこともあり、そのばあいはむしろ水葬の要素がみられる。海岸の洞窟などに遺体をおいて、海水で洗われるようにする葬法では死者は海のかなたの常世にかえってゆくと考えられることもあろう。そのばあい、肉体と魂を分離して考えても、かならずしも死者が天へのぼるとは想像されない。

一般には「落ちる」ことのほうに死のイメージがあり、上るほうには解脱といった観念的なイメージがある。飛行機にのるときに恐れるのは「落ちる」ことである。

天蓋

しかしその神々のすむ「天上界」と、いわゆる星ちりばめた「天蓋」とは別で、神々の世界からでもふりあおげば星がみえたのである。日本のおとぎ草紙(「天稚彦物語」など)では天にのぼった主人公が星たちに道をたずねる場面があるが、ギリシャでは神々の領域は星空よりずっとひくく、日月のめぐるところよりも低かった。神々の世界でも夜は日がかくれ、朝はばら色の指の暁の女神が夜の帳をひきあけるのである。ばあいによると神々の世界では決して夜にならず、また冬にもならないとも言うが、[47]ホメロスなどでは神々も夜は寝床に入って寝るのである。たとえば飛行機で雲の上へでるといつでも晴れているのとおなじように、オリュンポスでは常時雲の上ではれているのだというくらいは言えたかもしれない。しかし、北欧だと、実際の空の様子を反映したものか、空はひくくいつも雲にとざされている感がある。そして北欧では天蓋に星がまたたく様子はあまり描かれない。星空が認識されるのはエジプト、ギリシャ、中国、メソポタミアである。日本でも星空はあまり意識されない。高松塚古墳やキトラ古墳の天井画に星宿がえがかれているといっても、平城あたりの星空で日本で観測される空ではない。天蓋は中国では原初の巨人・盤古が押し上げた殻で、アメリカ先住民の世界でもおわんをふせたようなものと想像されていた。ただし、こちらはその天蓋が上下して、地面とのあいだに隙間があくことがあり、そのときに向こう側から風がふきこむという。

天蓋は物質としての星空で、ウラノスやヌートという名前をあたえていても、神格ではなく、それが地上の人間の生活になんらかの関与をすることはない。雨や雷は雲と関連していることは神話でも理解されており、神話によっては雲の上をかけて雷雨をもたらす存在が認識されることがある。日本でいえば竜か雷神である。しかしこれは下級神で、至高神ではない。雷をもっているゼウスはレインメーカーではない。北欧のトールはこの雨雲にのってかけている。しかし至高神はオーディンである。

北欧神話の「天空」

北欧の神々のすまいはアスガルドで、これは決して天上ではなかった。ヴァルハラは天上にあるともいい、そこに神々も住んでいるとも言うが、一応、アスガルドとヴァルハラは区別されるだろう。[48] そしてアスガルドは天上ではなく、中二階のような地上である。またアイルランド・ケルトではダーナ神族は地下へもぐって妖精族となったという。つまり神々といっても天空にいる必要はないのだが、ケルトでは地下へもぐって「妖精」となったということは、天の神々ではなくなったという意味であるかもしれない。

この北欧の世界観を簡単にまとめることははなはだ困難だが、クロスリー=ホランドはそれを簡略化して三層構造としている。すなわち、最下層のヘル、人間たちの層であるミッドガルド、そしてアスガルドやヴァルハラの層である。人間たちの層からいえばアスガルドは天上であり、そこへゆくには虹の橋をのぼるのだが、そこはけっして天空ではなく、堅固な地面に築かれた城砦だった。それにばあいによるとアスガルドとその下の巨人たちの住まいであるウトガルドはつながっていて、アスガルドからウトガルドにいる巨人の娘ゲルドを見て、フレイが恋心を抱くのである。ヴァルター・ハンゼンは『アスガルドの秘密』で、それを現実にアイスランドに存在する卓状火山ヘルドゥブライトだとしている。そのばあい、アイスランドに到着するまえの北欧やゲルマンの諸部族の神話にもアスガルドが存在するとすれば、具合の悪いことになるが、ほかはほかで、おなじような高原状の山地が神々の領域とされていて、ゲルマン民族がうつりすむところどころで、その地でもっとも神霊のすむにふさわしい山を「アスガルド」になぞらえていたのだという説明も可能ではあるだろう。日本でもたいていの地に神南備山があるのである。これはゲルマン諸部族における山上祭祀とも関係付けて考えることができるかもしれない。

しかし、なにより顕著なのは、北欧神話における地下、冥界、破滅というネガティヴな要素である。ラグナレクという終末の物語をもつ北欧神話で至高神オーディンは冥界の主なのである。彼がとりしきるヴァルハラは天にあるようにもいわれるが、その本質は死者の館である。地下にはヨルムンガンドの蛇とか、フェンリル狼などがいて、この「根の国」はなかなか充実している。地上の人間の国は巨人の国やアスガルドとほとんど地続きで、天と地というような高度の違いはない。そしてそれ以上の「天」はないか、あまり認識されないのである。

ケルトの天空

ケルトというとアイルランドだと思う。しかし「神話」のレベルで考えると、アイルランドにあるものは伝説であって、神話ではない。大陸から移動したダーナ神族はミレー族にやぶれて地下の妖精になってしまったのだ。ケルトの神々というタラニス、スケルスス、エスス、ケルヌンノス、それにエポナやリガントナはアイルランドの伝説をさがしてもどこにもでてこない。これらは大陸にいたころ、ケルト人たちがもっていた神話で、アイルランドへいったときにはわすれられているのである。もっともエポナはケルトの古伝承『マビノギ』ではリアノンになるといい、またアイルランドのブリギッテは大陸の大地母神だともいうのだが、そもそもブリギッテについては伝承が希薄である。ケルトの神話は大陸で発達し、その後、アイルランドでは忘れられ、大陸ではゲルマン神話やローマ神話に吸収されてしまったのである。

そもそもわれわれはケルトがゲルマン諸族のまえに大陸にいたと考え、ケルトの時代とゲルマンの時代をわけて考えるが、英語圏ではかならずしもそうではなく、ケルトとその後の文化がいりまじっていた。また北欧でも、ケルトの出土品とされるゴネストルップの鍋が、ゲルマンの神々の表象として語られるのである。フランスではケルト族が通過した時代があり、そのあとでゲルマンのフランク族の時代になり、ついでローマの時代になった。フランスにいたケルト人はイギリスへ追われ、そこでもイギリス人に追われて、アイルランドとブルターニュに逼塞したのである。しかし北欧はそのコースからはずれていた。北欧ではケルトが完全に支配することはなく、また、ゲルマン族がそのわずかなケルト人を駆逐することもなかった。そこで、北欧神話にはケルトの要素とゲルマンの要素がまざりあっているのである。しかも純粋な北欧神話が保存されているところとしてのアイスランドとなると、これまたゲルマン世界の辺境であり、ドイツのゲルマン神話とははなはだしくことなった、かなりにケルト的な神話が語られている。そのひとつが「天」の欠如である。アイルランド・ケルトには「天」も「天空神」も存在しない。神々は地下にひそんでいる。アイスランドでも神々の館アスガルドはウトガルドとつづいた高原状の場所にある。はるかな蒼穹などは存在しない。低い雲がたれこめた世界だ。

それにたいして古のフランス、ガリアでは「天」が落ちてくることを恐れるとともに、山の上にガロ・ロマンの神々の像が建てられていた。それはマルスであっても、メルクリウスであっても、あるいはユピテルであってもよかった。フランク族はローマの八百万の神々をそのつど、それぞれの状況においてまねきおろすために、祭壇を築いたが、そこでユピテルならユピテルの像をたてても、メルクリウスが管轄する領域のことがらについて祈るときにはメルクリウスを呼び出したのである。日本の神社でも、祭神はときに換わることもあり、いくつも神を同時にまつっていることもあるが、そこでは指定された祭神しか呼び出せないわけではなく、祝詞で名前をあげれば、いかなる神でもやってくるのである。それがガリアでは山の上に築かれた祭壇であったことは、神々がより高いところにいるという観念からきていたものであろう。海の神をとくに祭るのであればやはり海辺に神殿をきずいたのであり、日本でも八大竜王をまつるには池や滝のほとりに社殿が築かれたし、特定の神をとくにまつる神社はそれにふさわしい場所をえらばれたが、そこでもほかの神を排除するものではないのである。

支配の観念

ギランはその著「ケルト神話」で、大陸ケルトの神々は山にすんでいたが、だんだんと下におりてくる傾向があるといっている。そして山からながれる水と一致する。大陸ケルト（ガリア）では「天（あるいは空）がおちること」が最大の脅威とされていたが、これは「天」に神々がいて、たとえば雷をおとすというようなことではなく、たんに世界秩序が混乱することをおそれるということだったようだ。

キリスト教と中国やモンゴルの思想における「天」という観念ときりはなして、天下を支配する原則がいかなるもので、それはいかなる神によってとりしきられているか、そしてその「神」はどこにいるのかという問題を考えると、支配の観念は「善」であり、「正義」であり、「裁き」であり、「掟」であるとともに「死」であるかもしれない。すべてを支配しているものは「死」だという観念は神々を「不死」であるとすることと関係して、かなり普遍的に存在する。そのばあい、「死」はおおくは地下の冥界とみなされ、エジプトの死者の神オシリスは地下の「黒い神」である。オーディンもヴァルハラの主としてはかならずしも地下世界の統率者ではなくとも、彼の機能をみると、知恵に耳をかたむけ、裁きをおこなう神であるとすれば、それは豊穣をもたらす神ではなく、「裁き」の観念にもっとも近い「死」の神であるということができる。

ギリシャ神話でも、観念としてはすでに「掟」「争い」「死」などもあるが、「夜」から「眠り」と「夢」そして「死」がうまれたというのはわからないでもない。ついで「運命」と「命運」がくるのもまだわかるが、「欺瞞」などというものをつかさどる神をなぜ考え出したのかわからない。「争い」からは「飢餓」や「悲嘆」がうまれる。はたして「喜び」や「平和」「慈しみ」などがあるのだろうかと思えてくる。

しかしそもそも、こうやって夜やカオスから生み出されたものは、すべて抽象的な観念で、オリュンポスでゼウスが人文神の時代をひらくまでは産業だの、軍事だのの神はうまれてこないのだ。海もオーケアノスは物質としての海で、豊穣の海といったものではない。海の機能をつかさどるのはポセイドンでゼウスの配剤によるのである。ゼウスの兄弟姉妹たち、ヘラ、ヘスティア、デメテル、ポセイドン、ハデスらのなかで、なんらかの役割をヘシオドスによって誕生のときにうたわれたのはポセイドンだけである。「大地を震わす神」である。あとは、役割が決まっておらず、ゼウスがそれぞれに、かまど神、穀物神、海や地獄の神と任命したのである。そしてヘルメス（商業）、ヘーパイストス（鍛冶）、カリス（美）、アポロン（太陽）、アテーナー（学芸）、ムーサ（音楽その他）など、それぞれの役割をもった神はゼウスがほかの女神たちと交わって作り出した。すなわちゼウス以前には天地海などの自然のほかは夜、死、眠り、あるいは争い、悲嘆などしかうまれていなかったのである。

ということは、ゼウスは天下の支配者というより、さまざまな人間たちの営為をさだめた神としての性格がつよいのである。

つまり、最初のカオスからエロスと大地（ガイア）と夜がうまれ、ガイアから天と水（ポントス）がうまれ、天とガイアから掟や記憶、あるいは空の諸要素とクロノスがうまれ、夜から死や争いがうまれ、ガイアと水からは海の諸要素のほかにケト（海の怪物）が、そしてケトからゴルゴーンや蛇女神エキドナがうまれる。ここまでのところは空と海の諸要素のほかは争いや運命などのほかはエキドナなどの悪しき怪物がうまれている。海の系列からおおくは蛇身の怪物がうまれているのはメソポタミアの海の女神ティアマットから悪霊が生まれているのと同じだが、いまだまだ世界を秩序づけるものはなにひとつうまれていない。それをうみだすのがゼウスなのである。したがってゼウスは「天空神」というより、創世神といってもいいし、すくなくとも混沌に秩序をあたえた神とはいいうるだろう。

この機能は北欧のオーディンには認められない。オーディンは最初の男女から生まれた三人兄弟のひとり（おそらく長男）で、巨人たちを殺してその肉や骨から大地をつくり、頭蓋骨から天蓋を作り、火花をそこに配置して星や日月をつくった（クロスリー＝ホランド）。すなわちオーディンは造物主なのである。尾崎和彦によれば「あらゆる被造物を生かす『霊』」（『北欧神話・宇宙論の基礎構造』白凰社、一九九四、三八六頁）である。しかし天空神ではない。彼は鷲になって空をとぶことができるが、八本足の馬スレイプにールにのることもあり、彼の息子のトールが二頭のヤギのひく車にのって雲間を駆けるのとはちがって、天空を縦横にかけめぐるという様子はない。ヤギとの関係や雷神としての性格からゼウスに近いものはトールだと思われる。オーディンはルクトゥによればむしろヘルメスに相当するというが、北欧神話では神々の役割分担はそれほど顕著ではない。ヴァーヌ神族のフレイが豊穣神だが、フランスの北欧神話学者ルクトゥはローマのクイリヌスに相当するという。なおクイリヌスについてはユピテル、マルス、クイリヌスとならべて、天と人と地であるとされる（ジャン゠ジャック・チボー）。これがオーディン、トール、フレイである。その意味ではオーディンは天空神だが、天゠神々の世界という意味での天で、支配権である。また水野知昭は「巨人ユミルを討ち果たし、『天地の支配神』になった」（『生と死の北欧神話』松柏社、二〇〇二）として、クロノスを駆逐したゼウスを暗黙のうちに想起している。「天空神」ならざる「天地の支配神」である。

天空の高みではないものの、地上よりはすこし高いところにアスガルドを想定した北欧にたいし、エジプトではどうだろう。火山も雪をいただいた高山もないエジプトで、しかし空ははれわたって高い。その空は牝牛のヌートかやはり牛で神であるハトホルである。最高神ははじめはアトゥム、ついでアンモンだが、アンモンは羊神であり、つぎのラーにいたって太陽神となる。しかし天空神ではない。ラー、そしてその後継者のホルスは太陽の船で天空を旅するが、「初期のホルスは降雨師としての天空神に結びついていたかもしれない（ヴェロニカ・イオンズ『エジプト神話』青土社、一九九一）」ともいう。

そのようにみてくると、創造神や至高神が天の高みにいるということはかならずしも一般的ではないといわざるをえない。至高神という観念が高いところというやはり観念的な場所にいるというのはいいが、そのばあい、その神がなにをするのかというと、なにもしないことになり、したがって祈願もささげられない。

観念的な「天」の神は観念的にすべてをみそなわし、すべてを統率するとしても、実際になにをするのかわからないので、実効性がなく、信仰されない。実際に商売繁盛、交通安全、病気治癒、学力増進などを祈願するのは、日本でいえば稲荷であり、天神（といっても「天」ではなく）であり、瘤取り地蔵であり、ヨーロッパでいえば、交通の聖人聖クリストボロスである。そのうえに「天」なる神がいるとされてもいいが、その「天」は観念的でどこにあるかわからない。具体的、現実的な天空の神的存在といえば、風雨、雷、日月となろう。

雷神

雷神としてのゼウス、トール、道真をならべてみれば一目瞭然なように、ゼウスが雷をもっていても、それだけで天空を支配する至高の神であるとはいえないのである。北欧では至高神はオーディンであり、雷神はその息子のトールである。ゼウスがクロノスを駆逐したように、トールがいずれオーディンにとってかわるのだと考えられなくもないが、すくなくとも伝承では終末の戦ラグナレクでトールはミッドガルド蛇と相うちで死んでしまう。さらに道真はどうみても至高神ではない。雨神でもない。雷神としてもほかに雷雨をもたらす竜神や、風神雷神の雷神がいて、道真はその雷神の機能を一部、かつ一時的に借用しているだけのようである。

そもそもゼウスにしても本来の雷神ではなかった。巨人たちと戦ったティタノマキアの戦いのときに神々の工神キュクロペスをタルタロスから解放してやってそのお礼として雷をもらったのである。キュクロペスはヘーパイストスと性格を共有していて、火山の下で鍛冶をしている。キュクロペスは父親のウラノスによって地底にとじこめられていたが、もともと地下の存在のようである。鍛冶神としては火山の下がふさわしい。ヘーパイストスのもとで職人として鍛冶に従事していたともいわれる。彼らがエトナの火山の下ではたらいているという伝承もあり、ヘーパイストスのみならず、エトナの下敷きになったというチューポンも想起される。チューポンは大地女神ガイアがそのふところにいるタルタロス神とまじわって生んだ怪物で、断固として地下的な存在である。稲妻が天空にひらめくときはまさに空の神のいかりとも思われるが、大地に落ちてきえてゆくところをみると、本来、地下にいた竜神が天からおちてくるときの様子だとも思われる。

雷をもって天空神の武器とすると、はるかな晴天が至高の神のイメージであるという考えとそぐわなくなる。青天の霹靂という言葉もあるが、ふつうは暗雲がたれこめた空から雲をひきさいて稲妻がほとばしる。夜の星空はウラノスで、昼の空でも、雨雲のたれこめた曇り空は天空神のイメージにそぐわない。日本では雨、雲、雷は竜のイメージで、ふだんは海底にひそみ、雲をよんで天にのぼるが、黒雲にのって雨を降らし、雷を落としてゆくと考える。そしてはげしい雷雨とともに、ふたたび地上におちて、山襞にひそみ、やがて滝つ瀬となって海へむかってほとばしりでる。天にいても一時的なもので、竜神の本来の場所は地下か海底である。雷神のイメージは「天」の神のそれとは一致しない。(49)

また、雷にあたってさける大木や、体をひきちぎられて死ぬ落雷の犠牲者の様子は不条理な暴力神の猛威をおもわせこそすれ、秩序をあらわし、不正を罰する天神の行いとはおもわれない。「け殺す」という暴力的な発現をする神は天神であろうか。(50)

中国では雨師、雷公、風伯は黄帝の属神である。いずれも天神ではなく、川に河伯がいて、海に竜王がおり、山に山神がいるのとおなじ、地上的な下級神である。ギリシャでは万物に神がやどるわけではなく、自然現象や山などは神とは関係のない現象や物質である。キリスト教は唯一神教だから、雨神などがいるわけではなく、全部、「天なる神」のさだめた自然の摂理ということになる。アニミスムや汎神論の世界と唯一神教や、観念論的な世界とのちがいを無視して天空神を論ずる結果、天空神と雨神を一緒にしてしまったりすることになる。

エリアーデの考える世界に比較的近いのはアフリカ諸部族の神話で、そこでは、天空神ではなくとも天の高みにいる神が語られる。むかし空はすぐ近くにあり、そこに神がすんでいたが、人間が穀物を臼でつこうとして杵を振り上げて、神の目をついてしまったので、神がおこって天高くさってしまったという。あるいは、女がスプーンで低い空をついたので、そこにいた神がおこって高みへさったともいう(バリンダー『アフリカ神話』青土社、一九九一)絶対神であり、造物主であり、天(空)にすみ、雨を降らせ、稲妻をなげる。太陽ではないが、万物をみそなわす神である。ドゴン族では空に羊がいて、これが雨を降らせる。羊の排尿を雨とみているのである。

なお、石田英一郎が「桑原考」(『桃太郎の母』講談社、一九八四、所収)で、雷を天空神と「母なる大地」のまぐわいの様子をあらわしたものであろうとしていることは示唆にとむ。

結論

天の神を「天にましますわれらの神」という観念から切り離して考えるには、海の神、森の神などと対比させてみることも有効だろう。海の神についてはほとんど問題がないようにも思われるが、日本では海の神がすなわち竜宮の主で、竜でもあろうかというところから、竜神か、それとも人格神としての海神かという問題が生じるが、海の神は海の住人たち、すなわち魚類を統括するという観念はありそうである。それと対比させれば空の神は空にすむ鳥たちの神になるかもしれないが、その例はまずみられない。昔話で鳥類の王はでてくるが、鳥の神はいない。いないのではなく、たとえばペルシャではシモルグという巨鳥が鳥たちの王である。海の神はそのほか海水、潮汐を支配するとも思われる。あるいは海上の嵐も風がおこすというより海の神がおこすと見られる。それに対比させれば空の神は風を支配してもよさそうだが、風神雷神は空の神とは別格であるとみることがおおい。

神話ではなく、昔話では、天の神がでてくる。「天人女房」の父親は天にすんでいる神となっている。「牽牛織女」でも「天帝」がでてくる。日本のばあいは、天の舅はたんに意地のわるい農夫であることもあるが、また雨神となっているばあいもある。「ゲンゴロウの天のぼり」では雷神で、ゲンゴロウが一緒に雨をふらすことになっている。これはしかし「至高神」ではない。また、その天のすまいも瓜畑などのある田園地帯である。中国のばあいは「牽牛織女」ではなくともミャオ族の「牛飼いダリェ」でも天にいるのは天帝である。もっともおおむね融通のきかない暴君である。また「至高神」という雰囲気でもない。とくに信仰の対象とされる神ではなさそうである。「牛飼いダリェ」の舅はどうやら雷神のコソの家来のようである。この雷神と家来をダリェは雷神の太鼓を盗んで殺してしまう。しかし、ダリェがそのかわりに天帝になったという話ではないので、この雷神は天神たちの下っ端だったにちがいない。おなじミャオ族の「天人女房と二人の子供」では、夫の代わりに子供たちが天へのぼって母親をつれかえってくる。天女の父親が難題を課すが母親がたすけてくれる。この父親が天の神なのだろうが、これまた一向に神らしくない。ちなみにこの話はヨーロッパでは「悪魔の娘」（アアルネとトンプソンによる国際話型分類によるＡＴ313番）としてかたられている。羽衣処女の父親は「悪魔」とされる。天帝どころではない。

昔話では実際に天をおさめる神がでてこなくとも不思議はない。昔話は民話であり、神話ではないからだ。しかし神話もまた経典ではない。信仰の対象となる神はでてこないのである。そして信仰のレベルでは、現世利益の神しか信仰はされない。「天の神」のいるべき場所はどこにもないことになる。それは雨師、雷神、あるいは太陽神といった物神の形でか、あるいは観念的な造物主としてしか認識はされず、天にいて、天地をおさめる「天空神」はどこにもいない。ただし、かつて存在して力をふるっていたのが天の高みにひきこもったという「天空神」ならウラノスやラーのばあいがまさにそれであり、日本の天御中主などもそのひとつかもしれない。しかし、それが「天空」の本来のありようであるとすると、それを「天空」ではなく、「天空神」とよばなければならない理由がなくなる。まして、その「天空」に、降雨、豊饒などの機能を要求するのはむずかしい。

注

（１）エリアーデ『太陽と天空神』エリアーデ著作集、せりか書房、一九七七、八二頁（原典は Risley, *The people of India, Calcutta*, 1908, 216p sq）。

（２）「宇宙の創造者で、大地の豊饒を保証する天空神への信仰は、ほとんど普遍的なことである」八一頁。『太陽と天空神』エリアーデ著作集、せりか書房、一九七七。

（３）「空をただ眺めるだけで、それは未開人の意識に宗教経験を起こさせる」（八二頁）。

（4）桂離宮では月をみるために水面にうつった月影をみおろす月波亭がつくられる。水田に一日中かがみこんでいる農民は腰をのばして空をあおぎみる余裕がない。しかし、もちろん「天神」信仰があり、雨乞い儀礼がある。天神は天の神ではなく、学問の神であるとされ、雨乞いは近年はおこなわれず、かつて行われていた時も天をまつる儀礼ではなく、淵に牛の頭などをなげこんで水神をおこらせて雨をふらせるような儀礼がおおかった。また水神、あるいは雨神は竜蛇神で、天にいることもあるが、おおくは水底にいるとされた。

それより日本では山中他界観が海上他界観とともに主導的で天上他界観はほとんどなかった。山は山そのものとしても信仰の対象になって、仏教でもとりいれられ、修行の場として、また山岳修験の実修において、また聖域として利用された。寺院はおおくなになに山という山号をもち、実際に山の上になくとも、象徴的に山であるとされたし、比叡、高野は山すべてが寺域だった。高山に宗教的目的でのぼったのは播隆上人の槍ヶ岳開山がはじめだというが、立山は早くから聖域となっており、立山地獄をめぐる修行や宗教実修がおこなわれていた。しかしそれは修行の場であり、あるいは死後、魂の浄化のためにへめぐる地獄で、それ自体が「天」ではなかった。それほどの高山でなければ大和三山ははやくから聖地とされ、金剛山、吉野山などは神霊や役の行者などがすむところとされていた。また神霊がやどるよりしろとしても山が想定されていた。これらの山が日本では宗教的な「天空」のかわりだったといってもいいのである。ところで、その山は立山やのちの富士山を例外としてほとんどが中程度の低山で、天に達する高山ではなかった。俗界をさる山ではあっても、万年雪の山などではなかったのは、日本においては精神的なものがかならずしももっとも高いところ、雲の上である必要がなかったからである。たとえば諏訪神社の御柱も一六メートルで、それ以上の高さである必要はなかったし、上賀茂神社の立て砂も高さ一メートルくらいで、十分だったのだ。それで「天」をさししめしているのであり、「天」が雲の上である必要はなかった。もうひとつはそれが決して至福の園ではなかったことで、けわしい修験の山か、おごそかな聖域としての神体山か、あるいは、墓や祠でうめつくされたおどろおどろしい山めぐりの山であっても、それはたのしいところではなかった。その山よりたかい上空に神霊がすむという観念はなかったが、そこからたとえば星がおちてくるとすると、これは恐ろしい凶変の験であり、あるいは空海などの修行が成就した験だったとしても、どちらかというと、それは恐ろしいものだった。空でも、天でも、星でも、日本では、そこに至福の住まいがあるとは考えられなかった。
（5）もうひとつはたとえば朝鮮神話ではかなり濃厚に天や昇天の観念が維持されている（本論集、依田論文参照）。遊牧民族の文化である。ただし天にいけるものは限られている。
（6）もっとも『創世記』では「神は天地を創造された」というが、その神がどこにいたかは明記されていない。二日目「神は大空を造り（……）大空を天とよばれた」。四日目、日月をつくり空においた。そのあと、神が出現するのはエデンの園で、アダムをつくってエデンの園につれてきて、知識の木の実をたべてはならないというような注意をする。その後、知恵の木の実をたべたあと、神がちかづいてくる足音がし、話かける声がきこえる。このあと、神は洪水のときまであらわれない。そのあと、アブラムらに指令をするときも、近くで話しかける。天とか、空にいるとはどこでも言っていない（日本聖書協会『聖書』一九八七）。
（7）もっともエリアーデは「造る神」と「救う神」の交代を一般論としていうわけではない。あくまで漠然とした「天」の神が、具体的な暴風神（雨神）によって取って代わられるという、機能の特化による交代を論じている。
（8）「〝天〟という語は、神が自らをよぶとき使った名称の一つ」（『聖書思想事典』一六九頁）。
（9）日曜世界社の『聖書辞典』（一九二三）では「天」の項で、「天は神ではなく、神の居られる所である」とし、「天が三種ある」と言って、「雲が動く所の下の空」「星がある所の高い空」「至高き天即ち神の在し給ふ所」としている。低い空、高い空（星空）、そして神のいる天をわけている。日本基督教団の『聖書事典』（一九六一）では七つの天をわけ、最高の天に神がいるとするが、同時に「しばしば比喩的に書かれ」ているという。新約では天は神の家で、天使も救われた人もすむから、まさに比喩的で、現実の空ではない。死者が住むところというなら、地の底が「天」であるといってもいいのである。「天」が「空」でない以上、それがどこにあるかはわからないのである。『聖書思想事典』（三省堂、一九九九）でも「天は神の住まいである」（六二二頁）と断言するが、「人間のまわりにはどこにでも天がある」ともいう（同）。つまりだれも行くことのできない遠いところであると同時に「身近な現存」でもあるのだ。
（10）ここでいう「昇天」はもちろん「死ぬこと」だが、エリアーデは「昇天神話」「昇天儀礼」「昇天のシンボリスム」で、死と、シャーマンやイニシエーションにおける「天へのぼること」そして、昔話などでの天への旅を一列に論じている（ただし、原文では Ascension で、これを「昇天」と訳すのは問題かもしれない。「昇天」の意では Ascension はキリストにのみ用いる。マリアのばあいは Assomption（仏）、assumption（英）であり、常人の死については Ascension とは決していわない）。ここに彼の「天空神」論の混乱が如実にしめされている。シャーマンが天をまつり、天柱をよじのぼって天に達する旅を象徴的にあらわしたとしても、それは「死」ではないし、昔話で瓜の蔓をつたって「天」へのぼっても、それは「死」とはかぎらない。

(11) ラングロー・パーカー『アボリジニー神話』青土社、一九九六、二一三～二一五頁。

(12) 空は大気圏であり、天は惑星の運動する世界、およびそのうえの恒星の世界である。あるいは「神」の領域である。たとえば、ジョン・サマーソンの *The Heavenly Mansion* という本を「天上の館」と邦訳では訳しているが、「神の館」の意味である。

(13) キリスト教では一般の観念に反して、人の死後直後の「昇天」は認めていない。

(14) 「詩篇」では「主はその聖所、高い天から見渡し」（一〇二-二〇）というように主が高い天にいると歌うが、これは超越的存在を目にみえるように描く絵画的（ここでは詩歌的）表現である。パウロは「ローマの信徒への手紙」で「目にみえない神の性質、つまり神の永遠の力と神性は被造物に現れており、これを通して神をしることができ」るという（一-一八）。神はみえない存在である。

(15) ソ連の宇宙飛行士ガガーリンの証言としてレオーノフ『アポロとソユーズ』などに引かれている。

(16) エリアーデも「ウラノスは天空である」（一三二頁 *il est le ciel*）と強調する。物質としての天空そのものなのである。

(17) 「アイテル」というのは上空の光り輝くところ、いわゆる「エーテル層」と考えられたところの擬人化名称で、神ではない。

(18) ポセイドンも実はあまり海を実効支配はしていない。彼は「海」という「場所」を管轄するように命じられたので、いわば武蔵の国とか、安芸の国の国司に任じられたようなもので、だからといって、その土地の形状、天候などに責任があるわけではない。ポセイドンは自然神ではないから、海という自然界の自然現象には責任がないのである。

(19) キリスト教の神と雨神の観念は著しく遠いように思われるが、起源的にはメソポタミアでおおいに待望された雨をめぐる神話的観念が聖書にもはいりこんでいることは否めない。ヤーヴェを「雨ふらしの神」とはいわないものの、「地をうるおす雨と露が神の祝福としてくだる」(『聖書思想事典』六二二頁)という。また「ヨブ記」では「密雲の中に水を蓄え」る(二六-八)という。しかしこれは、自然の営みをすべて神が主宰するという意味での表現で、雨だけではなく、日照も、芽生えも、あるいは「スバルの鎖」もすべて神の業であるという意味である。とくに雨神だというわけではない。

(20) ゼウスについてはエリアーデは、たしかに宇宙の創造者ではないが、雨の主であり、牛神であるとしている(『太陽と天空神』一三七頁)。そして豊穣の原理としている。そして「豊作を保証してくれるものすべて」は「天上の権限に属する」(一三六頁)とするのだが、「豊作は大地に属する」と言ってもいいだろう。

(21) バーランドは『アメリカ・インディアンの神話』(青土社、一九九〇)で「天上の支配者は、若干の物語のなかでは老酋長として関連付けられる」(五一頁)としたあとで、「天上の家に住んでいる年老いた酋長というこの発想には、どこか不自然なところがある」(五二頁)とする。ヨーロッパ的偏見が作用しているのではないかというのだ。それより「家のなかに太陽をもっていた老婆とカラス」とか、『シャチと海鳥がお祭りをあげる家をもっていた海底の不思議の国』などのほうが「より根拠」があろうとする。空がいくつもの層をなしているという観念はあるが、その複層の空にすんでいたものは人間で、神ではない。空の精霊はいるが、風雨や雷の精霊、野牛の精霊などとおなじく万物に宿る精霊である。マヤ・アステカでは天空神話の要素が濃厚なようにも思われるが、そこでこれらの神話を「よりよい収穫と雨を求め、(……)日照を求めた原始的な種族の神話」であろうと考えるのは間違いだとニコルソンは断言する(『マヤ・アステカの神話』青土社、一九九〇、一四頁)。

(22) アメリカ先住民の世界では統一王権ができなかったので、神話も宗教も部族ごとにばらばらである。しかし、おおむね、「マニトゥ」などとよぶ「グレート・スピリット」を信じている。これは人格神ではなく、姿の見えない「宇宙をつかさどる普遍的な力」である(ハーツ『アメリカ先住民の宗教』青土社、二〇〇三、二三頁)。

(23) 中国神話研究者・加藤千代氏談(二〇〇八年一月)。

(24) Air, Sky, Heaven はそれぞれ別な語で、ほかに Firmament, Empyree, Sphere, Azure などが空をさすこともある。天蓋は Celestial Vault, Canopy 日本語でも天と空はちがうが、その二語をくみあわせて「天空」というと、神的な非現実の領域(天)と、現実の空がまざりあう。また「空」を音読みすると虚無の意になり、これは Sky には存在しない。

(25) エリアーデも『太陽と天空神』でギリシャの天空神を列挙しながら、クロノスには言及しない。

(26) エリアーデはゼウスについて、オンブリオス、アストラピオスなど、雨とか雷に関係のある名前でよばれるというが、彼自身いうように、ゲオルゴス〔農業の〕、リカイオス〔狼の〕、などともよばれ、メイリキオスと呼ばれたときは蛇であらわされる。もちろん牛にもなる。空そのものの形容詞をつけられることは稀で、雷のというのは当然だが、あとは地上の獣の形容がつけられることがおおい。エリアーデはそれも「豊饒」の機能で、「豊饒」は天からふる雨で代表され、天空神がもたらすものだという。これはなんといっても強弁で、豊饒は大地の水や牛であらわされ、大地母神や水神の領域である。それをまた、天空神は大地母神と結ばれてその性格を吸収するとまでいう。「天空」になんらかの人格神的性格をみるとすれば、それは晴天に属する機能をもったもので、雨天と「天空」のイメージは一致しない。なお、エリアーデもゼウスには「父」の性格がつよいといっている(一三六頁)。

(27) ただし聖書では「空の貯水池」という観念がでてきて、空の扉をあけるとそこにたまっていた水が雨となっておちてくるという。(『創世記』七 - 一一)。またロシア神話では空のうえに第二の空があり、そこに空の貯水池があって、そこから雨がふってくるという(佐野洋子『ロシアの神話』三弥井書房、二〇〇八)。

(28) これは聖書にはない観念である。遊牧民には大地母神は存在しない。大地と天空がカップルを構成していたのはギリシャである。そのまえのメソポタミアでは、たとえば大女神であるイナンナやキュベレなどの愛人は天空とはほどとおいタンムーズやアティスである。大女神を至高神とする文化と、男性の裁き手を至高神とする文化がある。

(29) エリアーデはまさに消え去ることをもってディアウスの天空神の性格があらわれているという(一一九頁)が、これは詭弁だ。

(30) フランス語で ciel が Heaven, heaven, God, sky, atmosphere, weather, climate, canopy (*Concise Oxford French Dictionary*, 1934) の意味に使われるというところにも混乱の原因がある。

(31) 北極星、あるいは北斗七星を紫微星とし、そこに天の宮殿があり、その入口が天門であるとするが、また東西南北にそれぞれ天帝がいるともいう。たとえば伏義は東方の天帝であるという(袁珂)。西方の天帝は小昊である。「天帝」は『世界宗教事典』の小南一郎によると、「雨や農作物の収穫を支配し」「しかしすでに〈隠れた神〉であった」という(一二一八頁)。

(32) 世界の四隅に天まで達する高山があるとすれば、それは天をささえる四つの柱とも見られる。しかし、北の北極星のところが天帝のすまいする紫微宮であるとすると、西、東、南はそれぞれの白虎、青龍、朱雀の門にあたるかもしれない。また東が泰山であると東嶽大帝は泰山府君でもあり、すなわち冥府の神でもある。南に普陀山を考えるのは仏教だが、五嶽もあり、そのひとつ南嶽衡山もある。

(33) 清田圭一は『自然の神々』(八坂書房、二〇〇〇)で中国の「天」の観念について「天神とは天空神だというよりも、異世界から来た神」ではないかと言っている(二五頁)。「西方の古い象徴を導入」したのだというのだ。

(34) ゼウスはセメレーの前に雷神として現れて、彼女を焼き殺したが、アポロンが太陽として現れて、万物を焼け焦がしたという話しはない。

(35) 陳鏡羽「東方朔」『星空のロマンス』GRMC、二〇〇八、参照。二〇〇八年七月の甲南大学でのシンポジウムでも発表されている。

(36) バーランド『アメリカ・インディアンの神話』青土社、一九九〇。

(37) エリアーデの説明は、時代がくだるにつれ、まず天空神が交代し、またそれぞれの機能が分化するというのだが、最初は至高神がひとりだけで、彼が万物をつくり、のちに、それぞれの職分の管轄を専門神にまかせたとする観念には唯一神教のにおいがする。

(38) ポイニャント『オセアニアの神話』青土社、一九九七。

(39) 天と地が密着していたのを押し上げたという話はエジプトでもあり、大地のゲブと空のヌートがくっついていたのを、シユーが押し上げた。

(40) 荻原真子『東北アジアの神話伝説』東方書店、一九九五。

(41) ここで注意すべきは、男神がペニスで女神の「ヴァルヴァ」をたたくと雨がふることで、雨のもとは女神だということだ。「水―月―女神―蛇」という連関はエリアーデ自身が『豊饒と再生』（せりか書房、一九七八、一二五頁）で主張している。ちなみにこれは『太陽と天空神』と同じ原典（*Traité d'histoire des religions*, Payot, 1974）の訳である。

(42) もっともマルドゥクがティアマットの身体をふたつに断ち切って、一方で天をつくったという話もある。するとそれまで「天」はなかったことになる。この「天」は「天蓋」かもしれない。なお、荒川紘はマルドゥクが風でティアマットの身体をふくらませて退治したことから、マルドゥクが風の神でもあるとする。『東と西の宇宙観・西洋編』紀伊國屋書店、二〇〇五、三三五頁。

(43) エジプトでは太陽神のラーが老齢を理由にホルスに位をゆずる。これが至高神の交代である。ラーの前はアトゥム、プタハ、あるいはアメン、ないしアンモンがそれぞれの地域にいたとされるが、アンモン＝ラーというようにラーと結合している。

(44) 崑崙山脈の最高峰はコングール山で七六四九メートルである。

(45) むかしから「高天原異国論」があるが、清田圭一は前出書で、『水経』に「開山の東の首は上が平らで云々、その上にて天を祭り、これを皇天原となづく」とあるのに注目して、それが高天原のもとだろうという（三二〇頁）。たしかに高天原が天界であると一般に信じられていても、記紀の記述をみるかぎり、それはすこしも「天空」らしいところではなく、せいぜい一〇〇〇メートルくらいの高原でしかないだろうということはすでに何度も論じた。記紀でも「原」と呼ばれており、空中ではない。堅庭があり、井戸があり、川が流れている。田が作られており、馬が耕作をしており、機屋がたてられている。川の上流には堅石や金山がある。天の香具山もある。スサノオがそこから降りると出雲の鳥髪の地である。『日本書紀』の一書では安芸におりたとも、また新羅のソシモリにおりたともいう。

高天原から地上のアメワカヒコのもとに使いをやるときはキジがとんでゆく。キジは低空をしか飛ばない鳥で、またそのキジにむかって射った矢がキジのからだをつきぬけて高天原へとどくから、矢を射る距離といってもいい。神武東征のさいは天からヤタガラスを派遣する。カラスも低空の鳥である。イザナギが天の沼矛を天の浮橋からたらして海水をかきまぜたから、こちらはもっと近かったようだ。アマノトリフネあるいはイワクスブネは鳥のように空をとぶ舟かどうかさだかではないし、どれくらいの航続距離と航行高度をもっているものかわからないが、『古事記』では名前だけである。

ところでこの高天原はニニギの降臨以後は、神武東征で烏を派遣したり、熊になって剣をくだしたりするだけで、あとはまったく姿をみせない。まさに「消え去る天空神」たちになるのだが、そもそも、そこにはどのような神々がいたのだろう。最初の天之御中主から神産巣までは「身を隠したまひき」。イザナギ、イザナミもいなくなる。彼らが生んだ神々はみな地上の神々だ。岩戸の段では思金、イシコリドメ、アマノコヤネ、天手力男などがしるされているが、いずれもニニギの降臨のときに随行している。たんに随行しただけでなく、その後も地上にとどまったのだろう。するといかなる神が高天原にとどまっていたのだろう。天の安川でウケヒをして生んだ女神たちは、海の中の沖ノ島へおりた。アメノオシホミミ以下、五柱の男神はいることはいたのだろうが、どのような機能をもっていたのかは語られていない。イザナミが生んだ神々はそれぞれに職務がきまっている。海神、水戸神、風神、木の神、山の神などである。いずれも地上でそれぞれの任務についている。イザナギが黄泉の国からもどって禊をしたときもしかるべき職務のある神を生んでいる。そのなかに「三貴子」があって、これはイザナギが任命をした。アマテラスは高天原を、ツクヨミは夜の国を、スサノオは海原である。海にはすでに何格もの神がいた。夜の国は不明で、たとえば星それぞれに神が指名されていたということはなさそうだが、問題は高天原で、このときはたして「高天原」に神々の国があって、住人たちがいたのかどうか不明なのである。あるいは、たんにそれは無人の野としての天空だったのだろうか。ただ、あとになって、天の神として、地上へ派遣されたものが、国譲りをもとめにいったタケミカヅチなどいるのだが、それもどうやってうまれたものか記述されていない。いずれにしても高天原に神々がいるとしても、その職務は規定されていないのである。ということは、いかなる神であるか不明で、神である必要もないということになる。オリュンポスに美の女神とか、学問の女神がいるというような状況とは違うのである。高天原にはアマテラスがいても、それ以外は名指されていないし、いかなる職分も明記されない。そしてアマテラス自体ものちには伊勢に勧請され、はたしてそれは天の神の分身のようなものだったのか、それとも全面的な引越しだったのかわからないが、もしかするとそのときから高天原は無人になったかもしれない。そして確実なことは、高天原で何事かがきめられ、地上の人間たちがその決定に服するというようなことはまったくないということだ。

(46)オルティスほか『アメリカ先住民の神話伝説』(青土社、一九九七)ほか。

(47)ヨハネの「黙示録」の新エルサレムの描写では、そこがおのずから光を発するので太陽も月もいらないとある。

(48)「オーディンは三つの場所をもっていた」。武田龍夫『ハイキングと北欧神話』明石書店、二〇〇五、九八頁。

(49)龍神としての雷神のほかに鍛冶神としての雷神が天目一箇神系統の神格にみとめられることを本論集で小島がのべている。一つ目の神はキュクロペスであり、地下の鍛冶場の神である。ゼウスの雷は彼が鍛えた。日本神話における雷神の初出はイザナミの身体にたかった雷神であろう。蛇とみなされている。次は、小子部スガルがとらえた雷神で、これも蛇だった。『日本霊異記』で農夫が捕らえた雷神がさずけた子は首に蛇をまいて生まれた。雷神が蛇神であった証拠であろう。『常陸国風土記』のヌカビメの子は蛇だったが、天へのぼるとき、伯父を「震殺」した。上記、小島論文はこれを雷によって殺したとする。このあたり、雷はみな蛇である。

(50)田中貴子「けころし考」『あやかし考 — 不思議の中世へ』平凡社、二〇〇四。なお、鬼もふくめて人間的な存在では「け殺す」という動作はなじまない。ちなみに最近の格闘技やキックボクシングなどでの「キック」は「蹴り殺す」という表現には一致しない。蹴り殺すのは馬が後足で蹴るような動きか、あるいはニワトリが蹴るばあいである。雷神を龍とすると、龍の蹴爪がおおくは猛禽の蹴爪で表現される。すなわち龍が「蹴殺す」のである。

中堀正洋（なかほり　まさひろ）

1973年生。創価大学大学院博士後期課程修了。博士（英文学）。創価大学助教（スラヴ文献学・民俗学）。

著書：『ロシア民衆挽歌　セーヴェルの葬礼泣き歌』（成文社近刊）、論文：「魔法昔話に現われる『ウスィニャ』の形象　ロシアとセルビアの昔話を中心に」（『神話・象徴・言語』楽瑯書院）、「ロシアの結婚儀礼ヴィユニーシニクとその婚礼歌について」（『なろうど』57号）ほか。

木村武史（きむら　たけし）

1962年生。シカゴ大学（アメリカ）大学院神学校博士課程修了。Ph.D.

筑波大学大学院人文社会科学研究科准教授。

最近の論文：“The Cosmology of Peace and Father Thomas Berry‘s ‘Great Work’ ” (The Japanese Journal of American Studies, No.20 (2009),“Ritual Way to Human Development: Shinto and Human Development in Japan,” Imtiyaz Yusuf, Ed., Religion and Human Development (Konrad Advenauer Stiftung, 2009).

丸山顯德（まるやま　あきのり）
1946年生。立命館大学大学院文学研究科博士課程修了。花園大学文学部教授。
著書：『日本霊異記説話の研究』（桜楓社）、『沖縄民間説話の研究』（勉誠出版）、『古代文学と琉球説話』（三弥井書店）ほか。

山本　節（やまもと　たかし）
1939年生。東京大学文学部卒業。同大学院人文科学研究科博士課程修了。静岡大学名誉教授。博士（文学）。
著書：『神話の森』『神話の海』『ハリマオ―マレーの虎60年後の真実』（以上、大修館書店）ほか。

依田千百子（よだ　ちほこ）
1943年生。國學院大学文学部卒業。文学博士。元摂南大学大学院教授。
著書：『朝鮮民俗文化の研究』『朝鮮神話伝承の研究』（以上、瑠璃書房）、『朝鮮の王権と神話伝承』（勉誠出版）ほか。

荻原眞子（おぎはら　しんこ）
1942年生。上智大学外国学部ロシア語科卒業。東京大学大学院Ph.D. 千葉大学名誉教授、帝京平成大学教授。
著書：『北東アジアの神話・伝説』（東方書店）、『北方諸民族の世界観―アイヌとアムール・サハリン地域の神話・伝承』（草風館）、『ユーラシア諸民族の叙事詩研究－テキストの梗概と解説（1、2、3）』（編著、千葉大学大学院社会文化科学研究科）ほか。

近藤久美子（こんどう　くみこ）
1960年生。大阪外国語大学大学院西アジア語学研究科修士課程修了。大阪大学世界言語研究センター准教授。
著書：『聴いて話すためのアラビア語基本単語2000』（森高久美子名義、語研）、訳書：『アルファフリー1・2』（岡本久美子名義、平凡社）ほか。

沖田瑞穂（おきた　みずほ）
1977年生。学習院大学大学院人文科学研究科博士後期課程修了。博士（日本語日本文学）。日本女子大学非常勤講師。
著書：『マハーバーラタの神話学』（弘文堂）、『生と死の神話』（共著、リトン）、『比較神話学の鳥瞰図』（共著、大和書房）ほか。

執筆者紹介（掲載順）

松村一男（まつむら　かずお）

1953年生。一橋大学社会学部卒。和光大学表現学部教授。

著書：『神話学講義』（角川書店）、『女神の神話学』（平凡社）、『この世界のはじまりの物語』（白水社）ほか。

諏訪春雄（すわ　はるお）

1934年生。東京大学大学院人文科学研究科博士課程修了。文学博士。学習院大学名誉教授。

著書：『日本の祭りと芸能―アジアからの視座』(吉川弘文館)、『日本の王権神話と中国南方神話』(角川書店)、『大地　女性　太陽　三語で解く日本人論』（勉誠出版）ほか。

小島瓔禮（こじま　よしゆき）

1935年生。國學院大学大学院博士課程修了。琉球大学名誉教授（民俗学・日本古典文学）。

著書：『琉球学の視角』(柏書房)、『猫の王』(小学館)、『太陽と稲の神殿』（白水社）ほか。

中根千絵（なかね　ちえ）

1967年生。名古屋大学文学部卒業。博士（文学）。愛知県立大学准教授。

著書：『今昔物語集の表現と背景』（三弥井書店）、論文：「『今昔物語集』巻16第32話小考―槌を持つ鬼と牛飼い童」（『神話・象徴・文化Ⅲ』楽瑯書院）、「霊厳寺の妙見菩薩―日本の星信仰」（『アジア遊学』121　勉誠出版）ほか。

門田眞知子（かどた　まちこ）

パリⅣ・ソルボンヌ大学（フランス）比較文学博士課程修了。ソルボンヌ大学文学博士。鳥取大学地域学部教授（比較・フランス文学）。

著書：『クローデルと中国詩の世界―ジュディット・ゴーチエの『玉書』などとの比較』（文部科学省学術出版物　多賀出版）、訳書：『変身の神話』（人文書院）、『晩年のボーヴォワール』（藤原書店）ほか。

目崎茂和（めざき　しげかず）

1945年生。東京教育大学大学院中退。理学博士。南山大学総合政策学部教授。三重大学名誉教授。

著書：『図説 風水学』（東京書籍・電子図書）、『京の風水めぐり』（淡交社）、『第3版 沖縄修学旅行』（共著、高文研）ほか。

編者紹介

篠田知和基（しのだ　ちわき）

1943年生。パリ大学博士。名古屋大学教授ほか歴任。現在、甲南大学人間科学研究所客員研究員。

著書：『人狼変身譚』（大修館書店）、『竜蛇神と機織姫』（人文書院）、『日本文化の基本形』（勉誠出版）、『空と海の神話学』（楽瑯書院）、『緑の森の文学史』（楽瑯書院）、『世界動物神話』（八坂書房）ほか。

天空の世界神話

2009年 9月25日　初版第1刷発行

編　者　篠田知和基
発行者　八坂立人
印刷・製本　シナノ書籍印刷(株)

発行所　(株)八坂書房

〒101-0064 東京都千代田区猿楽町1-4-11
TEL.03-3293-7975　FAX.03-3293-7977
URL.: http://www.yasakashobo.co.jp

ISBN 978-4-89694-941-4

世界動物神話

篠田知和基著　人間に関わりの深い動物にまつわる膨大な神話、伝説、昔話などを渉猟。その象徴的な意味を読み解き、日本と世界の神話を比較考察する、著者渾身の大著！　参考図版160点。

5400円

世界樹木神話

J・ブロス著／藤井史郎・藤田尊潮・善本孝訳　「世界を支えている」宇宙樹、北欧神話のユッグドラシルなど、樹木にまつわる神話・伝説を世界各地に訪ね歩き、膨大な知識の披瀝により樹木崇拝の神秘な世界を解き明かす。

3800円

自然の神々　―その織りなす時空―

清田圭一著　ギリシア・ローマ、北欧から中央アジア、中国、朝鮮半島、日本など、世界各地の神話にみえる自然の神々（天、海、鳥、山、石、木、月、獣、花、火、地、水、日、河、嵐）の諸相を比較考証し、人々が古来より崇めてきた神の本質に迫る。

2900円

龍の文明史

安田喜憲編　自然との共存、異文化の受容など、今日人類が抱える問題解決の手がかりとして「龍」をとらえ、考古学・科学思想史・美術史・民俗学・民族学など多様な視点で9名が綴る初の《龍学大全》。

4800円

魔女の文明史

安田喜憲編　「魔女」とはなにか、なぜ生まれたのか？　中世ヨーロッパで熱狂的に行われた「魔女狩り」への誘惑と「魔女裁判」の嵐の再来を回避するための方策は？　今日的な課題として、民俗・社会・比較文化・心理・教育・女性・環境・医学・文学など多角的視点で17名が取り組む示唆に満ちた「魔女論」集成。

6800円

（価格は本体価格）